自助与发展
——大学生心理健康教育

Self-help and Development
Mental Health Education for College Students

主　编　李　芳　张小娟
副主编　高玉娇　徐梦园　冯　佩

东南大学出版社
SOUTHEAST UNIVERSITY PRESS
·南京·

内 容 提 要

本教材是由知名专家和长期奋战在高职高专教育教学、心理咨询、危机干预一线的教师共同研讨、编写的。本书融入"项目任务式"教学理念，每个项目均设有"案例导入""头脑风暴""心理探索""思政课堂""心灵解码""领悟行动"等模块。主要特色有：1. 针对性强，在借鉴国内外最新研究的基础上，结合高职学生的心理特点、发展困惑，对关系到学生成长成才的重要课题进行了全面阐述，如建立良好宿舍人际关系的方法。2. 自主性强，重点是介绍各种实用性较强的指导策略，如在心理危机干预章节里，注重个体遭受心理危机时的自助、求助与他助。3. 延展性强，不仅关注学生在此时此刻的发展困局，也关心学生的未来发展，如职业适应、幸福感的培养、人际关系冲突与解决等。4. 课政融合，本书秉持能力教育与思想政治教育同心同行的理念，添加了"思政课堂"模块，旨在培养学生正确的"三观"，实现课程与思政协同育人的理念。

图书在版编目(CIP)数据

自助与发展：大学生心理健康教育 / 李芳，张小娟主编. — 南京：东南大学出版社，2023.8(2024.8重印)
ISBN 978-7-5766-0830-4

Ⅰ. ①自… Ⅱ.①李… ②张… Ⅲ. ①大学生-心理健康-健康教育-高等职业教育-教材 Ⅳ.①G444

中国国家版本馆 CIP 数据核字(2023)第 143588 号

责任编辑：褚 婧　责任校对：子雪莲　封面设计：余武莉　责任印制：周荣虎

自助与发展——大学生心理健康教育
Zizhu Yu Fazhan——Daxuesheng Xinli Jiankang Jiaoyu

主　　编	李 芳　张小娟
出版发行	东南大学出版社
社　　址	南京市四牌楼2号(邮编：210096)
出 版 人	白云飞
网　　址	http://www.seupress.com
电子邮箱	press@seupress.com
经　　销	全国各地新华书店
印　　刷	常州市武进第三印刷有限公司
开　　本	787mm×1092mm　1/16
印　　张	19
字　　数	430千字
版 印 次	2024年8月第1版第2次印刷
书　　号	ISBN 978-7-5766-0830-4
定　　价	50.00元

本社图书若有印装质量问题，请直接与营销部联系，电话：025-83791830。

前言 Preface

现代社会高速发展，人们生活的各个领域都面临着挑战，大学生作为社会的后备力量，面临着巨大压力。思想观念多样、环境适应困难、人际关系复杂、焦虑与抑郁、就业形势严峻、人才竞争激烈等一系列问题对大学生心理健康产生了很大影响。从我国高校的普遍情况来看，心理问题导致大学生休学、退学甚至自残自杀的事件明显增多。

笔者自2011年从事大学生心理健康教育必修课的授课以来，有三个直观的感受：一是高职高专学生的社会化程度相较于本科生要高。二是现有的大学生心理健康教育的教材理论性太强，不适合高职高专的学生。三是大学生心理健康教育，不应该只为少数有心理困扰的学生而设，而应该把目光聚焦在每一名学生身上；不应该只关注课堂的2个学分的"此时此刻"，而是要把眼光放长远，关注学生未来的发展。因为大学生即将踏入社会，将面对恋爱结婚、养育子女、职业适应、挫折的耐受性、人际关系冲突以及发展个人事业等人生活动。

本教材认真贯彻落实《国家中长期教育改革和发展规划纲要（2010—2020年）》。根据《教育部办公厅关于印发〈"十四五"职业教育规划教材建设实施方案〉的通知》（教职成厅〔2021〕3号），编写团队邀请知名专家和长期奋战在高职高专教育教学、心理咨询、危机干预一线的教师一起,共同研讨,编写出了这本教材。

本教材融入"项目任务式"教学理念,每个项目均设有"案例导入""头脑风暴""心理探索""心灵解码""思政课堂""领悟行动"等模块。

本教材主要特色有:

1. 针对性强。本教材在借鉴国内外最新研究的基础上,结合高职学生的心理特点、发展困惑,对关系学生成长成才的重要课题进行了全面的阐述。如保持良好宿舍人际关系的对策。

2. 自主性强。重点介绍各种实用性较强的指导策略。如在第十四章《心理危机与自杀干预》中,重点介绍个体遭受心理危机时的自助、求助与他助。

3. 内容的延展性强。不仅关注学生在"此时此刻"的发展困局,也关注到学生的未来发展,如职业适应、幸福感的培养、人际关系冲突与解决等。

4. 课政融合。本教材秉持能力教育与思想政治教育同心同行的理念,添加了"思政课堂"模块,旨在培养学生正确的三观,实现课程与思政协同育人的理念。

本教材由李芳、张小娟担任主编,由高玉娇、徐梦园、冯佩担任副主编;大纲拟定由李芳负责,统稿由张小娟负责。

我们力图为高职师生编写一本较为满意的教材,但由于编写时间仓促、编者水平有限,疏漏和不妥之处在所难免。本教材中借鉴和吸收了国内外学者及专家的相关资料、研究成果,在此一并感谢。也欢迎广大师生在使用教材过程中将发现的问题及时反馈给我们,帮助我们不断提高教材的质量。

编　者
2023 年 4 月

目 录

第一章 大学生心理健康绪论　001
- 第一节　健康与心理健康 …………… 002
- 第二节　大学生心理健康教育中存在的问题及对策 ………… 004
- 第三节　心理健康的意义 …………… 017

第二章 大学生适应心理　025
- 第一节　大学新生面临的变化 ……… 027
- 第二节　大学新生适应心理解读 …… 029
- 第三节　新生适应不良的情况 ……… 031
- 第四节　新生适应不良的心理调适 … 034

第三章 大学生心理咨询　043
- 第一节　心理咨询的概念 …………… 044
- 第二节　高职院校的心理咨询 ……… 047

第四章 大学生的自我意识　059
- 第一节　自我意识概述 ……………… 061
- 第二节　大学生的自我意识发展及其特点 …………… 064
- 第三节　自我意识的同一性 ………… 070
- 第四节　健康自我意识的培养与完善 … 075

第五章 大学生人格发展　083
- 第一节　人格概述 …………………… 084
- 第二节　大学生的人格发展与常见障碍 … 091
- 第三节　健全人格的塑造途径与方法 … 099

第六章 大学生情绪管理与心理健康　109
- 第一节　认识情绪 …………………… 110

第二节　大学生常见的负面情绪 ··· 112
　　第三节　大学生情绪管理的方法 ··· 116

第七章　人际交往与心理健康　　125
　　第一节　人际交往的概述 ·· 126
　　第二节　大学生人际交往 ·· 128
　　第三节　人际沟通与冲突化解 ··· 132

第八章　大学生恋爱心理　　141
　　第一节　爱情与依恋 ··· 142
　　第二节　恋爱心理 ·· 147
　　第三节　拥有爱的能力 ·· 150

第九章　大学生的性与性别多元　　159
　　第一节　人类的性 ·· 160
　　第二节　大学生性心理健康 ··· 163
　　第三节　性别多元与性别平等 ··· 167

第十章　网络与心理健康　　177
　　第一节　网络与网络成瘾 ·· 178
　　第二节　网络成瘾的发生机制 ··· 181
　　第三节　网络成瘾的危害 ·· 185
　　第四节　网络成瘾的影响因素 ··· 189
　　第五节　网络成瘾的干预 ·· 193

第十一章　大学生幸福感的培养　　199
　　第一节　幸福感概述 ··· 201
　　第二节　幸福感的心理机制 ··· 202
　　第三节　幸福感的影响因素 ··· 204
　　第四节　幸福感的培养 ·· 207

第十二章　大学生的挫折应对与压力管理　　221
　　第一节　认识挫折 ·· 222
　　第二节　认识压力 ·· 229
　　第三节　大学生挫折与压力应对策略 ·· 232

第十三章　大学生的学习心理　　241

　　第一节　学习心理概述 …………………………………………………… 242
　　第二节　常见的学习问题与调节方法 …………………………………… 246
　　第三节　有效的学习方法 ………………………………………………… 254

第十四章　心理危机与自杀干预　　259

　　第一节　心理危机的概述 ………………………………………………… 260
　　第二节　大学生常见的心理危机的识别与帮助 ………………………… 263
　　第三节　珍爱生命 ………………………………………………………… 266

第十五章　生命健康教育与感恩　　277

　　第一节　认识生命 ………………………………………………………… 279
　　第二节　正视死亡 ………………………………………………………… 283
　　第三节　树立感恩意识 …………………………………………………… 286

参考文献　　293

第一章 01

大学生心理健康绪论

◎ **案例导入**

小 A 主诉：我是一个性格比较软弱的男生。我在初中阶段是一名学习成绩比较优秀的学生，可是，身体上的疾病使我的精神受到了打击，影响了学业，学习成绩一路下滑，使我自尊心、自信心受挫，产生了很强的自卑感。为了引起其他同学的注意，我开始时常和其他同学一起打闹，甚至做出一些让人难以接受的事情。可我越是这样，老师同学们越讨厌我，慢慢地，他们也不理我，开始疏远我、嘲笑我，说我"有毛病"。我感觉自己成了一个没用的人，各方面不如别人，越来越不喜欢自己。我感到了孤独、被冷落、绝望，想着不如死了算了，但心里一直渴望能有人帮助我，我很想走出这个泥潭。

◎ **头脑风暴**

1. 小 A 决定先去图书馆借阅一些书籍看看，他应该阅读什么书籍呢？
2. 请大家谈一谈在大学阶段，心理健康与大学生活的关系。

◎ **心理探索**

第一节　健康与心理健康

以前，当人们的身体生病了，毫无疑问，人们会看医生；但是当人们的心理"生病"了，人们往往不会看医生，或者向他人寻求帮助。大部分人会认为这是性格问题，根本没有把一些异常的心理或行为与心理健康联系起来。随着社会的快速发展，人们对生活品质的追求越来越高，对心理健康的重视度也越来越高了。人们渴望了解与心理健康相关的知识，对自己的内心变化充满好奇。同时，人们也越来越能够认识到，心理健康与身体健康同等重要，二者似乎有不可分割的关系。因此，我们通过对本章健康及心理健康相关内容的学习与思考，了解心理健康的概念、心理健康的标准、高职大学生心理发展任务和初入大学时如何适应；掌握影响高职大学生心理健康的主要因素；掌握高职大学生心理健康的自我保健。

一、现代人的健康观

健康不仅仅指强健的体魄。1989年世界卫生组织指出:"一个人只有在身体、心理、社会适应和道德四个方面都健康,才是完全健康的人。"因此,健康是生理健康与心理健康的统一,二者是相互联系、密不可分的。当生理产生疾病时,人的心理也必然受到影响,会情绪低落、烦躁不安、易怒,从而导致心理不适;同样那些长期心情抑郁、精神负担重、焦虑的人也易产生身体不适。因此,健全的心理有赖于健康的身体,而健康的身体有赖于健全的心理。

可以说,迄今为止关于心理健康还没有一个统一的概念。大学生心理健康一般有四个标准:一是经验标准,即当事人按照自己的主观感受来判断自己是否健康,研究者凭借自己的经验对当事人心理是否健康进行判定;二是社会适应标准,即以社会中大多数人的常态为参照标准,观察当事人是否适应常态而进行心理是否健康的判断;三是统计学标准,即依据对大量正常心理特征的测量取得一个常模,把当事人的心理与常模进行比较;四是自身行为标准,每个人以往生活中形成的稳定的行为模式即正常标准。事实上,心理健康与否的界限是相对的,关于大学生心理健康我们认为应掌握三个标准,即相对性、整体协调性和发展性。我们在研究大学生整体心理健康时,应将目光投向发展的健康观,即更多的大学生在发展中面临许多人生的课题,心理危机与心理困难也都是在发展的大背景下产生的。

二、心理健康的标准

从我国传统文化的角度来看,一个人的心理是否健康,主要看这个人是否与外在环境保持和谐,以及这个人的内在是否和谐。这种和谐是当今学者对心理健康标准界定的核心依据。著名心理学家马斯洛(A. H. Maslow)和密特尔曼(B. Mittelman)提出的心理健康的十条标准如下:

(1) 有充分的安全感。
(2) 对自己有较充分的了解,并能恰当地评价自己的行为。
(3) 自己的生活理想和目标能切合实际。
(4) 能与周围环境事物保持良好的接触。
(5) 能保持自我人格的完整与和谐。
(6) 具备从经验中学习的能力。
(7) 能保持适当和良好的人际关系。
(8) 能适度地表达和控制自己的情绪。
(9) 能在集体允许的前提下,有限地发挥自己的个性。
(10) 能在社会规范的范围内,适当地满足个人的基本要求。

为了让心理健康及其标准更加通俗易懂,我们这样描述"心理健康的人"(也称心理健康的"朴素"标准):

（一）爱自己

心理健康的人具有现实准确的自我认识，并积极悦纳自我。也就是说，他们能够有意识地关注自己、认识自己，对自己的认识是全面而丰富的；不歪曲自己的特性，不夸大或缩小自己的长处和短处；总体上能够接纳与喜欢自己，高兴做"这个独特的我"，而不是苛求自己十全十美。并且，心理健康的人更多依赖于自己内在的支持，而不是外在的支持，其自我价值感并不完全受某些外在标准所左右，既不会盲目地采用他人的标准衡量自己，也不会一味地迎合他人的需求；遇事能够信任自己，而不是完全仰仗他人。

（二）爱他人

心理健康的人看周围的大多数人都是善良的，是可以交往的好人，因此他（她）自己是开放、友善、容易信任他人的人。在与人交往时，心理健康的人能够准确地体察别人的思想、愿望和感受，了解别人的看法和态度；对人关注，具有同情心，能恰当地表达自己、展现能力，具有良好的人际交往技能，能够建立适宜的人际关系。并且，心理健康的人能够建立并享受亲密关系。

（三）爱生活、爱学习、爱工作

心理健康的人具有生命的活力，热爱生活，乐于投身学习、工作、事业和家庭中，生活充实，富有创造性；他们具有与自己年龄相适应的生活能力，能够处理和解决自己在学习、工作、生活以及人际中遇到的问题，能够有效适应环境。

（四）乐于改变自己

心理健康的人具有较强烈的个人成长与发展的愿望，而不是仅仅满足于现状。他们积极投身更高水平的发展，不会止步不前，敢于挑战甚至冒险，更乐于改变自己、不断成长，致力于自我完善，追求自我实现、提升生命质量。

（五）身心和谐统一

心理健康的人具有较为完整、协调的价值观和世界观，其内心世界与外在行为和谐统一。他们内在的各种心理能量有着适宜的动态平衡，他们具有较好的自我调控能力，能够合理调节个人的需要、价值、欲望、动机、情绪反应、行为习惯等。

第二节 大学生心理健康教育中存在的问题及对策

常见心理问题是指人们在日常学习、生活中经常遇到的，导致心理适应不良的问题。它是正常人暂时的心理失调，不是心理疾病；它的处理以自我调适为主，他人的心理疏导和专业人员的心理辅导均能起到很好的作用。了解人们常见心理问题的一般表现、类型、成因和调适方法，对于维护心理健康十分重要。

一、常见心理问题的特征和类型

1. 心理疲劳

心理疲劳主要表现为:经过紧张的压力事件后,感到心慌、心绪不宁,对事物有一种无力应付的感觉。心理疲劳是一种常见的心理现象,一般来讲,在紧张事件消除以后,经过一段时间的休息或心理调节,就能康复。

2. 一般性焦虑

焦虑是个体对不确定事件防御性的身心反应,表现为无明确对象和固定内容的紧张不安、忧心忡忡。一般性焦虑是情境性的、暂时的,常会随着事件的结束而消除。但是,如果不确定事件持续作用,而个体不能及时调适,个体就会出现心理障碍。

3. 一般性抑郁

主要表现为在遭受心理挫折以后,觉得干什么都没有意思,无精打采,疲乏无力,情绪消沉,有一种悲观厌世的感觉。

4. 自我关注

在心理正常的情况下,人们关注的是他周围的世界,对外界有无穷无尽的兴趣。出现心理问题的时候,人关注的是自己,是自己的心理问题如何才能解决,自己为什么就遇到这样的问题等。感到困惑,但又找不到答案,因而感到非常痛苦。

5. 心理固着

心理固着指个体在相当时期内为某种想法所困扰,不知如何处理,又无法排解的心理现象。在心理正常的情况下,人的心理活动是不断变化的,即人会随着情境的变化而思考不同的问题,但在出现心理问题的时候则表现为:在不同的情境中往往总是在思考同一个消极的问题,产生消极的心理体验。例如,遇到挫折后就反复想:我为什么会遇到这样的问题,出现这样的问题就完了,等等。

二、大学生心理健康中值得重视的八个问题

学业问题、情绪问题、人际关系问题、焦虑问题、情感问题、性教育问题、特殊群体学生的心理健康问题和大学生活适应问题是目前大学生普遍存在的心理健康问题。

(一) 学业问题

学习压力大、学习动力不足、学习目的不明确、学习成绩不理想、学习困难等学业问题始终困扰着大学生。主要表现在以下四个方面:

1. 学习动力不足

在大学生生活事件量表中,列在第一位的是学习压力大。关于影响大学生生活事件的问卷调查结果表明:有69.6%的新生和54%的老生感到"学习难度加大,非常困难"。

2. 学习目的不明确

很多同学为了应付不得不参加的考试、不能不做的事而学习。有的学生甚至直截了当地回答学习是为了能够考试过关,至于为什么学心中没有底。更多的学生则是懒得"精益求精,但求蒙混过关"。面对人才市场的巨大压力,很多学生也感到内心有危机感,但真正要努力学习,却提不起精神来。

3. 学习成绩不理想

学习困难的学生虽然在大学生群体中占的比例并不大,但他们的负性情绪,对学生的成长是不利的。有的学生上课注意力无法集中,有的学生不适应大学生活……关于影响大学生学习情况的调查中有42%的学生经历过考试失败。我们随机抽查了一个30人的大四工科班级的成绩,发现在7个学期中,有63门次不及格,人均2.1门次,这不能不引起重视。

4. 学习动机功利化

市场经济的利益杠杆直接影响着学生的学习,对于学习,学生表现出空前的功利意识。还没有学的课,学生问的第一个问题是:"我学习这门课有什么用?"因而出现了专业课、基础课"门前冷落鞍马稀",与技能类课程如计算机、外语、股票类课程及各种各样的证书班门前摩肩接踵、门庭若市的景象形成鲜明对比。"考证热"正是学习功利化的直接表现。

(二) 情绪问题

稳定的情绪、积极良好的情绪反应,是学生成才很重要的因素,也是学生心理健康中值得重视的问题。如表1-1所示:大学生的负向情绪高于正向情绪,值得引起重视。

表1-1 大学生情绪自我评价

选项	正向	中性	负向	负向与正向差
舒畅—压抑	31.7	26.8	41.6	9.9
愉快—烦恼	21.9	30.6	47.6	25.7
充实—空虚	14.2	21.9	63.9	49.7
平和—烦躁	3.3	18.6	78.1	74.8

1. 抑郁

抑郁指个体长期情绪低落,常伴有身体不适、睡眠不足等,心情压抑、沮丧、无精打采,什么活动都懒于参加,什么事也提不起精神来,逃避参与。中国矿业大学连续三年对新生进行心理健康测试,结果表明:列在第一位的心理不适是抑郁;家庭经济状况差,家庭亲和感差,某种原因如连续的考试失败、失去亲人、失恋、同学感情失和等,都是抑郁的直接诱因。

2. 情绪失衡

大学生的社会情感丰富而强烈,具有一定的不稳定性与内隐性,表现为大学生情绪波动大,情绪高低不定、喜怒不定。他们会因一点小小的胜利而沾沾自喜,也易为一次考试失败、情感受挫而一蹶不振,甚至无法控制自己的情绪反应。他们对负性情绪的控制相对较弱,个体负性情绪表现为:情绪高低不定,易怒,难以驾驭自己的情感,不能保持一种常态的情绪。如一次考试失败,有的学生很难从失利的阴影中走出。群体负性情绪是校园事端的直接制造者。

(三) 人际关系问题

良好的人际关系是学生成长与社会化过程中的重要组成部分,也是保持良好心理状态的必备条件。

1. 人际关系不适

进入大学,远离原来熟悉的生活与学习环境,面对新的群体,学生多少有些不适。部分学生对大学的师生关系、同学关系、异性之间的关系很不适应。有的学生从未离开过家庭,在父母的呵护下成长,对于如何关心别人、得到朋友的关心想得较少;而与此同时,学生又希望得到别人的认可。"心里话儿对谁说?"成为学生普遍的困惑。在"目前,你感到最苦恼的事"的调查中,有80%的学生苦恼的事涉及人际关系。

2. 社交不良

大学生活在一定程度上给学生创造了一个小社会的环境,学生可以充分地展示自我,展示大学生的风采。部分学生缺乏在公众场合表达自己思想的能力与勇气,面对各种各样的活动,虽充满了兴趣,却又担心失败,只是羡慕,而积极参与的不多,久而久之,开始回避参与,感叹"外面的世界很精彩,外面的世界很无奈";特别是到周末,学生普遍感到无处可去,甚至出现了"周末恐惧症"。这直接影响了学生潜能的充分发挥。

3. 个体心灵闭锁

学生从校门进入校门,缺乏人际交往经验,而学生在人际交往中的不自信又不利于增加自身的人际魅力,妨碍了良好的人际交往圈的形成。30%的新生认为"没有朋友",23%的学生感到"孤独、寂寞";对于"与人主动交往",45%的学生更希望自己成为交流的对象而不是交流的直接发起者。与此同时,由于个体间的正常的交往不够,又易引发猜疑、妒忌等,不利于学生的健康成长。

(四) 焦虑问题

学生的焦虑具有一定的代表性,其来源并非现实的威胁,而是来自内心,无明确的客观对象和具体内容。主要表现为自我焦虑与考试焦虑。

1. 自我焦虑

人在青年时期比任何其他年龄段更关注自己在他人尤其是异性心目中的形象。学生会受很多因素的影响,如个人形象、能力、人际交往等会使学生产生各种各样的焦虑。有的学生总感到自己的先天条件不够理想,因而非常自卑,不能建立自己的社交形象与公众形象。

2. 考试焦虑

尽管所有的大学生都经过了高考的严峻考验,但大学考试对学生,尤其是基础较差、大学第一学期考试失败的学生的情绪影响尤其突出。他们无端担心考试失败甚至产生厌倦考试的心理状态。

(五)情感问题

爱情、友情、亲情是学生情感方面的三个重要问题。

1. 爱情的困扰

虽然在大学爱情并非一门必修课,但不少学生仍然纷纷开始自己的情感之旅。正确处理爱情与学业的关系是学生的一门必修课。有的学生说"爱是情感,不是规范",一是因为情感的迷茫,二是因为有不正确的恋爱观。面对爱情,学生更多想到的是"不在乎天长地久,只在乎曾经拥有",甚至"预约失恋"。对于他们来说,爱情与婚姻分离是一种较为普遍的现象。

2. 友情的困扰

友情是人生路上的重要方面。校园里独特的文化氛围与人文氛围滋养着学生各种情感的发展,在处理个人情感问题时,学生往往看不清友谊与爱情的区别,不能很好地把握男女同学交往的尺度,希望珍惜友谊又不经意地与友谊失之交臂。

3. 亲情问题

近年来,很多学生反映:与家长没有太多的话讲,联系基本是缘于实质性问题,如经济供给、物质补充,而非情感沟通,即使通电话,也仅仅是"我一切都好,不用牵挂"之类的客套话。对家庭教养方式的调查结果也表明,学生对父、母满意和比较满意的分别占78.2%和86.0%,说不清楚的分别占9.8%和4.0%,不满意的分别占6.9%和3.8%;从整体上看,学生对家长是基本满意的,也是肯定亲情的,但学生对亲情回报较少并理直气壮地认定父母并不求回报。

(六)性教育问题

性教育是道德教育、文明教育、健康教育,也是人格教育,这基本得到了教育工作者的认同,但性生理与性心理方面的问题并未得到很好的解决。

1. 性生理适应不良

青春期性生理的成熟,必然带来相应的心理变化。大学生渴望获得异性的好感与承认,会产生性幻想、性冲动等。很多大学生产生过"性幻想"——用一种自慰的方法解决自身的生理冲动,这是正常的心理反应。由于性教育的严重缺失,很多学生不能正确认识自我的性反应,产生了堕落感、耻辱感与性罪恶感,把性与不洁联系起来,如一位大学生因做性梦产生性幻想不能自拔以至于萌发了轻生的念头。学生放纵自身性生理欲望,与恋爱对象发生两性行为的情况并不罕见。

2. 性心理问题

青春期性心理与性生理密切相关。学生会对异性有好感,希望在异性心目中确立良好的形象,获得对方的认可。成熟的性生理与不够成熟的性心理之间的矛盾,使更多的人面临这样的问题:最初的恋人可能不是最终的选择。性关系无论从道德上还是从心理上都使对方更多了一份沉甸甸的责任。"面对男朋友的性要求,如何选择才既不伤双方感情,又保持了自身的尊严?""既不破坏社会公德,又不影响他人,健康的性行为为什么不可以呢?"性的好奇、性无知、性贞洁感的淡化,甚至性与爱的困惑、分离以及性行为引起的后果及由此产生的心理压力,都是值得重视的问题。

(七)特殊群体学生的心理健康问题

1. 独生子女心理健康问题

独生子女大学生有着自身的特点:一方面,他们一般都有较好的家庭条件,缺乏直接的竞争压力与经济压力,是大学生中"洒脱"的一部分学生;另一方面,由于在家庭中受到过多的呵护,他们的独立生活能力、自立能力、进取意识显得不足,对集体生活不适应,考虑他人较少,而考虑自己则很多。这部分学生学习动力不足,对生活质量的期待与要求较高,而对人生理想的追求则不够高。一项关于城市独生子女的人格发展与教育的调查表明:独生子女存在成就需要弱、心理较脆弱、自立能力弱等问题。

2. 特困生心理调适

近年来,特困生的思想教育、生活受到社会各界的广泛关注,学校采取了"奖、贷、勤、免、补"等措施,广开渠道,解决困难学生的生活问题。不容忽视的是,困难学生不仅仅是经济困难,他们的心理问题也值得引起高度重视。尤其是"双困生",他们学业成绩不理想,家庭经济又很困难,心理负担很重。经济条件影响与制约着他们的成长,自卑、过多的自责使部分学生不能走出家庭经济条件差的阴影。某些困难学生不愿参加勤工助学工作,认为太辛苦,某些困难学生的各种资助竟然高于优秀学生奖学金,这些情况使学生对各种补助产生了心理上的依赖,有的甚至将补助直接打入自己的预算中。这助长了学生的惰性,也滋长了学生"等、靠、要"的思想,不利于他们健康健全人格的培养。

(八)大学生活适应问题

适应大学生活,完成大学生作为"文化人"与"社会人"的培养任务,帮助大学生完成社会化,是大学生活的重要内容。

1. 生活能力弱、自立能力弱的情况普遍存在

尽管高校都在倡导大学生"自我教育、自我管理、自我服务",但作为社会一员,学生普遍不能够很好地处理自己的事务。这种情况不仅出现在独生子女身上,也同样出现在困难学生身上。学生连简单的劳动都不愿从事,困难学生家长因为不能为孩子提供足够的经济支持而感到对不起孩子,作为一种补偿,他们不让孩子干更多的活,这使他们生活能力很弱。部分毕业生面对竞争日益激烈的人才市场,显得思想和心理准备不足,不知所措。丢失毕业证书等意外事件每年都会发生,这从一个侧面反映出学生处理日常事务能力的不足。

2. 大学生对挫折的心理承受力弱

目前在校大学生的物质与经济条件整体来说都非常优越,可以说是"一路高歌到大学",在学校"老师宠着",在家庭"父母捧着"。面临学业、生活、感情方面的挫折,学生显得无所适从,感到失去了生活的意义,甚至怀疑人生。多数学生只能听顺耳话,听不进不同意见,更不用说老师和同学的批评了。困难学生在独立性、未来感、自由感、自信心等方面更容易受挫

折。面对就业制度的改革带来的机遇与挑战,学生没有足够的心理准备,担心受挫。

三、心理健康主要影响因素

主要从三个方面来讲:第一个方面是生理因素,第二个方面是心理因素,第三个方面是环境因素。

(一)生理因素

遗传、创伤、传染等导致的生理疾病或缺陷,比如肝炎、视觉异常、癫痫、生理残疾等,是一类强有力的生理性应激源,其对大学生的自我认识与悦纳、性格、人际交往、恋爱或亲密关系、就业等影响巨大,有的甚至会造成长期的成长期的负面影响。

1. 体貌特征与运动

身高、体重、容貌、身材、皮肤、发质、牙齿等体貌特征,以及运动对身体的影响(如身体素质、肥胖、疾病等),影响着大学生的学习与生活,尤其体现在自我认识与人际交往方面,可能会造成适应与发展困扰(如人际回避、过度减肥、反复整容等),严重的甚至会引起心理障碍或精神疾病(如神经性厌食症等)。

2. 物质摄入

酒精、尼古丁、咖啡因以及其他精神活性物质的摄入或过度摄入,不仅会影响大学生的身体健康,还可能损害正常的心理机能(如注意力问题、情绪失调、行为偏差等),严重的甚至会引起物质成瘾或物质依赖。

(二)心理因素

1. 个人观念

世界观、价值观和人生观决定着大学生怎样面对和投入大学阶段的学习与生活。一些不良的个人观念(如"读书无用论""拜金主义""享乐主义"等)容易造成大学生的适应与发展困扰,往往令有些人在学习、人际交往、恋爱或亲密关系、休闲娱乐、饮食睡眠、就业或创业等方面陷入困境或冲突。

2. 个人能力与兴趣

大学生的生活自理能力、自主学习能力、注意力控制能力、时间管理能力、自我控制能力、学习与生活兴趣等会影响其学习与生活的方方面面。个人能力不足、兴趣缺乏等往往容易造成适应与发展困扰。

3. 个性特征

一些消极或负面的个性特征(如神经质、内向性、完美主义、自我中心等)不仅容易给学生在学习与生活中造成适应与发展困扰,严重的甚至会引发学生的心理障碍或者精神疾病(如抑郁症、强迫症、社交焦虑症等)。

4. 性

大学生的性冲动及其满足、性取向及其适应、性观念及其选择等对其日常生活有着明显影响,可能在他们的人际交往、恋爱或者亲密关系等方面造成适应与发展困扰,还可能引起心理障碍或者精神疾病(如抑郁症、焦虑障碍等)。校园里的性少数群体常常面临更多的困难与风险。

(三) 环境因素

环境对大学生的影响主要来自家庭、社会和学校。

1. 家庭环境

环境中对大学生心理健康影响最大的就是家庭环境。家庭环境对人的影响主要包含三个方面:家庭的自然结构、家庭的人际关系和家庭的教养方式。

有研究表明,家庭的自然结构对大学生心理有一定的影响。例如,寄居家庭大学生相对于其他家庭的大学生,与人交往时更加敏感;单亲家庭的大学生抑郁程度更高,心理障碍较严重,更容易产生敏感和自卑心理,同时他们的独立性更强。家庭的人际关系不良,例如父母关系不良、经常吵架甚至相互敌视,家庭气氛紧张,自己与父母关系较差或很少与父母联系等,都容易导致大学生产生抑郁情绪。家庭的教养方式从不同方面直接或间接地影响大学生的心理健康水平,否定、消极、拒绝的教养方式对大学生的心理健康起到了一定层面的负面影响,而肯定、积极的教养方式则对大学生的个性特征、社会交往、自我评价起到了积极的作用。

2. 社会环境

在社会经济飞速发展的今天,大学生不仅迎来了各种发展机遇,而且面临各种挑战。大学生要提升自己的专业技能和自身的各种能力,才能在竞争激烈的职场中找到适合自身发展的平台。

3. 学校环境

大学时期是人生的重要时期,是青年在生理和心理上走向成熟和定型的重要阶段。学校在向学生传授知识的同时,也通过各种文化建设向学生传授做人的道理。学校犹如一个小社会,学校的文化氛围也会对大学生的心理产生很大的影响。

四、心理问题的自我调适方法

(一) 心理自动调适法

人类在面临挫折时,常常会调动自身的适应机制,心理学称之为心理防御机制。心理防御机制力图减少焦虑的情绪,维持心理平衡,是个体自我保护的心理自动机制,它如同人体生理活动一样具有保持生理、生化活动相对稳定和平衡的内稳能力。心理防御机制的更大价值在于为个体寻找解决挫折的更为积极、有效的方法提供时机。常用的心理防御机制有:压抑作用、投射作用、文饰作用、补偿作用、升华作用等。

当然,心理防御机制需要我们正确认识,适时适度运用。应该看到有些心理防御机制只能起到暂时平衡心理的作用,并不能解决问题。心理健康的人是在积极的意义上使用心理防御机制,而心理不健康的人总是依赖心理防御机制,其结果是适应能力日趋削弱、人格和心理发展受到影响。

(二) 意义寻觅法

意义寻觅法是一种自我寻找和发现生命的意义,树立明确的生活目标,以积极向上的态度来面对和驾驭生活的心理自助方法。心理学家弗兰克尔(V. E. Frankl)认为:"人是由生理、心理和精神三方需求满足的交互作用统合而生成的整体,生理需求的满足使人存在,心理需求的满足使人快乐,精神需求的满足使人有价值感。"对生命和生活意义的探索和追求是人类的基本精神需要,而一些人在遭受生活挫折时常常会感到失去了生活目标,对生活的意义感到迷惘,出现"生存挫折"或"存在空虚"的心理障碍,表现为对生活的厌倦、悲观失望或无所适从。弗兰克尔认为,人生的意义建立在精神层面的价值感的获得。人生的意义感不是赋予,而需要寻找,意义寻觅法的核心就是要学会寻找失落的生活目标和价值,建立起明确和坚定乐观的人生态度。

(三) 认知调控法

心理问题常伴随情绪反应,情绪反应产生于主体认识到刺激的意义和价值之后。对同一刺激,不同的评价将会引起不同的情绪反应。所以可以用调整、改变认知的方法调控情绪反应和行为。认知调控方法是指当个人出现不适度、不恰当的情绪反应时,理智地分析和评价所处的情境,理清思路,冷静地作出应对的方法。认知调控的关键是控制与即时情绪反应同时出现的认知和想象。例如当人非常愤怒时,常会作出过激行为。如果此时能够告诫自己冷静分析一下动怒的原因、可能的解决办法,可使过分的反应平静,找到恰当的方式解决问题。认知调控方法的原理在于认知对情绪有整合作用。认知和情绪由大脑不同部位控制,控制情绪的部位是较原始的部分,控制认知的部位是在情绪中枢之上发展的新皮质部分。情绪反应速度快,但内容较原始;认知反应稍迟于情绪反应,但其内容更显理智,能够整合情绪反应。

认知调控方法在实际应用时可分为以下两步:首先是分析刺激的性质与程度。人类情绪反应是进化选择的结果,有利于种族的生存与发展,是驱动我们应付环境、即刻反应的本能冲动;虽然伴有认知过程的结果,但即刻的认知往往笼统、模糊,其诱发的反应往往强烈。冷静分析问题所在,可以即时调控过度的情绪反应。其次是寻找多种解决问题的方案,比较选择后择优而行。情绪引发的即刻反应往往是冲动性本能反应;很多问题都有多种可能的解决方案,寻找最佳方法至关重要,而思考是解决问题的前提。

(四) 活动调适法

活动调适法是指通过从事有趣的活动,以达到调节情绪、促进身心健康目的的一类方法,包括读书、写作、绘画、雕塑、体育运动、听音乐、歌唱、舞蹈、演戏、劳动等多种活动方式。活动调适寓心理治疗于娱乐之中,不仅易为人所接受,而且易于操作,可以广泛地运用于一般性的心理不平衡和轻微的心理障碍的调节。活动调适法的实质在于用活动的过程来充实空虚的生活,用活动中获得的愉悦来驱散不良的情绪。因此,应随时把握和利用活动中所提供的有利机遇、信息去发现问题,改变错误的认知,调适不良的情绪,纠正不适应的行为,提高自信心。活动的种类要根据自身的文化程度、原先的个人爱好、兴趣,以及实际条件来选择。

(五)合理宣泄法

合理宣泄就是利用或创造某种条件、情境,以合理的方式把压抑的情绪倾诉和表达出来,以减轻或消除心理压力,稳定思想情绪。宣泄是一种释放,其作用在于将压抑在心里的愤怒、憎恨、忧愁、悲伤、焦虑、痛苦、烦恼等各种消极情绪加以排解,消除不良心理,得到精神解脱。因此,宣泄是摆脱恶劣心境的必要手段,它可以强化人们战胜困难的信心和勇气。无论是失恋、亲人亡故等很大的痛苦,还是惧怕某人、某场合等难以说出口而实际上无关大局的行为,都可以通过倾诉或用行动表达出来,这实际上是在对有碍于身心健康的情绪状态进行自我调节。所以宣泄的过程也是人们进行心理的自我调整的过程。

宣泄的主要方式有以下几种:

1. 倾诉

心里有什么问题和积怨,可以找朋友、家人或者老师、同学等尽情地倾诉出来。倾诉对象一般是最亲近、最信赖、最理解自己的人,否则可能无法畅所欲言。在倾诉过程中,可能因情绪激动、过度悲伤等因素,说话唠唠叨叨,词不达意,说过头话,甚至发牢骚,对此倾听者要给予理解、共情和安慰,并适时予以正确引导。

2. 书写

用写信、写文作诗或写日记等方式,使那些因各种原因而不能直接对人表露的情绪得到宣泄。比如写日记,自己对自己"说",想"说"什么就"说"什么,没有任何心理压力,许多不良情绪就在字里行间化解了。

3. 运动

有了消极情绪,与其一个人发呆还不如到室外去打打球、跑跑步或爬爬山,呼吸一下新鲜空气,让怒气和痛苦随汗水一起流淌,心情就会开朗起来。

4. 哭泣

从身心健康这个角度来讲,"泪往肚里流"是不可取的。流泪也是一种宣泄,无论是偷偷流泪还是号啕大哭,都能将消极情绪宣泄出来,从而令不愉快的情绪得到缓解,减轻心理压力。

(六)身心放松法

放松训练是为达到肌肉和精神放松的目的所采取的一类行为疗法。人的生理活动与心理活动密切相连,放松训练就是通过肌肉松弛的练习来达到心理紧张的缓解与消除。研究证明,放松训练所导致的松弛状态,可使大脑皮层的唤醒水平下降,通过内分泌系统和自主神经系统功能的调节,使人因紧张反应而造成的生理心理失调得以缓解并恢复正常。放松训练对于缓解紧张性头痛、失眠、高血压、焦虑、不安、气愤等生理心理状态较为有效,有助于稳定情绪、振作精神、恢复体力、消除疲劳,对增强记忆、提高学习效率、增强个体应付紧张事件的能力也有一定效果。

放松训练的方法有许多种,这里简要介绍五类简便易行的放松训练法。

1. 一般身心放松法

常用的身体放松的方法有做操、散步、游泳、洗热水澡等;常用的精神放松的方法有听音乐、看漫画、静坐等。哪些人需要放松,何时需要放松,可以通过观察身体和精神状态来确定。从身体方面,可以观察饮食是否正常,睡眠是否充足,有无适当运动等;从精神方面,可以观察处事是否镇定,是否精神集中,是否心平气和等。如果观察后的判断是否定的,就需要进行放松训练。

2. 想象性放松

在指导学生做想象性放松之前,应先让其身体放松坐好、闭上双眼,然后给予言语性指导,进而让学生自行想象。常用的指示语是:"我静静地俯卧在海滩上,周围没有其他的人,我感受到了阳光温暖的照射,触到了身下海滩上的沙子,我全身感到无比的舒适,微风带来一丝丝海腥味,海涛声……"在给出上述指示语时,要注意语气、语调的运用,节奏要逐渐变慢,配合对方的呼吸。

3. 精神放松练习法

通过引导将注意力集中在不同的感觉上,达到放松的目的。比如可以把注意力集中在视觉上,静心地看着一支笔、一朵花、一点烛光或其他任何一件柔和美好的东西,细心观察它的细微之处;也可以集中在听觉上,聆听轻松欢快的音乐,细细体味,或闭目倾听周围的声音;也可以集中在触觉上,触摸自己的手指,按按掌心,敲敲关节,轻抚额头或面颊;还可以集中在嗅觉上,找一朵鲜花,集中注意力,微微吸它散发的芳香;等等。另外,也可闭上眼睛,试着将生活中的一切琐碎和不愉快的事情忘掉,着意去想象恬静美好的景物,如蓝蓝的海水、金色的沙滩、朵朵白云、高山流水等。

4. 渐进性肌肉放松法

在进行渐进性肌肉放松训练时,要注意选择不受干扰、温度适宜、光线柔和的房间或室外,保持舒适坐姿。然后让学生想象最令自己松弛和愉快的情景,并在一旁用言语指导和暗示。指导语是:"坐好,尽可能使自己舒适,并使自己放松;现在,首先握紧右手拳头,并把右拳逐渐握紧,在这样做时,你要体会紧张的感觉,继续握紧拳头,并体会右拳、右手和右臂的紧张;现在,放松,让你的右手指放松,体会你此时的感觉;现在,你自己试试全部再放松一遍;再来一遍,把右拳握起来,保持握紧,再次体会紧张感觉;现在,放松,把你的手指伸开,再次注意体会其中的不同;现在,你左手重复这样做……"用以上同样的方法放松左手与左臂,接着放松面部肌肉,颈、肩和上背部,然后是胸、胃和下背部,再放松臂、股和小腿,最后身体完全放松。

5. 深呼吸放松法

当在某些特殊的场合感到紧张,而此时已无时间和场地来慢慢练习上述的放松方法时,可以使用最简便的深呼吸放松法。这和日常生活中人们自我镇定的方法相似。具体做法是：让学生站定，双肩下垂，闭上双眼，然后慢慢地做深呼吸。可配合他们的呼吸节奏给予如下指示语："一呼……一吸……一呼……一吸……"或是："深深地吸进来，慢慢地呼出去；深深地吸进来，慢慢地呼出去……"这种方法学生掌握以后，也可自行练习。

五、大学生心理健康问题的原因与对策分析

（一）原因分析

社会环境、学校教育、家庭教育与自我因素都直接影响大学生心理健康水平。

1. 社会层面

在社会层面，社会物质、社会意识、社会风气、社会舆论四方面的影响较大。市场经济带来丰富的物质产品的同时，也造成了利益格局的重新调整以及贫富差距的加大。在社会意识方面，社会主义市场经济体制的建立和发展，必然伴随着价值观念的转换。社会的变迁过程，实际上也是心理态度、人生价值观和思想行为的更新、定位和变革的过程。与此同时，社会风气、社会舆论也会在成长着的大学生心中留下深层的心理积淀。正确的舆论有利于大学生心理健康成长，不正确的舆论会对大学生心理的健康成长造成不良影响。各种社会因素必然给大学生心理带来不同的投射效应。

2. 家庭层面

家庭的影响主要包括家庭的情绪氛围、父母的教养态度、家庭结构及家庭经济状况四个方面。家庭是人生的奠基石，父母是孩子的第一任老师，他们对孩子的成长与成才的影响是长久而深远的。家庭良好的情绪氛围是良好心理素质形成的前提，家庭成员间的语言及人际氛围，直接影响着家庭中每个成员的心理，对个性逐渐成熟的大学生来说更具有特别的意义。父母的教养态度和教育方法会直接影响孩子的行为和心理，民主、平等而非命令、居高临下的，开明而非专制的，潜移默化而非一味娇宠的父母，有利于学生心理的健康发展；家庭结构的变化（如重新组合家庭）必然对正在读书的大学生心理产生一定影响；家庭经济困难的学生易产生心理不适感。

3. 教育层面

教育层面的影响分两个方面：一是高等教育观念的变化，高等教育逐步适应市场，其相关专业领域得到了拓宽，有助于提高学生的适应力与能力，应试教育的观念正逐步弱化；二是高等教育招生、就业体制的改变，学生交费上学，在一定范围内自主择业，市场增加了对高校与学生的约束机制。这一切都直接冲击着当今大学生的心理，他们必须承担上学的部分教育成本；面对求学、择业过程中选择机会的增多，选择难度的增大，他们有着更多的焦虑、不安、失落、无所适从。而择业过程中，人才市场的不规范更深深地刺激着当今大学生的心理。

4. 大学生自身因素

大学生自身因素包括个体心理品质、环境变迁、人际关系与生活事件四个方面。一是个

性心理品质方面的因素,自然人与社会人的冲突、文化人与社会人的冲突、成才与成人的相互关系、心理品质的稳定与耐挫折能力都是影响个体心理健康水平的重要因素。二是生活环境与学习环境的变化。大学生生活空间相对狭小,生活方式各不相同,在学习环境中面临教学方式、师生关系、学习主体、竞争对手与竞争方式的改变,如果不能及时调整自己并适应新的生活、学习环境,易产生心理不适。三是人际关系的变化。大学是社会的缩影,大学生的人际交往关系亦随之扩大和发展,大学生迫切希望得到他人的认同,获得归属感和尊重感,而他们与人交往、相处的经验又相对较少。四是日常生活事件的困扰,主要包括个人患小伤病、评优落空、考试失败、经济困难、学习压力过大或负担过重、失窃或财产损失,以及被人误会等负性事件。生活事件特别是对人身构成重要影响的事件对大学生的心理健康水平的影响是直接的。

(二) 对策探讨

1. 学校教育中应着重于"五学"教育

学校教育要让学生"学会生存,学会生活,学会关心,学会学习,学会发展"。在我们的教育中,存在重道德灌输、轻道德践约,重成才教育、轻成人教育,重知识传授、轻养成教育的倾向。学校要培养的是"社会人"与"文化人",社会人必然是具有健康心理的人。教会学生适应环境,能够妥善处理自身事务,学会遵守社会规范,成为一个适应社会需要的社会人是前提;学会关心,关心国家大事,关心我们生存的社会,关心朋友,体谅父母,珍惜友谊,善待爱情,以热情、积极、主动的态度介入社会生活;学会学习,不仅学习书本知识,学习观察问题、解决问题的方法与途径,培养将书本知识转化为社会实践的能力。人的发展是永恒的课题,可以说,自我塑造、自我发展、自我完善是人生中非常重要的内容。

2. 逐步形成学校、社会、自身共同关心大学生心理健康的良好氛围

目前,高校普遍认识到心理素质在人才培养中的重要作用,建立了相应的机构,加大了心理健康教育的力度,部分高校将心理健康教育纳入课堂教学中,使心理健康教育逐步走上科学化、规范化的轨道。大学生也逐步认识到心理健康的重要性,开始注重自身心理素质的培养与提高,以主动的姿态调整自身的状态,以适应社会的需要。家庭教育也在逐步重视学生的心理健康教育。要在大学校园中营造宽松的心理气候,建立良好的班风、学风、校风,消除不良文化的影响,逐步形成积极向上的校园文化、人人重视自身心理健康的良好氛围。

3. 建立以发展咨询为核心的大咨询观念

很长一段时间内,人们对心理咨询的认识停留在心理疾病的治疗上。事实上,有严重心理障碍的学生毕竟是少数,更多的学生面临成长与成才、情感与事业、日常生活事件的处理方面的问题,而这些问题,虽不构成心理疾病的主要方面,但又直接影响着学生的心理健康与大学生的健康成长。发展咨询应当成为教师教书育人职责中的重要组成部分,引导学生正确处理生活中的一些事件。将发展咨询贯穿于学生成才的始终,是一项非常繁重的任务,是值得引起重视的问题。

第三节 心理健康的意义

一、心理健康对于预防心身疾病和恶性事故的发生有重要的意义

精神疾病是一种严重的心理障碍，它的发生与人的心理健康水平密切相关。由于社会生活的纷繁复杂以及各种压力，人们随时都面临着来自各个方面的心理应激，重视心理健康问题，可以使人们很好地处理各种矛盾，提高心理承受水平，在挫折面前有足够的心理准备，并能采取有效的措施，积极预防精神疾病的发生。心身疾病是指心理因素在病症的起因中占据重要地位的病症，如冠心病、高血压、溃疡、某些肿瘤疾病等。诸如情绪不稳定、易大喜大怒、过于争强好胜、长时间的焦虑不安、不易满足等心理特点很容易导致疾病的产生。重视心理健康问题，可以使人有效地抵御各种不良的诱因的作用，矫正不良的心理反应，有效地预防心身病症的发生。近年发生的恶性事故中，有许多事故与当事者的心理健康状况有关。心理健康水平较低的人，很容易产生无法控制的愤怒情绪，以至于控制不住自己，出现严重越轨行为。提高人们的心理健康水平可以预防这类事件的发生。

二、心理健康对于大学生成才有着重要的意义

健康的心理是大学生接受思想政治教育以及学习科学文化知识的前提，是在校期间正常学习、交往、生活、发展的基本保证。如果一个人经常地、过度地处于焦虑、郁闷、孤僻、自卑、犹豫、暴躁、怨恨、猜忌等不良心理状态中，是不可能在学习、工作和生活中充分发挥个人潜能，取得成就、得到发展的。大学生心理健康之所以重要，是因为他们所承担的和将要承担的学习任务和社会责任较为繁重和复杂。大学生的心理健康对他们的品德素质、思想素质、智能素质乃至身体素质的发展都有很大的影响。据调查，大学生中品学兼优的学生心理健康水平也相对较高。当代大学生处于新的世纪，世界范围内的经济竞争、政治斗争、军事斗争、综合国力的竞争，实质上是科学技术的竞争，归根到底是人才的竞争。现代化建设取决于人才素质的提高和合格人才的培养。心理素质是人才素质的基础，心理健康是良好的心理素质的基本要求。为了培养和塑造跨世纪的人才，必须普及心理健康知识，优化大学生的心理素质。

三、心理健康对建设社会文明有着重要的意义

心理健康不仅对个体有意义，而且对群体也有不可忽视的意义。心理健康有助于克服人的消极心理状态，振奋民族精神；有助于缓解人际的冲突，改善交往环境，增进社会稳定；有助于人们塑造良好的个性，发展健全的品格，提高道德水平；有助于人的积极性和创造力的提高；有助于推动社会主义现代化建设的进程。可见，心理卫生工作是精神文明建设的重要组成部分。

◎ 心灵解码

症状自评量表 SCL-90

指导语：以下表格中列出了有些人可能有的症状或问题，请仔细阅读表格中每一条内容，然后根据该内容与您自己的实际情况相符合的程度（最近一个星期或现在），在适合的方格内打"√"。记分为：1—从无；2—很轻；3—中等；4—偏重；5—严重。

项目	从无	很轻	中等	偏重	严重
1. 头痛					
2. 神经过敏，心中不踏实					
3. 头脑中有不必要的想法或字句盘旋					
4. 头晕或晕倒					
5. 对异性的兴趣减退					
6. 对旁人责备求全					
7. 感到别人能控制您的思想					
8. 责怪别人制造麻烦					
9. 忘性大					
10. 担心自己的衣饰整齐及仪态的端正					
11. 容易烦恼和激动					
12. 胸痛					
13. 害怕空旷的场所或街道					
14. 感到自己的精力下降，活动减慢					
15. 想结束自己的生命					
16. 听到旁人听不到的声音					
17. 发抖					
18. 感到大多数人都不可信任					
19. 胃口不好					
20. 容易哭泣					
21. 同异性相处时感到害羞不自在					
22. 感到受骗，中了圈套或有人想抓住您					
23. 无缘无故地突然感到害怕					
24. 不能控制地大发脾气					
25. 怕单独出门					

(续表)

项目	从无	很轻	中等	偏重	严重
26. 经常责怪自己					
27. 腰痛					
28. 感到难以完成任务					
29. 感到孤独					
30. 感到苦闷					
31. 过分担忧					
32. 对事物不感兴趣					
33. 感到害怕					
34. 您的感情容易受到伤害					
35. 旁人能知道您的私下想法					
36. 感到别人不理解您、不同情您					
37. 感到人们对您不友好,不喜欢您					
38. 做事必须做得很慢以保证做得正确					
39. 心跳得很厉害					
40. 恶心或胃部不舒服					
41. 感到比不上他人					
42. 肌肉酸痛					
43. 感到有人在监视您、谈论您					
44. 难以入睡					
45. 做事必须反复检查					
46. 难以做出决定					
47. 怕乘电车、公共汽车、地铁或火车					
48. 呼吸有困难					
49. 一阵阵发冷或发热					
50. 因为感到害怕而避开某些东西、场合或活动					
51. 脑子变空了					
52. 身体发麻或刺痛					
53. 喉咙有梗塞感					
54. 感到前途没有希望					
55. 不能集中注意力					
56. 感到身体的某一部分软弱无力					

(续表)

项目	从无	很轻	中等	偏重	严重
57. 感到紧张或容易紧张					
58. 感到手或脚发重					
59. 想到死亡的事					
60. 吃得太多					
61. 当别人看着您或谈论您时感到不自在					
62. 有一些不属于您自己的想法					
63. 有想打人或伤害他人的冲动					
64. 醒得太早					
65. 必须反复洗手、点数					
66. 睡得不稳、不深					
67. 有想摔坏或破坏东西的想法					
68. 有一些别人没有的想法					
69. 感到对别人神经过敏					
70. 在商店或电影院等人多的地方感到不自在					
71. 感到做任何事情都很困难					
72. 一阵阵感到恐惧或惊恐					
73. 感到在公共场合吃东西很不舒服					
74. 经常与人争论					
75. 单独一人时神经很紧张					
76. 感到别人对您的成绩没有做出恰当的评价					
77. 即使和别人在一起也感到孤单					
78. 感到坐立不安,心神不定					
79. 感到自己没有什么价值					
80. 感到熟悉的东西变成陌生或不像是真的					
81. 大叫或摔东西					
82. 害怕会在公共场合晕倒					
83. 感到别人想占您的便宜					
84. 为一些有关性的想法而很苦恼					
85. 您认为应该因为自己的过错而受到惩罚					
86. 感到要很快把事情做完					
87. 感到自己的身体有严重问题					
88. 从未感到和其他人很亲近					
89. 感到自己有罪					
90. 感到自己的脑子有毛病					

说明：

1. 本测验共 90 个自我评定项目。测验的 9 个因子分别为：躯体化、强迫症状、人际关系敏感、抑郁、焦虑、敌对、恐怖、偏执及精神病性。

(1) 躯体化：包括 1、4、12、27、40、42、48、49、52、53、56 和 58，共 12 项。该因子主要反映主观的身体不适感。

(2) 强迫症状：包括 3、9、10、28、38、45、46、51、55 和 65，共 10 项。该因子主要反映临床上的强迫症状群。

(3) 人际关系敏感：包括 6、21、34、36、37、41、61、69 和 73，共 9 项。该因子主要反映某些个人不自在感和自卑感，尤其是在与其他人相比较时更突出。

(4) 抑郁：包括 5、14、15、20、22、26、29、30、31、32、54、71 和 79，共 13 项。该因子主要反映与临床上抑郁症状群相联系的广泛的概念。

(5) 焦虑：包括 2、17、23、33、39、57、72、78、80 和 86，共 10 个项目。该因子主要反映在临床上明显与焦虑症状群相联系的精神症状及体验。

(6) 敌对：包括 11、24、63、67、74 和 81，共 6 项。该因子主要从思维、情感及行为三方面来反映病人的敌对表现。

(7) 恐怖：包括 13、25、47、50、70、75 和 82，共 7 项。该因子与传统的恐怖状态或广场恐怖所反映的内容基本一致。

(8) 偏执：包括 8、18、43、68、76 和 83，共 6 项。该因子主要是指猜疑和关系妄想等。

(9) 精神病性：包括 7、16、35、62、77、84、85、87、88 和 90，共 10 项。该因子主要反映幻听、思维播散、被洞悉感等精神分裂样症状。

(10) 19、44、59、60、64、66 及 89 共 7 个项目未能归入上述因子，它们主要反映睡眠及饮食情况。我们在有些资料分析中，将之归为因子 10"其他"。

SCL-90 的每一个项目均采用 5 级评分制，具体如下：

(1) 从无：自觉无该项问题；

(2) 很轻：自觉有该项症状，但对被试者并无实际影响，或者影响轻微；

(3) 中等：自觉有该项症状，对被试者有一定影响；

(4) 偏重：自觉有该项症状，对被试者有相当程度的影响；

(5) 严重：自觉该症状的频度和强度都十分严重，对被试者的影响严重。

这里的"影响"包括症状所致的痛苦和烦恼，也包括症状造成的心理社会功能损害。"轻、中、重"的具体定义，由被试者自己体会，不必做硬性规定。

2. 评定的时间范围是"现在"或者是"最近一个星期"的实际感觉。

3. 评定结束时，由本人或临床咨询师逐一查核，凡有漏评或者重新评定的，均应提醒自评者再考虑评定，以免影响分析的准确性。

总分项目

(1) 总分：90 个项目单项分相加之和，能反映其病情严重程度。

(2) 总均分：总分/90，表示从总体情况看，该受检者的自我感觉位于 1~5 级间的哪一个分值程度上。

(3) 阳性项目数：单项分≥2 的项目数，表示受检者在多少项目上呈有"症状"。

(4) 阴性项目数：单项分＝1 的项目数，表示受检者"无症状"的项目有多少。

(5) 阳性症状均分：(总分－阴性项目数)/阳性项目数，表示受检者在"有症状"项目中的平均得分。反映受检者自我感觉不佳的项目，及其严重程度究竟介于哪个范围。

心理健康症状自评量表包含了广泛的精神病症状学内容，如思维、情感、人际关系和生活习惯等。

◎ 思政课堂

让成长没有烦恼

一、正视现实，正确看待新环境和新问题

哲学家曾说过："变化才是这世上唯一不变的事情。"大学生同样处于这个客观规律的控制中，需要及时了解、认识大学这个新环境，从积极的一面去看待新问题，调整心态，从容应对一切变化。

二、正确看待适应不良，掌握适应不良的调试策略

适应不良，是大多数人初到一个新的环境都会遇到的问题，大学生意识到这一点，才不会感到"无助"；同时，大学生应培养积极主动的适应意识，综合采用各种培养适应能力的方法和策略，勇敢走出自我"舒适区"，早日适应大学新生活，营造和谐、融洽的人际关系，培养良好的生活习惯和学习方法，让成长不再有烦恼。

◎ 领悟行动

活动主题：疯狂市场

(一) 讲解规则

1. 教师将任务道具摆放到位，请学生按照团队顺序列队，开始进行讲解。

2. 场景设置：这是一张企业的销售区域分布图，要求团队在最短的时间内，按照顺序(1～30)访问所有区域。（"访问"的意思就是用单手拍击相应的任务号。）

3. 任务"高压线"：任务区域每次只允许一个人出现，如果同时出现第二个人的身体的任何部位，本轮任务宣告失败。

(二) 开始任务

1. 根据时间情况，任务共计数轮，对每轮任务均进行计时，在全部团队完成任务后集合

宣布成绩。最后一名的队长接受"奖励"(如:袋鼠跳、做鬼脸、萝卜蹲等)。

2. 各队队员在每一轮比赛结束后均进行讨论。任务结束后,队员针对项目中的不足之处,提出建设性的改进意见。

(三)体验反馈

分享对这次活动的感受。

◎ 本章小结

心理健康对大学生来说至关重要,因为心理健康是适应新环境与建立和谐人际关系的重要前提,是大学生智力正常发挥和学习效能提高的必要条件,是他们身体健康的重要保障。心理健康从广义上讲是指一种高效而满意的、持续的心理状态;从狭义上讲,是指生活在一定的社会环境中的个体,在高级神经功能正常的情况下,智力正常、情绪稳定、行为适度,具有协调关系和适应环境的能力及性格。心理健康并不是一种固定的状态,而是一种不断发展的过程。心理健康也不是指对任何事物都能愉快地接受,而是指在对待环境和问题冲突时,能更多地表现出积极的适应倾向。科学研究表明,影响心理健康的因素是十分复杂的,生理、心理和社会诸因素会共同作用于个体。大学生群体并不会必然成为心理障碍的高危群体,但是大学生群体的特殊性使他们的心理健康面临更多的挑战,因此大学生应对其自身的心理成长给予更多的关注。

大学阶段是大学生人生中一个美好的阶段,也是他们自我成长最迅速的阶段。在此阶段,他们不仅想探索人生的意义与价值,而且对自身的性格、特长与能力、与他人的关系也充满了好奇。在成长的道路上,他们不仅会收获知识,也将会收获一个成功的自己。但是大学生在通往成功的道路上,可能会有迷茫、烦恼,同时要承受挫折与压力,还有竞争。如何面对暂时的挫折和压力,如何调整心态,走出逆境,保持乐观与美好,做一个积极进取、心理健康的大学生?我们要通过本章学习,掌握影响大学生心理健康的主要因素,提高大学生的心理健康素质。

◎ 课后作业

1. 大学生心理健康的标准是什么?
2. 如何增进大学生自身的心理健康?
3. 大学生心理健康教育中主要面临哪些问题?应如何调适?
4. 如何看待自身心理健康中出现的问题?

◎ 拓展阅读 1-1(请扫二维码获取内容)

心理健康的评估方法

第二章 02

大学生适应心理

◎ 案例导入

　　一位大学新生来到心理咨询室,说出了自己进入大学后无法适应的困扰:

　　我出生在小镇上,从小学习成绩一直还不错,很多同学都愿意和我在一起玩,我和同学朋友的关系也都比较融洽。高考那段时间发挥失常,来到了大专院校。心理还是有些落差,但两个月的暑假,我认为自己已经充分调整好了心态,准备迎接美好的大学生活。

　　上大学后我才真正开始接触城市生活,从刚入学到新宿舍后就发现很难融入新舍友当中,和他们没有话说,总感觉到有我出现的时候大家的气氛比较尴尬。我感觉有个姓李的舍友还故意针对我,欺负我。宿舍公共卫生太差,我总是主动去打扫,后来发现他们甚至开始要求我去打扫卫生,把我的奉献当作理所当然。

　　大学里丰富多彩的活动让我从最初的跃跃欲试到不敢去参与。最开始其实很想去尝试的,也加入了几个社团,后来发现,大家都多才多艺,而自己显得怯懦又胆小,甚至于在公开场合发言都会腿软发抖,出一身的冷汗。

　　我想着,那就好好投入学习吧。但是没想到,大学里的学习和我想象的不同。很多课程每周上一次,课堂上老师管得也不太严,学生们睡觉、打游戏、聊天、刷剧、看小说,千姿百态。我也忍不住加入他们,进入了虚度光阴、散漫消极的学习状态。下课时很难见一面老师,自由安排的时间让我手足无措,慢慢沉迷于游戏世界。有时睡过头还会错过上课时间,甚至直接翘课。其实我内心很想改变,以前自己很热爱学习,大学前还给自己定了专升本的目标,但是看着周围的同学都是这种状态,我也慢慢变成其中一员,惶惶度日。

　　两个多月来,这些事一直困扰着我,本来心里面不愿去这样想,但总是情不自禁地要去想,越想越觉得心里烦躁,感到周围的环境让人窒息。在大多数情况下,我总想一个人待着,可也觉得怪无聊的,因此造成我上课注意力无法集中,吃饭没什么味道,晚上睡觉不踏实,睡眠质量下降,成绩也受到影响;感到学习跟不上,非常担心,但是又控制不住游戏的诱惑,每次打完游戏后总是责怪自己,又虚度了一天。还有,我发现自己走在人群中会莫名地感到紧张,很想快点逃离。因此求助于心理咨询,希望能帮我尽快摆脱心理困惑,让我开心愉快地学习和生活。

　　(资料来源:顾晓虎、高远,《大学生心理素质训练教程》)

◎ 头脑风暴

　　1. 这位大学新生遇到了哪些问题?
　　2. 如果他是你的同学,你会怎样帮助他?

◎ 心理探索

第一节 大学新生面临的变化

拿到大学录取通知书的那一刻,你心里涌动的是收获的喜悦还是没有达到理想目标的失落？是终于解脱、获得自由的激动,对大学充满期待,还是郁郁寡欢、失望和心有不甘？走入大学的那一刻,也许你会说"这就是大学啊,这里太让我失望了,环境并不喜欢,周围都是陌生的人";也许你不喜欢自己的专业,觉得太无趣了,跟想象的完全不同,或者你很担心专业的就业前景,这个专业找工作太困难了,想换个专业;也许你非常怀念高中生活;也许新的室友让你觉得很难相处;也许家庭的经济问题让你陷入迷茫;也许你突然没有了高考压力,不知该怎么去学习;也许你觉得孤单,觉得没有人理解自己……但无论如何,你已经走入了大学的校园。从最开始的不适应到适应,是每个学生都必经的过程。

初入大学,很多大学生会面临生活环境、生活方式、人际关系、角色、学习方式等多方面的转变。许多人会遇到适应不良的问题,出现心理失衡、不适应生活环境、人际关系紧张、社交恐惧、荒废学业、沉迷电子游戏等问题,严重者甚至出现心理问题,需要专业的心理辅导和支持。那么,新生该如何尽快地适应大学生活,完成从中学生到大学生的过渡呢？

一、社会角色的转变——从中学生到大学生

有人说,从中学到大学,不都是学生吗？角色哪里发生了转变？

不错,我们从中学到大学,一直都是以学生的身份在接受教育。所不同的是,大学进行的是高等教育,与初高中不同。在初高中我们进行的是较基础层面的知识学习,而在大学我们学习的是专业知识、实践知识。另外,在学习时间与学习方法上,大学生显然有更多的自主安排的空间。没有了中学老师的督促和满满的课程安排,大学生有更强的自主学习与分析问题、解决问题的能力,也就是说,大学生更注重学习的主动性。

由中学生转为大学生,这个角色的转换是很多大学新生必须面对的。首先,大学生在思想上的成熟与职业方向的确定性上要显著高于中学生,社会对大学生的期望和要求远远高于中学生。其次,走入大学,很多学生会面临着重新评价自己的问题。在中学阶段,很多学生因为成绩优异而备受老师的关注和喜爱,而在人才济济的大学校园,他们会发现自己变得平平无奇。丰富多彩的校园生活,给了很多大学生展示自己和挑战自己的机会。他们在各类比赛、文娱类的活动中大放异彩,有的还展示了超强的组织领导能力。学习成绩不再是评价学生的唯一标准。

因此,要实现由中学生到大学生的转变,就要合理地认识并接纳自己,找到自己的优势,

在新入大学的阶段,快速适应大学生活,确定发展的目标,合理规划大学的时间,过一个丰富多彩的大学生活。

二、生活方式的转变——由依赖父母和老师到独立自理

大学生活方式的改变,主要指学生要进行生活的自理和消费的管理。中学时期学生以学习为主,其他都由父母和老师打点清楚。很多学生在走入大学之前没有住过集体宿舍,没有自己洗过衣服,没有理财消费的观念,没有自己出门旅行过,等等。走入大学之后,这些都会成为他们需要经历的事。独立、自理成为很多大学新生开始新生活的重要难题。此外,大学生业余时间比较多,很多大学生没有了父母和老师的监管,沉迷于电子游戏、手机视频、网络小说等无法自拔而荒废光阴和学业。而大学里丰富多彩的业余活动让很多大学生感到无所适从,甚至有些学生变得害怕社交,恐惧走出宿舍。

此外,在消费的管理方面,也出现了较大的转变。中学时期,父母给自己买好了要用的生活物资和学习用品;到了大学时期,很多父母会采用定期给孩子转生活费的方式,让大学生自主消费。许多大学新生对此不能适应,经常陷入一开始大手大脚消费,到月末了到处借钱的局面;甚至有些大学生爱慕虚荣,为了攀比购买奢侈品和名牌服饰,不惜使用"校园贷""裸贷"等,最终背负沉重的负债无法偿还而走向深渊。因此,确立合理的消费观念,有计划地安排每月的开支,尽早学会理财,对大学新生来说尤为重要。

三、学习方式的转变——由被动学习到主动学习

学习方式的改变,主要指由中学时期的被动学习变为大学时期的主动学习。

进入大学后,很多学生会发现,大多数的课程设置都是一周一次,老师上完课就走了,这也就意味着一周才可能见老师一次面。大学的课堂上也不会管得那么严,很多老师在上面侃侃而谈,学生在下面或听讲,或睡觉,或聊天,或玩手机,千姿百态,甚至于你不去上课也无人在意。中学时期,每天都被安排得满满的,晚自习也有班主任的督促和检查;现在一周上课时间也只有20个学时左右,其他的时间都由学生自主安排。很多学生一时难以适应,荒废了学业,等到期末挂科才后悔不已,想要努力学习却又发现找不到方法,很难去控制自己和合理安排时间。

其实大学的学习相对于中学更需要主动性,更加具有专业性。课堂上,老师们会推荐很多的参考书籍和课下资料,这其实是给大学生们在业余时间自主学习使用的。此外,专业课的学习其实是有难度的,光靠每周一次的课堂学习远远不够,因此课下如何去学习就显得极为关键。无法合理安排时间和进行自主学习,是很多大学生遇到的困扰。

四、交往方式的转变——由简单到复杂

进入大学以后,很多学生感受到了人际关系的转变。中学时期,学生的生活以学习为主,人际交往面比较窄,主要是和父母、老师、同学打交道,很多同学来自同一个地方,交往相对来说也比较容易。而走进大学,他们会发现人际交往的面越来越宽,人际交往的方式多

样,且交往的难度越来越大。

(一) 人际交往范围扩大

在大学里,学生会接触到形形色色的人。如学校里有来自不同地域、不同国家、不同种族的学生,学生参加各类文娱体育活动也会接触不同年级、不同专业的学生;日常还会跟学校的行政老师、宿管阿姨、商铺的老板等打交道;参加社会实践还需要跟社会人士、上班族、销售等打交道。大学生的社交是逐步迈向成人社交的一个过程,人际交往的范围会不断扩大,社交关系也会越来越复杂。

(二) 人际交往方式更加多样

中学时期,学生的基本社交方式是面对面的交流,比较简单。而到了大学时期,社交方式变得比较多样。除了面对面的交流外,网络社交成为大学生社交的主要方式。云课堂、在线班级活动、腾讯会议等,越来越多的社交转为线上。此外,很多大学生也沉迷于虚拟社交,虚拟社交因虚拟网络的自由性和不真实性而备受大学生的青睐。

(三) 人际交往的难度变大

中学时期,人际交往面较窄,社交相对比较简单。到了大学时期,随着接触面的扩大,人际交往的难度也越来越大。同学之间的语言、生活习惯、家庭背景、价值观、思维模式等方面存在差异,相互之间的了解和磨合需要一段时间,这些加大了交往的难度。此外,很多学生因自身性格较内敛、自卑、怯懦、孤僻、敏感等,导致人际关系紧张或人际交往的失败。

第二节 大学新生适应心理解读

一、适应的概念

"适应"一词的英文 adaptation 来源于拉丁文 adaptationem。"适应"最早出现在达尔文(C. R. Darwin)的《物种起源》一书中"物竞天择,适者生存"的理论中。达尔文认为适应是一种功能性的、认知或行为上的特质,作用是保障有机体在所处环境中获益,并认为适应的最终目的是得到更好的生存和繁衍。

后来适应的概念被心理学家斯宾塞(H. Spencer)引入社会学领域。他提出,生活即是内在关系与外在关系的调适,并首次提出了"社会适应"的概念,认为社会适应是个体和群体调整其行为使之与所处社会环境相符的过程,强调了个人在社会及物理环境中为求生存而努力奋斗。

心理学家皮亚杰(J. Piaget)认为,儿童心理既不是起源于先天的成熟,也不是起源于后天的经验,而是来自主体的动作,这种动作的本质就是主体对客体的适应。适应的本质在于取得机体与环境的平衡。那么适应是通过什么方式来取得这种平衡的呢?一种是同化,即把环境因素纳入机体已有的图式中;另一种是顺应,即改变主体的动作以顺应客观变化;顺应和同化是两个互补的过程。机体通过同化和顺应达到与环境的平衡,如果机体与环境失去了平衡,就需要改变行为以重建平衡。这种"平衡—不平衡—平衡"状态的循环往复,就是适应的过程,也就是心理发展的本质和原因。

朱智贤主编的《心理学大词典》中是这样定义"适应"的:"适应是源于生物学的一个词,用来表示能增加有机体生存机会的那些身体上和行为上的改变。心理学中用来表示对环境变化做出的反应。"

综上所述,适应是个体根据环境的需要,积极主动地调整自己,从而达到一种良好的生存发展状态,并保持与环境平衡的动态过程。适应的内部机制是同化与顺应的平衡。

二、适应的作用

(一)适应有利于个体的生存

达尔文提出的"物竞天择,适者生存"原则,是大自然普遍的生存法则。达尔文认为,适应是进化的唯一驱动力,每个物种都必须对环境不断变化所发出的挑战做出回应,如果不能适应就会灭绝。生物社会学家认为,在生物界,众多物种竞争有限的食物或空间,一个更适应现存条件的物种将淘汰其他竞争对手而生存下来,而不适应现存条件的物种最终会灭绝。环境淘汰了那些不利于生物体适应环境的遗传基因,成就了那些最适应环境的物种和基因。因此,适应对个体有重要的生物学意义,有利于个体在这个世界上生存。

"适者生存"的规律也适用于人类社会。人自出生那一刻起,就要不断适应环境的变化。人只有不断地适应环境、改变不适应环境的因素,才能在环境中生存下来,并使种族得到繁衍。如果社会中的个体都能遵循自然界的规律,为了生存而致力于自己的工作,那么就能使整个社会不断地向更好的方向发展。

(二)适应有利于个体的发展

适应能促进个体的发展。发展是指个体的身心随着时间的推进而不断变化的过程。个体的发展意味着身心发育成熟,个体的认识、情绪、情感、能力、社会功能等各个方面趋向完善。发展和适应是辩证统一的,适应是为了更好地发展,而发展则更有利于个体更好地适应环境。

发展是人对环境的积极适应。任何环境中都存在着影响人发展的因素,这些因素有的是积极的,有的是消极的。积极地适应环境要求个人能正确分析环境中的积极因素和消极因素,从而找到个人成长的关键点。

环境总在不断变化,个体的适应是短暂的、相对的,而发展是绝对的。个体就是通过不断地适应、发展、再适应、再发展,促使自己的心理不断地成长和成熟,以面对环境中更多、更新的挑战。

三、新生适应期及心理特点

新生的适应主要是指他们从中学生到大学生的角色转换,以及他们在与大学这个复杂多变的环境的互动中不断调整,最终达到身心平衡的动态过程。新生逐步适应大学的学习、生活,寻找和确立新的理想和目标,最终基本适应大学环境和大学生活的过程称为"新生适应期"。

对于新生来说,要在短时间内去适应既新鲜又陌生的大学生活,无疑是对自己心理素质和能力的考验。很多新生在这一时期会出现各种各样的心理困惑,会经历"大一的迷茫"。大学新生在新生适应期主要有以下心理特点:

(一) 独立与依赖的相随

新生进入大学,经历了从中学生到大学生的角色转变,身边少了父母的唠叨和老师的监督,开始独立地做出决策和自由地选择生活方式,这着实令不少新生感到轻松和快慰,他们的独立意识也更为强烈。但很多时候,新生社会生活经验不足,认识水平和自我调节能力尚未达到真正独立的程度,有独立的愿望却又信心不足,表现出一定的依赖性。

(二) 理想与现实的落差

每个新生都有自己远大的理想,对未来充满期望,期待着进入大学后按照自己的理想来规划未来。但现实却很复杂,校园并非如想象中的诗情画意,学习并非如预料中的妙趣横生,专业也并非自己的兴趣所在。很多新生会突然发现自己梦寐以求的大学生活竟是那样平淡。理想与现实的落差及强烈的思乡情绪,让新生情绪低落,充满失落感。

(三) 自豪与自卑的交织

学生经历"十年寒窗"的苦读,通过"黑色六月"的考验,终于成为"天之骄子",内心的自豪感油然而生。但是进入大学后却发现,在这个优秀人才聚集的校园,自己不再出类拔萃。如果不能正确地处理这些问题,强烈的自尊心便会转变为自卑感,形成自豪与自卑交织的一种心理状态。

(四) 归属与孤独的交融

进入大学,来到一个陌生的环境,新生交往需求更加强烈。他们希望建立新的交际圈,希望得到一份友情,渴望获得他人的理解、认同和帮助,也希望能了解和帮助他人,丰富自己的社会经验。然而,由于多种因素的影响,他们虽有强烈的归属感,但又不敢敞开心胸去与他人交流,由此而矛盾、压抑、苦恼,陷入深深的孤独。于是,不少新生躲进虚拟网络中寻求精神满足。

第三节 新生适应不良的情况

面对新的大学生活,很多大学生会出现短期的适应不良问题,如独立生活困难、社交恐惧、学习不适应等,通常也会伴随情绪问题、失眠、注意力不集中、食欲下降等。在新生适应期会出现环境不适应、学习不适应和人际交往不适应等一系列适应不良情况。

一、环境不适应

环境不适应包括气候环境的不适应、城市环境的不适应及语音环境的不适应。我国国土面积广大，地貌特征多样，气候层次分明，温度、湿度变化很大，从北方到南方或从南方到北方就读，不少大学生会出现对气候环境的不适应状况。北方的学生到南方就读，会感到潮湿、阴冷，一些学生会产生郁闷、烦躁和恐惧的心理；南方的学生到北方就读，会感到气候干燥。一些学生会因气候的不适应导致生理的不适应。

生活环境的突然变化，身体的不适，给学生造成了心理的负荷、生活信心的不足，于是出现抑郁或焦虑的心理障碍。从农村到城市就读的大学生，面对耸立的摩天大楼、拥挤的建筑群、灯红酒绿的都市生活，总会有狭隘之感，易产生压抑和自卑的心理。

◇ **学习成长的烦恼：**

彭彭是今年的大一新生，老家在广西，到武汉某高校就读。到武汉没几天，彭彭就出现了严重的身体不适，全身过敏，上吐下泻，晚上经常性地失眠，被送到医院接受治疗。住院治疗了一周后才慢慢恢复体力。

晓丽从老家河南农村到武汉上大学，刚入大学，就发现宿舍其他三个室友都是武汉人，平时在宿舍的交流他们总爱用武汉话，晓丽想融入她们主动与她们聊天，但很多时候发现很难听懂，这让她无比苦恼。此外，她还总会觉得很自卑，自己来自农村，总感觉不如其他人。

◇ **案例分析：**

初入大学，环境的改变给很多异地求学的学子带来更大的挑战。生活环境、饮食、语言等都需要一段适应的时间和过程。面对新的环境，大学新生需要通过自己的努力，适应环境，找寻自己身上的优势并充分发挥，找到自己舒适的生活状态和社交状态，才不会在新的环境中迷失自我、丧失自信。

二、学习不适应

新生进入大学，在学习方面主要会遇到学习目标、学习内容、学习方法上的不适应。

首先，在学习目标上，中学时期的学习目标一般是由老师和家长制订的，如每天的学习安排、每周的学习计划、一学期的学习目标、一学年的学习总目标等，学生只需要按照制订好的学习目标跟着老师的教学一起学习就可以了。也就是说，这是一个被动的学习过程。而进入大学，很多学生会无法适应大学里主动学习、主动制订学习目标和学习计划的过程。大学时期很多课程老师一周只上一次课，这只是起到辅助学习的作用，学习的主体还是学生自己。很多学生无法合理安排学习的时间和制订属于自己的学习计划，比如背单词，每天都是从第一个单词开始，因而词汇量很难提升。部分学生觉得老师没讲、没布置作业就不用学。很多大学课堂管理也不如中学时期严格，没有了老师的严加督促，学生就放纵了自己，在课堂睡觉、玩手机、打游戏、看小说等等。课堂俨然成了学生娱乐、"划水"的地方。还有一些学生总抱着"六十分万岁，多一分都浪费""混几年，拿个证"的想法，最终导致在学业上失去了动力,不思进取,挂科、留级甚至被迫退学。

其次,在学习内容上,大学课程的内容不仅在深度、广度上比中学课程有所拓展,而且在专业化程度上也更高、更强。大学课堂上,老师一般会讲基本、专业化的知识,并会提供许多课外资料供学生课外学习、钻研。一方面,学生需要在课下下功夫,学习更多、更深的专业知识;另一方面,学生也需要学习其他方面相关的知识,因为各个方面的知识都是相关联的,只学习本专业内容是远远不够的。比如,教育学专业的学生,不仅需要学习教育学专业知识,还需要学习历史、政治、经济、心理学、社会学等方面的知识,才能将所学融会贯通。

最后,在学习方法上,从被动的学习方式转为主动的学习方式。中学时期学生的学习都被老师和家长大包大揽,学生处于被动学习的过程,无须操心什么时候该学习什么、学习的目标是什么,只需要跟随老师的授课和课程安排,上课、作业、自习等。而进入大学,很多大学的课程是一周一次,下课后学生很难见到老师;老师在课堂上所教的知识都是基本的知识,很多老师会提供给学生大量的课外学习资料和参考书目;学生一周有大量的课外时间是需要自己安排的。但对于大学新生来说,主动去学习和找到属于自己的学习方法非常困难。

◇ 学习成长的烦恼:

小宋刚进大学就听说大学生活挺轻松的,只要每门课不挂科就行,于是他经常上课看小说,下课打游戏,早晨睡懒觉,晚上熬夜看动漫。日子过得确实像一些人说的很轻松。他自己也开始有了"六十分万岁"的想法。可过了一段时间,他就觉得这样的日子很空虚无聊,感到漫无目标、无所事事。想要投入学习却发现很难集中注意力,动不动就想玩手机、刷视频,一不留意,就度过了一天。到期末考试成绩一公示,挂了好几门课程,他浑身透凉。原本很在意成绩、各方面优异的他,还在大学初给自己设立了拿奖学金的目标,现在也失去了机会。他彷徨、迷惑,不知该怎么办。

◇ 案例分析:

小宋的情况属于学习目标和学习方法上的不适应。大学生在入学后,要重新确立明确、具体的学习目标,制订学习计划,找到适合自己的发展路径和学习方法,在众多诱惑面前严格要求自己,才能收获充实圆满的大学学习生活。

三、人际交往不适应

人际交往是一个人满足其社会性需要的重要途径,人们在交往中所形成的人际关系的好坏是一个人心理健康水平和社会适应能力的综合体现。

对于处在青年时期的大学生来说,人际交往是促进其自我意识成熟的重要途径,直接影响着他们的适应和发展。培养人际交往能力是大学生适应社会生活、完善自我的重要组成部分,是促进其人生发展的重要因素。但调查发现,很多大学生会面临人际交往的困难(困扰)。一些大学生戏称自己"社恐"来逃避社交,沉溺于手机虚拟社交,整日"宅"在宿舍不愿出门。还有一些大学生长期受到宿舍人际关系的困扰,无法很好地融入宿舍这个集体,换宿舍也无济于事。一方面,大学生强烈地要求建立和谐融洽的人际关系;另一方面,一些大学生在人际交往的方式上又呈现出理想主义、以自我为中心的特点,这使得他们在人际交往上出现适应不良。此外,由于缺乏一定的交往技能而产生的对人际交往的恐惧,也会使大学生产生人际交往方面的适应不良。

◇ **学习成长的烦恼：**

　　小叶刚到大学一个月,就倍感困扰。起因是宿舍里其他三个女生家境比较宽裕,经常聚餐、出去玩,自己生活拮据,所以总是拒绝她们的邀请。后来突然发现自己每天一个人上课、吃饭、去图书馆,倍感孤独。而且大家的生活作息不一致,室友经常玩到晚上一两点不关灯,严重影响了自己休息。想跟她们沟通,但是发现自己不好意思开口,也很怕闹矛盾。

　　此外,小叶还尝试加入了一些很感兴趣的社团,确实结交了一些有共同兴趣爱好的朋友,他们有的大胆自信、热情开朗,有的多才多艺,而自己尝试参加一些活动,总是非常紧张、自卑。久而久之,就不愿再去参加社团的活动。因此小叶十分想念中学时期的好朋友,总觉得很孤独,甚至有种想要逃离现在校园生活的想法。

◇ **案例分析：**

　　小叶的情况属于初入大学的人际交往不适应。初入大学校园,很多大学新生会面临人际交往不适应的情况,尤其是宿舍人际关系。因为大家来自不同的地区,生活习惯不尽相同,难免有一些摩擦,如何正确看待并处理这些矛盾直接影响到宿舍人际关系的状态。对于小叶来说,与室友保持积极沟通,找到矛盾点,平心静气地沟通,能让彼此增进包容和理解。坦诚以待才能收获尊重和真正的友谊。此外,在社团交往中,交往面更加宽泛,接触到各个学院、各个年级的学生更多,在这个过程中,最关键的是要找到自己的优势并加以发挥和施展,而不是盲目地否定自己。尝试的过程中必然会有受挫和失败,但并不代表你不够好。适当给予自己肯定和信心,把自己擅长的事情做到最好,最终会吸引志趣相投者主动向你靠拢,与你交友,收获真诚的友谊。

第四节　新生适应不良的心理调适

　　大学新生会在适应期出现环境不适应、学习不适应和人际交往不适应等一系列适应不良情况。大学新生要想尽快适应大学生活,调整适应不良的状态,可以从以下几个方面进行调适。

一、调整心态及生活

　　很多大一新生都是独生子女,尤其是高三那一年,家里所有的人都把他们当作"小皇帝""小公主",这让他们在家里时有时连长辈都不尊重,如果把这种情绪或者心态带到学校,他们将处处碰壁。首先是宿舍关系。在家里有人打扫卫生,但是到了大学宿舍后,每个人都是平等的,这个时候就需要每个人分工合作,遵守宿舍的规章制度,做好自己分内的工作,相互尊重。其次是师长关系。很多大一新生看不起师兄、师姐,看不起老师,进入大学的第一天就自以为是。只要是你的师兄、师姐,你都应该尊重,因为这是基本的礼貌;至于老师更不用说,更要尊重他们,这是获得他们帮助的最有效的方法。

从进入大学的那天开始,就要明白自己已经是成年人了,自己要对自己的人生负责,很多困难和问题都要靠自己去解决。要开始思考如何在大学期间减少家里的负担,如何利用最短的时间让父母过上好的生活,这会成为你在大学努力的一个动力。要记住现在已经离开父母的怀抱,要和身边的人好好相处,在大学里面做的任何事情都要自己考虑后果;还要记住自己已经成年了,自己已拥有对未来的决定权和选择权,要学会承担责任、做出选择,不要什么都问别人,尤其是父母。作为大一新生的家长,也要开始培养子女独立做出决策的能力。孩子一定会长大,一定有自己的想法,一定有自己想做的事情,父母能做的就是表示支持。对绝大多数大学新生来说,进入大学是真正意义上迈向独立生活的第一步。要学会独立生活,首先要学会起居、饮食、穿戴、洗晒自己的衣物;其次要学会理财,考虑清楚生活中哪些开支是必需的,哪些是可花可不花的,既要考虑物质产品,又要考虑精神食粮,做自己的财务管家,不能出现财政赤字;再次要了解学校的各项规章制度,明确什么是该做的、什么是不允许做的,安排好自己的课余生活;最后在熟悉新的生活、老师和同学的同时,还要迅速熟悉学校的教学及辅助设施,如教学办公地点、图书馆、实验室、复印室、录音室的开放时间和相关设备的使用方法等。为了适应新的校园环境,要多向高年级的同学或同乡请教,加强与老师、同学的接触,掌握各方面的信息,这样才能尽快适应新生活。

此外,大学生与中学生担任的校内角色不同。中学时,不少人是在校内或班内担任一定职务、受人尊敬的学习尖子,而在人才荟萃的大学校园里,他们中的大多数是不担任何职务的普通学生。大学新生必须适应这种由出人头地到默默无闻、由高才生到一般学生的转变。此外,大学生与中学生所扮演的社会角色也不同。中学生的心理和思想正在发展中,职业方向和社会角色不够确定;社会对大学生的期望和要求标准要比中学生高得多。因此,大学新生要适应从中学生到大学生这种社会角色的变化,处处用大学生的标准严格要求自己,既学做人,又学做事。

二、调整学习方式

调整学习方式是适应大学学习生活的重要一步。进入大学,之前以教师为主导的教学模式变成了以学生为主导的学习模式。教师讲授知识后,学生不仅要消化所学内容,还要大量阅读相关书籍和文献。学生自学能力的高低,成了影响学业成绩的最重要因素。所以,新生要逐步学会主动学习,学会自学,自己确定学习目标,自己制订学习计划,自己检查学习效果,主动找老师征询意见,主动请教老师问题,变"要我学"为"我要学",变被动为主动,以适应大学的学习环境。进入大学以后,由于专业设置的不同和个人发展目标的不同,原来的学习名次上的竞争逐渐淡化。"大学"观念上的综合评价体系里,竞争是潜在的,是全方位的,是更为激烈的。所以,要努力提高自己的综合学习能力。此外,还要正确对待专业课、公共课和选修课的学习。对专业课的学习,应目标明确具体,主动克服各种学习困难,不断增强学习兴趣;对公共课的学习,要认识到其实用的价值,努力把对公共课的间接学习兴趣转化为直接学习兴趣;对选修课的学习,应克服仅仅根据浅层的了解盲目选修的倾向。

大学教育的根本是基础知识的灌输和人文精神的培养,大学的学习已完全不同于中学。迈入大学校园,面临的是一个全新的学习和生活环境,学习任务十分艰巨。首先,大学里所学知识是由基础课、专业基础课和专业课组成的,循序渐进,环环相扣,前面任何一环没有学好都将会影响后面课程的学习。而且学生在校期间大多还要通过英语四、六级考试和计算机水平测试,学习的任务并不轻松。其次,高等教育和中小学教育有着显著的区别,主要表现为学习的任务、内容、方式和方法不同。

(一) 学习任务不同

中小学的学习任务是学习各种科学文化基础知识,为进一步的升学或就业做准备。大学则是以培养各类高级专门人才为目标,学生既要学习专业知识,又要掌握专门的技能,这与整个社会需要紧密地结合在一起,具有很强的实践性和针对性。

(二) 学习内容不同

大学的学习是一种专业性很强的学习过程,课程都紧紧围绕一个中心,就是为培养专门人才服务。此外,大学还根据培养专门人才的要求,开设大量的选修课、专题讲座,以及实验、实习及社会调查等许多反映现代科学技术发展的新知识和新内容的课程。

(三) 学习方式和方法不同

大学学习充分体现出了学生学习的主动性、积极性和自觉性,学生需要不断探索和总结适合自己的有效的学习方法。

具体来讲,学习方式的转变可分为以下三个步骤。第一步,确立自己的学习目标。以后想从事什么职业,想成为什么样的人才,现在就必须了解这一行业或成为这一类人才需要的素质和资质。在了解这些的前提下,自主学习才能更有效率和目的性。第二步,根据目标制订学习计划。学习计划主要是指选择大学阶段阅读的书目和适合的课程,可以参照相近院校的课程安排,看看除了本校的原有课程安排外,还需要补充学习哪些课程。第三步,落实学习计划。计划制订完毕后的第一站应该是图书馆,在那里找到需要的书目后精读。除了多去图书馆外,还要经常和老师交流,这样可以得到实际的指导。

三、调整人际交往

"家里"突然多了几个操着各地口音的兄弟(姐妹),要在同一个屋檐下度过大学时光。相逢是缘,大家都有优点,这可以共同分享;也都有缺点,对此应该彼此包容。入学之初,同学间的互相关心和帮助、相互信赖和理解,有助于学生减轻心理压力,减少孤独和寂寞感,减少对父母的依赖感,较快地熟悉新的学习和生活环境。同学之间应多加了解,熟悉彼此的生活习惯和性格,为以后的相处打下基础。在交往过程中应该做到注意倾听他人的讲话,适当表达自己的见解,态度诚恳,措辞文雅,处处替他人着想,切忌以自我为中心,要克服傲慢和嫉妒心理,要积极参加集体组织的各项活动。

以下人际交往原则会帮助大学新生建立良好的人际关系。

1. 主动原则

我们在交往中总是期待别人接纳自己,喜欢自己。你要别人爱你,你就要给别人以理由。坚持主动原则,给别人爱你的理由,就是要先接纳别人,先爱别人。你只有肯播撒爱的种子,才能有爱的收获。

2. 真诚原则

人都有安全的需要,出于这种需要,人们都希望自己周围的环境是可以把握的,自己的交往对象是能够把握的。而你不真诚就让人感到没法信任你;人家信任不了你,只能像躲避炸弹一样躲避你。

3. 距离原则

人都需要一个独享的心理空间,需要一定的心理自由度。所以,虽然自己非常渴望友谊,但要注意保持适当距离,保持各自的自由空间。

4. 自立原则

在人际交往上,要避免人际依赖。面对新生活要坚持自强自立,因为新的一段人生旅程最终要靠自己走。

大学生与中学生的来源不同。中学生大多在家乡就读,同学间充满乡音乡情。而大学生来自全国各地,其语言、个性、生活习惯有较大差异。这就要求交往方式有所转变。首先,要做到相互了解,相互适应,提倡主动交往;其次,同学间要相互尊重,相互关心,为人要诚恳热情,待人宽、律己严,大事讲原则、小事讲风格;最后,与同学交往要坚持与人为善,要搞"五湖四海"、全方位交往,而不要有老乡观念,搞宗派、拉帮结伙等庸俗作风,注意人际关系的和谐性。

交往中注意给人以良好的印象,如衣着整洁大方、言谈举止文明礼貌、待人诚恳、不卑不亢、讲信用、守时间等;还要消除交往中的羞怯情绪,培养交谈中"说"与"听"的技能。注意提高个人修养水平,养成良好的行为习惯,培养全方位的交际能力和处事艺术。

四、调整目标与思维方式

大学是个人成才、成就事业的一个新起点。古人云:"有志者,事竟成。""为学须先立志。"大学生应从高考胜利的满足和陶醉中清醒过来,根据学校教学的客观现实和自己的实际,制定出个人在学业、思想道德、心理发展等素质培养方面的奋斗目标和行动方略,以增强进取的内动力,为创造大学阶段的人生辉煌打下良好的基础。与中学相比,大学的生活节奏快、活动空间大、结交的人多,面对这些环境条件的变化,大学新生的思维方式要做到由"非成人化"向"成人化"转变。在思考、处理所遇到的问题时,要力求做到辩证全面而不要唯心片面,要远见务实而不要目光短浅。对人生重大问题的选择要深思熟虑,三思而后行。要加强道德和法治观念,做事要考虑后果,不盲目冲动和感情用事。

◎ 思政课堂

正视现实,正确看待新环境和新问题

走入大学,是很多青年学子的梦想,但大学是否和我们心中向往的一样?其实很多新生会遇到不适应的问题,如生活方式不适应、人际交往不适应、学习不适应等。因此,我们需要正确看待新环境和适应问题。

马克思主义理论认为:一切事物都是不断变化的,运动和变化的实质是发展。大学生也处于不断变化的客观规律之中,了解、适应新环境,要不断提升自己的适应能力来获得变化,在实践中提升自己,获得更好的个人成长和发展。

大学是一个小社会,在这个社会里,新生会面临与中学时期不同的变化与挑战。很多学生不适应大学生活,会怀念中学生活,甚至产生想要逃离回到原来的生活状态的念头。但我们需要调整心态,认识到新环境和新问题是人生中必须面对的,也可以将它们看作走入社会的必经过程。比如,找工作,进入职场,我们同样需要面临新的环境和挑战。所以,变化时刻存在,我们需要调整自己的心态,通过实践和努力来提升自己的适应能力,实现生活独立自理、自主学习、人际交往自如等,最终收获丰富多彩的大学生活。

◎ 心灵解码

社会适应能力测验

社会适应能力,指的是一个人在心理上适应社会生活和社会环境的能力。从某种意义上说,它表明了一个人的成熟度。下面的测验题目可帮助你更好地了解自己的社会适应能力。请用"√""×"或"?"来回答。

1. 我最怕转学、转班、换单位,因为每到一个新环境,我要经过很长一段时间才能适应。 (   )
2. 每到一个新的地方,我很容易同别人接近。 (   )
3. 在陌生人面前,我常无话可说,以致感到尴尬。 (   )
4. 我最喜欢学习新知识、新技术,它给我一种新鲜感,能调动我的积极性。 (   )
5. 每到一个新地方,我第一天总是睡不好,就是在家里,只要换一张床,有时也会失眠。 (   )
6. 不管生活条件有多大变化,我也能很习惯。 (   )
7. 越是人多的地方,我越感到紧张。 (   )
8. 在正式比赛或考试时,我的成绩多半会比平时差。 (   )
9. 我最怕在会上讲话,大家都看着我,心都快跳出来了。 (   )
10. 即使同学、同事对我有看法,我仍能正常同他(她)交往。 (   )

11. 老师、领导在场的时候,我做事情总有些不自在。 ( )
12. 和同学、家人相处,我很少固执己见,而是乐于采纳别人的看法。 ( )
13. 同别人争论时,我常常感到语塞,事后才想起该怎样反驳对方,可惜已经太迟。 ( )
14. 我对生活条件要求不高,即使生活条件很艰苦,我也能过得很愉快。 ( )
15. 有时自己明明把考试内容背得滚瓜烂熟,可在考场上还是会出差错。 ( )
16. 在决定胜负成败的关键时刻,我虽然很紧张,但总能很快地使自己镇定下来。 ( )
17. 我不喜欢的东西,不管怎么学也学不会。 ( )
18. 在嘈杂混乱的环境里,我仍能集中精力学习或工作,并且效率不减。 ( )
19. 我不喜欢陌生人来家里做客,每逢这种情况,我就有意回避。 ( )
20. 我很喜欢参加社交活动,我感到这是交朋友的好机会。 ( )

积分一览表

题目	1	2	3	4	5	6	7	8	9	10
√	0	2	0	2	0	2	0	0	0	2
×	1	1	1	1	1	1	1	1	1	1
?	2	0	2	0	2	0	2	2	2	0
题目	11	12	13	14	15	16	17	18	19	20
√	0	2	0	2	0	2	0	2	0	2
×	1	1	1	1	1	1	1	1	1	1
?	2	0	2	0	2	0	2	0	2	0

【计分与解释】

将答案对照积分一览表,可以计算出自己的总分。分数含义如下:

38~40分:社会适应能力很强。你能很快地适应新的学习、工作、生活环境,与人交往轻松、大方,给人的印象良好。你无论进入什么样的环境,都能应付自如,左右逢源。

34~37分:适应能力良好。你能较好地适应环境的变化,态度积极,乐于与外界交往,有较强的调试能力。

29~33分:社会适应能力一般。当你进入新环境后,经过一段时间努力,基本上就能适应。

23~28分:社会适应能力较差。你习惯于依赖较好的学习、生活环境,一旦遇到困难则怨天尤人,甚至消沉、退缩。

22分以下:社会适应能力很差。你在各种新环境中,即使经过一段时间的努力,还不一定能够适应,常常感到与周围事物格格不入而十分苦恼,在与他人的交往中,总是显得拘谨、羞怯、手足无措。

如果你在本测验中得分较低,不必忧心忡忡,因为一个人的社会适应能力是会随着年龄增长,知识、经验的丰富而不断增强的。不要怕,只要你有信心,努力学习,加强锻炼,一定会成为适应社会的成功者。

◎ 领悟行动

新生能否适应大学新校园会直接影响到学生的学习、社交、日常生活。这不仅包含社会适应能力,也包含了心理适应能力。如何提高我们的适应能力呢?首先我们需要调整自己的心态。其次,在日常生活中通过一点一滴的小事来提升自己的适应能力,实现生活独立自理、自主学习、人际交往自如等,最终收获丰富多彩的大学生活。

团体活动:突破困境

一、活动目的

1. 本活动旨在帮助学生了解当前困扰自己发展的问题,并找出解决的办法。
2. 本活动可以帮助学生发掘自身的潜力。
3. 本活动可以帮助学生利用外界资源去改善自己的现状。
4. 通过团体成员的反馈,达到助人和自助的目的。

二、活动过程

1. 做想象放松,让学生平静下来。
2. 发纸笔,请学生先写出此刻的心情和感受;再描述出目前个人遇到的不适应的问题;接着描述解决困扰的方法;最后描述如果解决了这个困扰,生活将会变得怎样。
3. 请学生在组内交流,通过成员的反馈,学生能对自己的问题认识得更加清楚,更有信心解决目前不适应的状况。

◎ 本章小结

心理学范畴里使用"适应"概念时,适应是个体根据环境的需要,积极主动地调整自己,从而达到一种良好的生存发展状态,并保持与环境平衡的动态过程。适应的内部机制是同化与顺应的平衡。

新生逐步适应大学的学习、生活,寻找和确立新的理想和目标,最终基本适应大学环境和大学生活的过程称为"新生适应期"。新生适应期主要有以下特点:独立与依赖的相随,理想与现实的落差,自豪与自卑的交织,归属与孤独的交融。

面对新的大学生活,很多大学生会出现短期的适应不良问题,如独立生活困难、社交恐惧、学习不适应等,也会伴随情绪问题、失眠、注意力不集中、食欲下降等。在新生适应期会出现环境不适应、学习不适应和人际交往不适应等一系列适应不良情况。

大学新生适应的对策主要有调整心态及生活,调整学习方式,调整人际交往,调整目标与思维方式。

◎ 课后作业

1. 你理想中的大学生活是什么样的?初到大学,你对大学生活适应吗?
2. 结合自身经验,谈谈如何解决大学新生适应不良的问题。

◎ 拓展阅读 2-1(请扫二维码获取内容)

皮亚杰的适应理论

第三章 03

大学生心理咨询

◎ 案例导入

小宋,大二,女生,大一入校时因为竞选班干部失利进而对班级同学有意见,对专业学习不感兴趣,在宿舍也不和室友来往。大一下学期认识本校一个播音专业的学生,该生教小宋抖音直播,小宋很感兴趣,每晚在宿舍直播四个小时。室友不堪其扰,多次和小宋友好协商,小宋固执己见不听劝阻。大二下学期开学,四人在宿舍爆发激烈冲突,第二天,小宋来到学校心理咨询中心求助,希望知道自己在人际关系方面有哪些问题,该如何做调整。在填完了预约登记表后,小宋不知道即将到来的心理咨询能不能帮到自己,也没有信心能向自己的咨询师敞开自己。她为此感到很困惑。

◎ 头脑风暴

1. 你了解心理咨询吗?你认为当一个人处于什么样的情况下就可以求助心理咨询帮助了呢?
2. 心理咨询能不能帮到我,我需不需要做什么准备?

◎ 心理探索

第一节 心理咨询的概念

关于心理咨询的概念,中外不同学者有不同的看法,不同文献上有不同的表述。

心理咨询在国外是一个涵盖面非常广的概念。涉及职业指导、教育辅导、心理健康咨询、婚姻家庭咨询等生活的各个方面。各种各样的咨询虽不尽相同,但都具有某些共同的特征。

共同的特征之一是体现着对来访者进行帮助的人际关系。咨询过程是建立在咨询师与来访者良好的人际关系基础之上的。经过专业训练的咨询师利用其专业技能及所创造的良好的咨询氛围,来帮助人们以更有效的方式对待自己,对待他人和生活中的难题。许多咨询工作者认为,定义心理咨询必须涉及与来访者的关系,它与咨询中使来访者产生变化是同样重要的。他们认为咨询中最根本的核心条件是共情、理解和尊重来访者。他们所关注的不仅是咨询师的技能,同样也注意咨询师对来访者的基本态度或对他人关心的能力。

共同的特征之二是都是一系列心理活动的过程。从咨询师的角度看,咨询师所运用的有关理论与技术也是以心理学为基础的。从来访者的角度看,来访者在咨询过程中需要接收新的信息,学习新的行为,学会解决问题的技能及作出某种决定,这也涉及一系列的心理活动。

咨询的第三个共同特征是都属于一个特殊的服务领域。在咨询过程中,咨询师可以帮助来访者认识自己、确定目标、作出决定、解决难题。特殊的咨询,还可提供有关职业、学业、疾病的康复、婚姻家庭、性问题、价值观的选择,以及其他一些有关问题的咨询服务。

在了解了咨询所具有的上述特征之后,我们重新面对咨询的定义。我国的阮芳赋先生曾推荐里斯曼(D. Riesman)1963年对咨询所下的定义:咨询乃是通过人际关系而达到的一种帮助过程、教育过程和增长过程。这一定义基本表达了咨询的实质内容。以此定义为基础,结合前面所谈到的咨询的几种特征,我们可以给咨询做如下定义:咨询是通过人际关系,运用心理学的方法,帮助来访者自强自立的过程。这是我们根据对咨询的实质的理解做出的定义。这一定义涉及我们对咨询特征的认识,即咨询须建立良好的人际关系,遵守心理学的有关理论的指导;咨询是对来访者进行帮助的活动过程。此外,这一定义还涉及咨询的根本目的——帮助来访者自强自立。这一目标着眼于帮助来访者认清自己的问题所在。通过咨询,能提高他们应对挫折和各种不幸事件的能力,使他们能够自己面对和处理自己人生中的问题。在这里,帮助的过程实际上就是一种教育的过程,和使来访者产生某种转变,促使他们成长的过程。

◇ **知识链接:心理咨询的常见误解**

▲**误解一:自认为心理问题没有严重到需要去做心理咨询**

其实就像每个人都有过患"感冒"的经历一样,每个人在人生的不同阶段都曾存在或轻或重的心理困惑或心理障碍。很多人都有过愤怒、郁闷、焦虑、回避、恐惧、厌食、失眠、注意力不集中、难以适应新环境等体验吧?仅靠自己的意志力同心理问题抗争,结果往往越克服越厉害,越抗争越严重,甚至会引发躯体疾病,严重影响工作和生活。

其实就算非常健康、毫无心理问题的人士,也可以接受"心理发展"等方面的咨询辅导。比如职场生涯规划、亲子关系培养、儿童智力与情商培养等,这样的咨询辅导有助于进一步发挥个人的潜能。

▲**误解二:如果接受心理咨询就代表自己不是正常的人了**

首先,心理问题与精神疾病是两个完全不同的概念。

其次,就心理问题求助于心理咨询并不意味着有什么不正常。相反,这却表明了个体具有较高的自我认知和生活目标,希望通过心理咨询更好地自我完善,而不是回避和否认当前所面临的问题。

心理咨询可以帮助人们认识和开拓自身,不断突破自我的种种局限,得到全面而充分的发展。一些发展性的心理咨询如自我规划、职场选择、潜力提升、孕期心理、儿童智力开发等则更是和"有病不正常"毫无关系。

▲**误解三:去心理咨询要讲出隐私,感觉不安全和不好意思**

这是一种常见的误解。事实上,专业心理咨询严禁泄露病人姓名、病史及相关信息,因为咨询师有义务替咨询者保密,也必须遵守保密原则,并且严禁与咨询者之间有咨询业务之外的私人关系。专业咨询师在咨询时不带有任何个人的主观立场和价值判断,而是从来访者角度出发,为了解决问题而给出咨询和建议。

▲**误解四:心理咨询师非要有叫得响的头衔或年纪大一些的才好**

不要迷信专家,有教授、博士的头衔只是说明他们在学术上有成就。心理咨询除了专业学识,同样需要实践经验。至于咨询师的年龄,当然具备一定的阅历和经验肯定是有助于咨询的,但也不是年龄越大就一定越好。心理咨询是极具挑战性的工作,要求咨询师必须在知识上具备专业素质,有一定的学历背景,熟知心理学;在个人特点上,需要精力充沛,思想开放,感知敏锐,具有良好的思维反应能力和表达能力,并具备助人为乐的人格条件。

▲**误解五:心理咨询就是聊聊天**

心理咨询不是人们所想的简单聊聊天,发泄一下,开导一番,寻求一点安慰。诚然心理咨询也有宣泄、开导、安慰的作用,但是上面这种观点否定了心理咨询的专业性。心理咨询有一套完整的操作规程,有专门的交谈答问的技巧,旨在帮助求助者发现自身的问题和根源,从而挖掘求助者本身潜在的能力,来改变原有的认知结构和行为模式,以提高对生活的适应性和调节周围环境的能力,这也绝非一般的谈话开导所能做到的。

▲**误解六:认为看过心理书籍,了解一点知识,可以自己解决**

首先,遇到心理问题,看一些心理咨询方面的书籍,对于认识自己的问题是有一定作用的,自我调适也是非常重要的。但是这对于心理问题的解决,效果是比较小的。

其次,自我解决心理问题效果很差,从事实上看,专业的心理工作者基本不会替自己咨询,甚至咨询师对自己亲近的亲人也难以开展有效咨询。而专业人员可以比较客观准确地识别问题并有针对性地进行引导和建议。另外,所谓心理问题多数是经自我调适不起作用或者收效甚微的问题,心理咨询仍然要求助于专业心理工作者。

▲**误解七:有心理问题还是去看专门医院精神卫生科最有效**

心理咨询师与精神科医生有各自的专业领域。精神科医生一般采用医疗和用药手段,将症状控制在安全范围内,不是所有的精神科医生都能够使用"心理咨询"技术。对于很多一般性心理问题精神科医生不一定能胜任咨询,而专业心理咨询师却完全可以做得很出色。心理咨询师从事的是非药物的心理治疗,除了重视心理诊断外,更重视症状背后的心理过程,重视探寻心理症状背后的认知矛盾和潜意识冲突的影响。咨询环境相对于医院来说通常更安静优雅,私密性好。而且心理咨询实行预约,节约了求助者的时间。

▲**误解八:去做一次心理咨询,我就可以彻底解脱**

许多人对心理咨询师抱着魔术师一般的想法,认为咨询一次就什么问题都解决了。事实上人们可能也会有这样的感觉,如第一次咨询之后如释重负。其实,这种感觉很可能只是暂时的,当回到现实世界很可能又从头开始。心理咨询很难立竿见影,它是个连续、动态的过程,这个过程包含了咨询师和来访者双方信任关系的建立、来访者问题的澄清、来访者的再发展等。这就决定了心理咨询和治疗很少一次就完全见效。心灵的成长、个性的完善是需要时间的。一般人求助于心理咨询时,通常是带着许多经年累月形成的心理问题,比如多年的抑郁、强迫等,这些是不可能通过一次 60 分钟左右的心理咨询就解决的。

▲误解九:心理咨询师好像没有什么解决我问题的好方法

首先,目前无论哪个心理学流派的治疗理论和治疗技术,都需要一定的时间、多次的强化才能见效。

其次,不同心理咨询方法对不同来访者会产生不同的效果,可能某些方法对某些人在某些时候作用有限,这也需要作进一步深入咨询,改换方法或者转介。

最后,来访者一定要敞开心扉与心理咨询师交流,要积极配合、主动表达,与咨询师共同探讨自己的心理问题的根源及成因并寻求解决之道。来访者有改变自身的愿望,并且投入咨询中,就可以推动咨询的进程,就像水涨船高。

▲误解十:心理咨询师应该能够帮我解决一切问题

首先,心理咨询不是万能的,咨询的内容必须是心理方面的,其他方面则不在咨询的范围内。其次,心理咨询和治疗不该被神化。心理咨询是咨询师协助求助者解决各类心理问题的过程,它的核心是"助人自助,自我成长"。咨询师通过启发、引导、支持、鼓励,帮助求助者领悟到内心存在的冲突,矫正错误的认知,做出新的有效的行为,从而达到解决问题、促进发展、完善人格的目的。那种把心理咨询师当做"救世主",把自己的所有心理包袱丢给咨询师,认为咨询师有能耐把它们一一替自己解开,而自己无须思考、内省、努力的想法是不正确的。最后,每个心理咨询师都有各自擅长的领域,他们对某些领域会更加得心应手。

第二节 高职院校的心理咨询

一、高职院校心理咨询对象的特点

随着信息技术的不断发展,高职学生接受信息的方式越发多元化。在各种信息的影响下,学生的思想、心理会逐渐发生变化。

(一)崇尚个性,思想独立

高职心理咨询的主要对象是高职院校的在校大学生,他们处于青年期,身心迅速发展而又未完全定性。高职学生每天都会接触网络,能随时获取各种各样的信息,因此其心理和思想会越发成熟。网络可以开阔学生的视野,使学生接触到更多的知识。新时代的高职学生的成长离不开互联网,学生可以从互联网获取到许多新鲜的事物和最新信息。学生可以在网络上随时查找所需资料,及时找到问题的答案,养成独立思考的能力,并逐渐有自己的见解和想法。网络可以为学生提供倾诉和交流的平台,学生能够在网络中自由发言,展示个性。互联网固然可以开阔学生的视野,增长学生的见识,但同样也会导致学生将互联网作为精神寄托,长期沉湎于游戏、与人聊天的虚拟世界之中。网络是一把"双刃剑",学生如果长期依赖网络,就会受到不良影响,甚至会排斥现实,导致无法缔造良好的人际关系。当代高职学生面临的竞争压力正在不断增加,其价值观念正在不断发生变化。许多学生的家长希望学生能够变得更加独立,对社会具有更强的适应能力,与此同时,部分学生的价值取向会出现一定程度的偏差,他们崇尚个人主义,缺乏团队合作意识。

(二)喜欢新鲜事物,心理较为脆弱

高职学生喜欢接受新鲜的事物,对互联网所传达的信息常常会表现出极大的热情。部分高职学生不安于现状,对于互联网技术的学习充满浓厚的兴趣,期待通过网络提高生活质量,丰富业余文化生活。部分学生对于网络环境过分依赖,这使得他们有逃避社会责任的行为,对学习逐渐丧失兴趣。虽然当代大学生个性十足,但在日常生活中他们时常会出现心理脆弱的行为,一旦遇到突发事件,他们往往不能及时应对,或者采取极端方式解决问题。部分高职学生会有自私的心理,不考虑他人的感受,还有一定的自闭倾向。

二、高职院校心理咨询的特点

高职院校心理咨询的对象、内容和现有咨询工作者的特点,决定了心理咨询以发展性咨询模式为主。所谓发展性咨询,是指根据个体身心发展的一般规律和特点,帮助不同年龄阶段的个体尽可能圆满地完成各自的心理发展课题,妥善地解决心理矛盾,更好地认识自己和社会,开发潜能,促进个性的发展和人格的完善。发展性心理咨询的内容主要有:不同年龄、不同性别、不同群体心理发展的特点与规律;早期智力开发的价值与手段;个性结构与健全人格的措施;学习困难及其影响因素;依赖性与独立性矛盾及其处理方法;性心理困惑;人际冲突的控制与社会能力的培养;个人与群体关系及其矛盾处理;直接和间接兴趣的培养;重大转折时期的环境适应与自我心理调节;升学时专业的选择与择业的心理矛盾;失恋心理的调节以及成就动机的激发与自我价值的体现等。

三、高校心理咨询的工作原则

(一)保密性原则

有关来访者的个人资料,未经来访者本人同意,不得向其亲友、教师和同学等人透露。如果在教学、科研过程中需要以来访者的情况作为案例,必须以不暴露来访者个人信息为前提,可以适当地更改或隐去来访者的姓名和工作单位等。保密性原则是咨询双方建立和维系信赖关系的基础。基于信任的基础上,来访者才会向咨询者倾吐自己内心的秘密。如果咨询者将来访者个人情况向外泄露,那么会使来访者失去对咨询者的信任感和对咨询的安全感,重者还会使来访者的自尊受到伤害,使咨询难以正常进行,更谈不上有什么好的咨询效果。所以,保密性原则是心理咨询人员的最基本的职业道德要求,是必须遵循的一条原则。但是,当来访者有自杀倾向,或有伤害他人倾向时,就不能再为其保密了,而应立即通知其亲友或老师,以便采取必要的措施以保护来访者及其他人的人身安全,防止意外事件的

发生。

(二) 理解支持原则

理解支持就是指咨询师能够体验来访者的精神世界,就像自己也处在同来访者一样的境地,设身处地地为来访者着想,能够以来访者的方式去看问题。当来访者感受到你是从他内心的体验出发的,他就会更愿意与你交谈,倾吐内心的秘密。帕特森(C. H. Patterson)认为,对来访者而言,他们是在某方面感到痛苦的人,他们在不同程度上感到沮丧、抑郁、焦虑和不满,所以他们来寻求支持、理解和帮助。当来访者感到情绪复杂、没有头绪时,就要求咨询者必须能够较为准确地对这些情感做出反应,理清来访者的头绪,说出来访者说不出的情绪体验。如果能做到这一点,来访者就会深切体验到被人理解的感觉。咨询者要带着对来访者的理解、支持和关切去讲话,这样在语言中就会充满了情感,能够让对方感受到真情。咨询者应经常使用鼓励性的语言,如"后来呢""嗯""如果我是你的话,我也会这样做的"等来表达咨询者正认真听取来访者的诉说,并希望他继续讲下去,同时也表示对来访者的理解。

(三) 倾听原则

所谓倾听不仅仅是指咨询者用耳朵去听,还要用"心"去听,听出来访者所讲述的问题的实质和根源,听出他的内心体验和感受,以便为其提供正确的指导和帮助。正确的倾听要求咨询师以共情态度深入来访者的思想中,细心地注意来访者所说的话语,注意来访者如何谈论自己以及自己与他人的关系,注意他如何表达自己的问题,如何对所遇问题做出反应;还要注意来访者语调的变化,以及伴随语言出现的表情、手势等,以这些作为辅助手段来正确判断来访者的言语表达。倾听的原则,要求咨询者不仅善于倾听,而且还要积极参与,并做出适当的反应。对来访者言语的反应可以是非言语的,也可以是言语的。非言语的反应有点头示意、目光接触以及说话的语气、语调、语速的配合等。言语的反应指用"什么""为什么""怎么"等来询问来访者。掌握了来访者对问题的看法和情绪反应,也就获得了对问题的一般性了解,这有助于咨询者帮助来访者减轻心理上的痛苦。

(四) 时间限定的原则

心理咨询必须遵守一定的时间限制。咨询时间一般规定为每次 60~90 分钟(初次受理时咨询可以适当延长),原则上不能随意延长咨询时间。

(五) "来者不拒、去者不追"的原则

原则上讲,求助的来访者必须完全自愿,这是确立咨询关系的先决条件。没有咨询愿望和要求的人,咨询人员不能去主动找他并为其进行心理咨询。

(六) 感情限定的原则

咨询关系的确立和咨询工作的顺利开展的关键,是咨询者和来访者心理的沟通和接近。但这也是有限度的。来自来访者的劝诱和要求,即便是好意的,也是应该予以拒绝的。个人间接触过密不仅容易使来访者过于了解咨询者的内心世界和私生活,阻碍来访者的自我表现,也容易使咨询者该说的不能说,从而失去客观公正地判断事物的能力。

(七) 成长性原则

这一原则的理论基础是美国心理学家罗杰斯(C. R. Rogers)提出的"以人为中心"的心理治疗理论。罗杰斯的主要观点是任何人都有着积极的、奋发向上的、自我肯定的、无限成长的潜力。他认为只要给来访者提供适当的心理环境和气氛,他们自己就能产生自我理解,改变对自己和他人的看法,产生自我导向的行为,并最终达到心理健康的水平。心理咨询的最终目的是促进来访者的成长和其个体的发展。对来访者的问题及行为表现,咨询者不应作任何的是非判断,也不能将自己的个人意见强加给来访者,而是鼓励来访者自己去判断个人的行为表现。咨询者不应以权威面目出现,指示来访者应做什么、怎么做,不应做什么,而是应该帮助来访者分析其行为表现,分析每一种问题解决方法的利弊,由来访者自己对自己的问题作出最终的选择。这样做是因为来访者只有自己学会了如何去分析问题,如何去应付、处理问题,才能真正地从咨询过程中受益,才能在今后的生活中面对自己的问题,这也正是促使个体自强自立的一个过程。咨询者应保持客观的、中立的立场,只有这样,咨询者才能正确、客观地分析来访者的问题。同时咨询者必须给来访者选择和决定的自由,如果把来访者放在一个被动的地位,就会使其失去个人抉择的机会,失去了在咨询过程中学习为自己负责的机会。咨询者应该相信,来访者能够依靠自己的力量从心理困难中走出来,并逐步成长起来,实现自己的人生目标。

(八) 重大决定延期的原则

心理咨询期间,由于来访者情绪过于不稳和情绪动摇,原则上应规劝其不要轻易作出诸如退休、调换工作、退学、转学、离婚等重大决定。咨询结束后,在来访者的情绪得以安定、心境得以整理之后,再让其作出决定,这样往往不容易反悔或反悔的概率较小。就此应在咨询开始时就予以告知。

> **课堂小知识:**
>
> 什么时候你就需要心理咨询了?
>
> 高校心理咨询一般的对象是健康人群或存在心理困惑的人群,当学生处于以下时刻时,就可以进行心理咨询了。
>
> (1) 感到耻辱、无法解脱的时刻;
> (2) 感到自己好像失去了开心能力的时刻;
> (3) 觉得自己孤立无援,一个人站在世界中央的时刻;
> (4) 无法工作,甚至无法与他人交流的时刻;
> (5) 充满担心,又觉得自己的担心是如此荒谬的时刻;
> (6) 好像没人可以理解自己的时刻;
> (7) 对周围的人、关系都失去了信心的时刻。
>
> 用更简单的方式来说,当你感觉自己被"困住了",既不能面对,也没法逃脱的时候,也许就可以考虑一下"心理咨询会不会能够帮到我"。

四、心理咨询的作用

(一)认识问题的根源

心理咨询师能够帮助来访者认识到,大部分的心理困扰都源自个体尚未解决的内部冲突,而非源自外界。一方面帮助来访者理解生存中的困境、痛苦还有快乐之情始终与人相伴。另一方面帮助来访者掌握灵活的应对生活的方式,解决生活中的困扰;学会与各种情绪相处,增加忍耐力;治愈心理创伤,以及缓解因心理痛苦引起的生理不适;增加面对痛苦、不幸、灾难的勇气。

(二)纠正错误的观念

求助者通常确信自己十分清楚自己需要什么和正在做什么。而实际上并非如此,他们通常以各种非理性观念来看待事物和人。比如绝对化的要求、灾难化的预期等。通过心理咨询,可以引导来访者审视自己的非理性的观念,逐步改变其不合理的思维方式和情感表达方式,使其用理性观念和合理的思维方式来看待事物,学会与外界和谐相处。

(三)深化自我认识

在心理咨询中,咨询师可引导来访者进行自我探索,促使他们认识自己的需要、价值观、态度、动机、能力等。这有利于帮助来访者客观地认识自己,从而更加理性地看待自己与周围事物之间的联系。

(四)增加心理弹性

心理弹性(resilience),又称为复原力,是指个体面对逆境、创伤、悲剧、威胁或其他重大压力的良好适应过程。在心理咨询中,咨询师通过对来访者做积极的引导、帮助和激励,有效的创伤处理、刻意的训练,来改变来访者心理弹性。

◇ **知识链接:如何提升"心理弹性"**

人生不如意事十之八九。生活中,难免遭遇挫折,但有人一蹶不振,有人却越挫越勇。难道这只是天分使然吗?其实,能快速从打击中走出来,并非少数幸运儿才拥有的禀赋,而是取决于一种非常重要的因素,即心理弹性。提升心理弹性就像增强心灵的免疫力一样,是保持长期心理健康的关键。

1. 是什么在影响着个体的心理弹性?

到底是什么在影响着个体的心理弹性?心理学家库普弗(K. L. Kumpfer)认为,心理弹性的影响因素可分为内部影响因素和外部影响因素。从内部影响因素来看,遗传与人格特质决定个体对待事物的总体态度是乐观的还是悲观的,此外个体的性别、年龄、智力水平、社会技能等也会造成心理弹性的差异。

外部影响因素包括危险因素和保护因素。危险因素由各种各样的压力和挑战所构成,如源自家庭的亲子关系、父母关系、家庭经济状况等压力,源自社会的学业、就业、升职、情感、人际关系等压力。保护因素包括家庭的正面支持、良好的同伴关系、学校和社区的保护等。若保护因素能够抗衡、消除危险因素对个体的消极影响或伤害,则人的心理状况就能维持在健康水平。

正是因为个体的心理弹性受原生家庭教养、社会经历等多方面因素的影响,所以通过后天的教育和训练来改变心理弹性也就成为可能,因此心理弹性具有可塑性,即个体若能够自我调节,并获得积极的引导、帮助和激励,则其心理弹性是可以适度增加的。家庭和学校可以根据上述心理弹性的特点,从多维度来锻炼孩子的心理弹性,以增强其抗挫力。

2. 了解并掌握一些提高心理弹性的方法

研究表明,心理弹性水平会随着年龄增长而增加。少年儿童的心理弹性尚未塑造成型,这一方面会导致他们较容易产生情绪波动,另一方面会使其心理弹性更易塑造。因此,培育和提升少年儿童的心理弹性,对维护社会整体的心理健康水平至关重要。

儿童时期,家庭关系的融洽非常重要,在孩子面前,家长应当尽量保持关系的和谐。在学龄前,家长应该引导孩子正确地认识成功和失败,适当地鼓励孩子发展,帮助其建立积极乐观的心态。而对于学龄的儿童,教师需要有正确的教育方式和价值观。

(1) 在家庭层面

家长要创造和谐的家庭环境,关注孩子的心理状况,疏导孩子的心理问题,鼓励孩子宣泄自己的情绪,适当减轻孩子的负担;切忌溺爱孩子,"父母之爱子,则为之计深远",全方位的保护只会使孩子的心理弹性变差,要学会把解决问题的权利还给孩子;注重挫折教育,让孩子树立正确的输赢观,比如在陪孩子玩耍时不要一味谦让,要给孩子体验失败的机会,平时家长还可采用OB(Outward Bound,拓展训练)训练干预技术,即让孩子尽量多接触原本陌生的人,并且共同合作完成一些任务。让孩子进入陌生环境与陌生的人相处本身就是一种挑战,而之后他们认识以及一起解决问题的过程都相当于是在应对挑战。经历这样无害又益智的锻炼可有效提高孩子的心理弹性。

(2) 学校层面

学校可以引入心理弹性测试,比如用Connor-Davidson(康纳-戴维森)等心理弹性量表,定期测评学生的心理弹性水平,对心理弹性水平较低者进行个性化的心理干预和援助。

(3) 个人层面

由于心理弹性与个人的规划相关,设定适合自己的人生目标,减少过高的期望,也是幸福安康的关键。

3. 增强心理弹性是个体亦是社会的目标课题

需要强调的是,在压力情境下,心理弹性与承受的压力呈负相关:承受的压力越大,个体的心理弹性就越小。这就诠释了为何一个平时能够轻松应对的小挫折在遭遇多重压力的特殊时刻,很可能会变成生命不可承受之重。可见,将日趋频繁的青少年自杀、伤害他人等极端事件简单地归因于个体心理弹性小的观点是片面的。提供充分的社会支持,及时化解、减少压力,维护和增进当事人心理弹性水平,才是避免极端事件发生的有效保障。

五、学校心理咨询的程序

> ◇ **心理小知识：你是心理咨询的最佳获益者吗？**
>
> 较多研究支持心理咨询是有效的。但是这不是在说心理咨询对任何人都有效。有效的前提是你做好了接受心理咨询的准备，开始了"冒险之旅"，并且选对了咨询师，接受的是专业的心理咨询服务。
>
> 如果：
>
> （1）你的生活中出现了一些深深困扰你的问题，而你也认识到通过自己的努力和周围人的帮助很难化解自己的情绪和解决自己的问题；
>
> （2）你愿意且积极主动通过心理咨询来帮助自己，能与咨询师坦诚交流，希望通过咨询使自己的感受和行为发生改变，并能承受改变过程中可能伴随的痛苦；
>
> （3）你是一个能够表达和反思自己经历的人。
>
> 那么在心理咨询中，你就最可能获益，而且也确实获益最多，也就是所谓的理想咨询的"最佳获益者"。

（一）建立咨询关系，收集来访学生相关资料

1. 建立良好的咨询关系

有效咨询的基本条件，就是咨询师与来访学生有良好的咨询关系。所谓良好的咨询关系，是指咨询师以同理、一致、真诚、关爱与支持的态度，让来访学生觉得被了解、重视、关心，因而信任咨询师，愿意开放经验，与咨询师一起探索问题。目前大多数的咨询学派认为咨询关系会影响咨询效果，因为没有良好的咨询关系，咨询只能停留在表面信息的交换而已。

2. 收集来访学生资料，界定问题

咨询开始时，来访学生会叙述他的问题，此时，咨询师聆听来访学生的描述，在必要的情况下回应来访学生，传递他对来访学生的了解。在这一阶段收集到的资料，通常只是来访学生外显问题的信息，不是深层的个人经验资料。通过这些资料，一方面可以了解来访学生的年龄、家庭、成长史等，另一方面可以弄清楚困扰来访学生的问题是什么、严重程度如何、产生的原因是什么。结合心理咨询的有关知识，对来访学生的问题类型进行界定、评估，辨明问题的类型、性质和严重程度，能为确立咨询目标和咨询方法打下基础。

3. 确立咨询目标

咨询师在分析界定的基础上，结合来访学生的问题和需求，认真和来访学生讨论咨询目标，咨询目标应当是心理学范畴的目标，咨询师和来访学生共同达成可执行的评估一致的目标。

（二）深入探讨问题，发掘问题的根源

当咨询进入第二阶段时，咨询师与来访学生已有良好的咨询关系，所以咨询师可以引导来访学生进入深层的内心世界，探索来访学生未觉察的经验。

在这个阶段,咨询师可以根据第一阶段收集到的资料,引导来访学生深入探索有关主题,从表面的外显行为追溯到问题的根源。因为不同的咨询师有不同的理论架构,所以探索的方向各不相同。例如精神分析、完形治疗、认知治疗与行为治疗对异常行为的产生各有不同的诠释,探讨的方向自然不同。

D. Brown 与 D. J. Srebalus 认为在咨询的第二阶段,咨询师还应探索来访者的人格、适应与不适应行为的经验史、问题解决模式、逻辑上的错误、错误的习惯、环境的压力等。这些问题都与探索来访者问题的根源有关。

(三) 解决问题与终止咨询

咨询第三阶段的目的有二:第一,来访学生了解问题根源后,拟订计划采取行动解决问题。第二,结束两人的咨询关系。

就第一个目标而言,在第二阶段的探讨中,来访学生已经明白问题的根源。有些来访学生可以从第二阶段探索的顿悟中,直接产生行为上的变化,可是有更多的来访学生必须借由咨询师协助,拟订改变行为的计划,才能从"顿悟"跨越到"行动",让改变的成果具体呈现在来访学生的行为上。

就第二个目标而言,来访学生的问题获得改善后,咨询师必须适时终止两人关系,但是咨询关系的结束,必须经过咨询师与来访学生的同意。

完整的咨询过程包括以上三个阶段。有些时候,因为某些因素,咨询师无法继续处理来访学生的问题,必须中断咨询或将来访学生转介给其他的咨询师,这时咨询关系的结束就可能发生在任何一个阶段。

◎ 思政课堂

大胆走进心理咨询室

一、正确认识心理咨询,消除对心理咨询的认识误区

心理咨询不是什么丢人的事情。心理咨询的对象是精神正常的人,不包括精神不正常的人。精神不正常的人一般是意识不到自己有心理问题的,更不会有求助的意识。心理咨询实际上是一个人追求卓越、对自己负责,是一种高素质、与时俱进的表现。

新时代的大学生应正确认识心理咨询,建立正确的心理咨询观念以及自助求助的意识。

二、正确判断是否需要心理咨询,主动寻求帮助

如果你主观感受到不舒服,并且已经持续了一段时间;心理困扰已经影响到你的日常生活和社会功能,比如学习、工作、人际交往等;你尝试过一些缓解问题的方法,但都没有效果,亲人、朋友、同学也无法提供有力的支持;虽然没有以上这些情况,但你依然想自我探索、个人成长;那么,你都可以去寻求心理咨询师的指导和帮助。

三、敢于表达内心世界,活出精彩自我

保密原则是心理咨询中最为重要的原则。它既是心理咨询师和求助者双方确立相互信任的咨询的前提,也是咨询活动顺利开展的基础。因此,求助者不必担心在寻求心理咨询帮助时会泄露个人隐私,要敢于表达自己真实的内心世界,这样才方便心理咨询师"对症下药",帮助求助者解决"心理问题"。

俗话说:"人有精神老变少,地有精神土生金。"只有打开心灵,走出困境,才能活出精彩自我。

◎ 心灵解码

心理弹性量表(CD-RISC)

指导语:下表是用于评估心理弹性水平的自我评定量表。请根据过去一个月您的情况,针对下面每个阐述,选出最符合你的一项。注意回答这些问题没有对错之分。

题目	从来不	很少	有时	经常	一直如此
1. 我能适应变化	0	1	2	3	4
2. 我有亲密、安全的关系	0	1	2	3	4
3. 有时,命运或上帝能帮忙	0	1	2	3	4
4. 无论发生什么我都能应付	0	1	2	3	4
5. 过去的成功让我有信心面对挑战	0	1	2	3	4
6. 我能看到事情幽默的一面	0	1	2	3	4
7. 应对压力使我感到有力量	0	1	2	3	4
8. 经历艰难或疾病后,我往往会很快恢复	0	1	2	3	4
9. 事情发生总是有原因的	0	1	2	3	4
10. 无论结果怎样,我都会尽自己最大努力	0	1	2	3	4
11. 我能实现自己的目标	0	1	2	3	4
12. 当事情看起来没希望时,我不会轻易放弃	0	1	2	3	4
13. 我知道去哪里寻求帮助	0	1	2	3	4
14. 在压力下,我能够集中注意力并清晰思考	0	1	2	3	4
15. 我喜欢在解决问题时起带头作用	0	1	2	3	4
16. 我不会因失败而气馁	0	1	2	3	4
17. 我认为自己是个强有力的人	0	1	2	3	4
18. 我能做出不寻常的或艰难的决定	0	1	2	3	4
19. 我能处理不快乐的情绪	0	1	2	3	4
20. 我不得不按照预感行事	0	1	2	3	4

(续表)

题目	从来不	很少	有时	经常	一直如此
21. 我有强烈的目的感	0	1	2	3	4
22. 我感觉能掌控自己的生活	0	1	2	3	4
23. 我喜欢挑战	0	1	2	3	4
24. 我努力工作以达到目标	0	1	2	3	4
25. 我对自己的成绩感到骄傲	0	1	2	3	4

心理弹性量表(Connor-Davidson Resilience Scale,CD-RISC)包含25个项目,采用利克特量表(Likert Scale)评定法,从0~4分别表示完全不是这样、很少这样、有时这样、经常这样、几乎总是这样。该量表可在不同人群中施测,具有良好的信度和效度。该量表对于心理弹性的预测效力已得到公认,应用较为广泛。

Connor和Davidson的五因素分法:
F1 个人能力的概念、高标准、坚韧性:10、11、12、16、17、23、24、25
F2 相信本能、容忍消极影响、抗压力:6、7、14、15、18、19、20
F3 积极接受改变、安全关系:1、2、4、5、8
F4 控制:13、21、22
F5 宗教影响:3、9

张建新、余肖楠的三维度分法:
坚韧性:11、12、13、14、15、16、17、18、19、20、21、22、23、
力量性:1、5、7、8、9、10、24、25
乐观性:2、3、4、6

◎ 领悟行动

活动主题:我说你做

活动步骤:

请学生听一则名为《黑熊和棕熊赛蜜》的故事。故事中会多次出现"蜜蜂"和"蜂蜜"这两个词。每当听到"蜜蜂"时,男同学起立,女同学坐下;听到"蜂蜜"时,女同学起立,男同学坐下;如果连续听到两个相同的词,则站立不动。

黑熊和棕熊赛蜜

黑熊和棕熊喜欢吃蜂蜜,它们都以养蜜蜂为生。它们各有一个蜂箱,养着同样多的蜜蜂。有一天,它们决定比赛看谁产的蜂蜜多。黑熊想,蜂蜜的产量取决于蜜蜂每天对花的"访问量"。于是它买来了一套测量访问量的仪器。在它看来,蜜蜂所接触的花的数量就是其工作量。棕熊与黑熊想得不一样。它认为能产多少蜂蜜,关键在于蜜蜂每天采回多少花

蜜——花蜜越多,酿的蜂蜜也越多。而且它也买了一套仪器,但测量的是每只蜜蜂每天采回花蜜的数量和整个蜂箱每天酿出蜂蜜的数量,并公布了结果。

一年过去,棕熊的蜜蜂产的蜂蜜比黑熊的蜜蜂产的蜂蜜多出整整一倍。

◆ 反思:

为什么有的同学会在活动中反应既快又准确,有的同学出错较多?

◎ 课后作业

1. 你愿意找你的任课老师作为你的心理咨询师吗?
2. 你怎么看待高校免费的咨询?你认为免费的咨询和收费的咨询对咨询效果有没有影响,有什么样的影响?
3. 你觉得心理咨询的效果可以从哪些方面考量?

◎ 本章小结

1. 心理自信是通过人际关系,运用心理学方法,帮助来访者自强自立的过程。通过咨询,提高来访者应对挫折和各种不幸事件的能力,使他们能够面对和处理自己人生中的问题。

2. 高职院校的心里咨询对象有崇尚个性、思想独立、喜欢新鲜事物、心理脆弱的特点。高校心理咨询以发展性咨询模式为主。所谓发展性咨询,是基于个体身心发展的一般规律和特点,帮助不同年龄阶段的个体尽可能圆满完成各自的心理发展课题,妥善解决心理矛盾,更好认识自己和社会,开展潜能,促进个性的发展和人格的完善。心理咨询的工作原则有保密性原则、理解支持原则、倾听原则、时间限定原则、感情限定原则、成长性原则、"来者不拒,去者不追"原则、重大问题延期原则。心理咨询的作用是帮助来访者认识问题的根源,纠正错误的观念,深化自我认识,增加心理弹性。

3. 心理咨询是一个人际过程,是有结构的服务。心理咨询的过程建立咨询关系,收集来访者相关资料,深入探讨问题,发掘问题的根源,解决问题与终止咨询的,主要收益有缓解负面感受、获得理解自己的新视角、更有效地解决问题、获得对生命意义的理解等。

◎ 拓展阅读 3-1(请扫二维码获取内容)

心理咨询为什么不能找熟人做

第四章 04

大学生的自我意识

◎ 案例导入

L同学,男,20岁,专科,大学二年级学生。中学时期就读于一所普通农村中学。上中学时因为成绩优秀深得老师信任和同学羡慕,高考时因为发挥失常而进了一所不是他理想中的学校,而比他成绩差的同学都考进了本科院校。进入大学后,发现自己失去了在中学时的优越地位,尽管自己已经很努力了,学习成绩却依然不理想,尤其是计算机、英语等学科学起来非常吃力。不仅如此,他认为自己其他方面也不如人,如外形不够帅、服装不时尚、说话口音太重被人耻笑等,久而久之产生了严重的自卑感。在人际交往方面也很失败,进校两年了没有交到一个知心朋友,与中学同学的联系也逐渐减少。种种失意让他觉得非常郁闷,做什么事都打不起精神,班里的集体活动一点儿也不想参加,书也看不进去。明年就要毕业了,他意识到这样下去就业可能成问题。

◎ 头脑风暴

在上面的案例中,L同学的自卑心理主要是由哪些方面引起的?如果要解决L同学的问题,需要从哪些方面帮助他?请同学们谈一谈如何全面认识自我。

◎ 心理探索

大学生的自我意识越来越被人们重视与关注,能够正确认识自我是个体良好发展的重要前提。比如,每天早晨,我们对自己说:"今天又是全新的开始,每天的自我都是全新的,我们缺少的并不是前进的动力,而是摆脱昨天阴影的力量,迈开步伐,你会发现一个全新的自我真好!"

人们时常会思考类似的问题:"我是谁?""我有什么目标?"大学生可能还会经常问自己:"我为什么上大学?""在朋友或家人眼中我是个什么的人?""在班级中我是什么角色?"我们还会经常描述自己的外貌特征或者性格,比如高、矮、胖、瘦,开朗或内向等,也会描述性别、身体状况、社会类别等。事实上,我们可能更倾向于用概括性的语言对自己做一个总体评价,如"我是一个追求上进的大学生""我是一个有理想、有抱负但有些懒惰、自制力弱的人"等。我们把这一系列的包括了自我考问和自我反思的内容,都称为自我意识。那么大学生应如何认识自己呢?如果我问你:"你是什么样的人?"你可能会回答你是一名大学生,也可能会回答你是一个有主见的人,甚至也可能会说不知道自己到底是怎样一个人……对这类问题的回答,在无形中启动了人类最特殊的心理意识——自我意识。

自我意识的确立是青年心理发展的重要标志之一,它对于青年人格的形成起着极为重要的作用。青年对自身内心的隐秘世界——自我意识的发现,被称为人生的"第二次诞生"。希望学习本章内容之后,大家有所领悟和启发,理解何为自我意识,明白大学生自我意识发展的特点,认识大学阶段自我意识发展的偏差,掌握健全自我意识的途径与方法,从而不断地全面了解自我、客观评价自我、积极悦纳自我、有效掌控自我,学会做自己的主人,主宰自己的人生命运。

第一节 自我意识概述

一、自我意识的涵义

自我意识是个人对于自身内心世界有意识的反应,包括自我的感知、思考和体验、愿望和动机以及对客观事物与自身利害关系的反应,主要表现在自我观察、自我监督、自我评价、自我体验、自我控制等方面。它是一种多维度、多层次的心理活动系统,它对人的心理和行为有巨大的制约作用,在某种程度上决定个体的行为风格和行为差异。

(一) 自我意识的定义

自我是心理学的重要内容。精神分析学派创始人弗洛伊德(S. Freud)提出了"自我的三结构说"即本我(id)、自我(ego)和超我(superego),从人格的三个维度上研究自我的发展。意识是人脑对客观事物的主观反映,意识既是心理学研究的重点,也是难点。与意识相对应的是"潜意识",弗洛伊德曾用冰山作比喻。意识只是冰山浮出水面的尖峰,而潜意识则是潜藏于海底的冰体,蕴藏深厚,但不被看到。他的理论中强调了潜意识对人发展的重要性。

自我意识也称自我认知,是个体意识发展的高级阶段。早在古希腊时期,哲人苏格拉底(Socrates)就提出了"认识你自己"的口号,这标志着人类自我意识的觉醒,人类开始关注现实人生,开始将目光从神的光彩投入人类自身。人类对自我意识的真正研究始于文艺复兴运动,人文主义者针对中世纪神学对人性的扼杀、对个性自我的否定进行了尖锐的批判,并喊出了"我是凡人,我有凡人的要求"的人性解放之声。此后,法国哲学家笛卡尔(R. Descartes)最先使用了"自我意识"这一概念,提出了"用心灵的眼睛去注意自身"的精辟论断,揭示了对自我意识的发现途径。笛卡尔之后,有关自我的研究开始得到空前的发展。

美国心理学家詹姆斯(W. James)提出凡属于"我"或与"我"有关的事物都是自我的内容,如身体、品质、能力、愿望、家庭等,自我从物质自我、精神自我和社会自我三个层次起作用。

社会心理学家库利(C. H. Cooley)指出:自我是一面镜子,它从别人那里反映自己的行为,自我是经历无数次他人评价而形成的社会产物。而米德(G. H. Mead)则认为:自我分为主体我(I)和客体我(Me),主体我代表每个人的自然特性而客体我代表自我社会的一面;主体我先于客体我形成,客体我形成需要很长时间;自我意识的发展包含主体我与客体我。

自我意识（Self-consciousness）是意识的核心部分，就是对"自我"的认知，或者说自己对自己的认知。它包含自我认知、自我评价和自我控制。如果再进一步简化，自我意识是对自己及自己与周围环境关系的认识，包括对自己存在的认识，以及对个体身体、心理、社会特征等方面的认识。这种认识是个体通过观察、分析外部活动及情境、社会比较等途径获得的，是一个多维度、多层次的心理系统。

从内容上看，自我认知可分为生理自我认知、社会自我认知和心理自我认知。

1. 生理自我认知

生理自我认知指个体对自己的生理属性的意识，包括个人对自己的存在、行为及对自己身体、外貌、体能等方面的意识。

生理自我认知使个体认识到自己的存在。其开始于8个月左右，在3岁左右基本形成。

2. 社会自我

社会自我认知指个体对自己的社会属性的意识，包括个人对自己在各种社会关系中的角色、地位、权利、义务、人际距离等方面的意识。形成于3~13/14岁。这个时期社会自我处于自我的中心，人们能了解社会对自己的期待，并据此调整自己的行动。

3. 心理自我认知

心理自我认知指个体对自己的心理属性的意识，包括个体对自己的人格特点、人格倾向、心理状态、心理过程等方面的意识。如"我有广博的知识""我性情温和""我是个乐观的人"等自我认知。

这个阶段的发展需要10年左右，从14/15岁开始直到成年。这个时候，性意识觉醒，抽象思维能力和想象力大大提高。生理和心理急剧变化发展的同时，自我意识更加成熟。

在现实中，生理自我、心理自我和社会自我不是彼此分割，而是互相联系的。对它们的认识构成了一个人对自己的独特的看法和态度。

（二）自我意识的结构

自我意识的结构包括三方面，即自我认识、自我体验和自我控制，分别从知、情、意三方面发挥作用。

1. 自我认识

自我认识是自我意识的认知成分，包括自我概念和自我评价。通常自我概念可以分为现实自我、理想自我和镜中自我。

2. 自我体验

自我体验是主观的"我"对客观的"我"产生的情绪体验。自我体验主要涉及"对自己是否满意""能否悦纳自己"等问题。

自我体验的内容非常丰富，包括自我感受、自尊、自爱、自豪、自卑、自怜以及责任感、义务感、优越感、荣誉感、羞耻感等。客观的"我"能否满足主观的"我"，往往与个体的自我认知、自我评价和个体对社会规范、价值标准的认同有关。

3. 自我调控

自我控制是自己对自身行为和思想、言语的控制,以达到自我期望的目标。具体表现为两个方面:一是发动作用;二是制止作用。自我控制包括自我监督、自我激励、自我暗示、自立、自主、自强、自律等,如"我应该成为一个怎样的人"等问题。

(三) 自我意识发展的途径

研究表明,个体自我意识发展的途径主要有以下四种:

(1) 通过认识别人,将别人与自己加以对照来认识自己;

(2) 通过分析别人对自己的评价来认识自己;

(3) 通过考察自己的言行和活动的成效来认识自己;

(4) 通过自我监督与自我教育来完善自己。

(四) 自我意识的作用

1. 自我意识有利于提高人的认识水平

人的认识活动包括感觉、知觉、记忆、想象、思维等,它们由于自我意识的存在而更加自觉、合理、有效。

2. 自我意识有利于人们形成一个丰富的情感世界

当人们意识到自我的独一无二、与众不同时,才会逐渐产生孤独之感;体验到自尊的需要,才会产生与自尊感相联系的羞耻感和腼腆感;只有发现了自我的内部世界,才时常感到内在自我和外在行为的种种不符或冲突,从而产生苦闷、彷徨等新的情感。

3. 自我意识有利于促进人的意志的发展

意志以人确定的行为目的为开端。个体意志力的表现同动机的性质和力量密切相关。

4. 自我意识是道德的必要前提

人的自我概念不仅包含现实的自我,还包含理想的自我。就个体来说,一个人的自我意识包含了道德、信念和体验,以及与之相联系的诸如责任、义务、使命、荣誉等价值观念的内容。

(五) 自我意识的心理功能

1. 决定个体行为的持续性与合目标性

人是社会的动物,人的行为既受诸多社会因素决定,又在很大程度上与自己的自我意识有着很大的关系。每个人的现实行为,并不仅由其所在的情境决定,而且与对自我的认知、自我意识有着密切的联系。那些自我意识积极的学生,其成就动机和学习投入及学习成绩也明显优于那些自我意识消极的学生;当学生认为自己声名不佳时,他们会放松对自己行为的约束。可以说,个人怎样理解自己,是保证个体如何行为及以何种方式采取行为的重要前提。

2. 决定个体对经验的解释

不同的人可能会获得完全相同的经验,但每个人对这种经验的解释却可能有很大的不同。解释经验的方式取决于一个人的自我意识。一个自认为能力一般、只该获得平均成绩的学生,对于比较好的成绩会认为是取得了极大的成功,感到十分满足;而对于同样的成绩,一个自认为能力优秀、应当获得出众成绩的学生,会解释为遭到了很大的失败,并体会到极大的挫折。事实证明,当个人的既有自我意识消极时,每一种经验都会与消极的自我评价联系在一起;而如果自我概念是积极的,每一种经验都可能被赋予积极的含义。

3. 影响个体的期望水平

自我意识不仅影响到个体现实的行为方式和个体对过去经验的解释,而且还影响到个体对未来事情发生的期待。这是因为:个体对自己的期望是在自我意识的基础上发展起来的,并与自我意识相一致,其后继的行为也决定于自我意识的性质。研究发现,差生的成绩落后并不是孤立存在的,而是他的整个行为动力系统都出现了角色偏离的结果。成绩长期落后对于普通学生是不正常的,但对于差生,由于他们的整个行为动力系统都出现了偏离,并在偏离的状况下形成了一个新的自相一致的系统,因而在系统内部一切都并没有不正常。换言之,落后的学习成绩正是差生自己"期待"的结果。

第二节 大学生的自我意识发展及其特点

成年时期自我的形成,是经过整个青年期的分化、整合过程之后最终完成的,影响这一过程的因素,包括自小积累的经验、对他人的态度及来自他人的评价,独立的意识及自身在社会中的作用、地位与身份等。在这一过程中,青年期是身心发展的关键期,更是自我意识发展的关键期。个体在青年期生理、认识、情感等各方面的深刻变化,如性的成熟、思维与想象能力的发展、感受力的提高,使其开始把关注的重点转向自身内部,开始去发现、体现自己的内心世界,并迫切要求形成自己独特的个性与独特的理解方式。

个体在青年期逐渐累积的生活经验也直接影响着自我意识的发展,特别是"成功"与"失败"的经验,对自我的形成与自我意识的发展的影响力更为巨大。随着经验的扩大,成功和失败的经验也随之增多,通过自己对这些经验的再评价,个体可以修正自我意识。

对处于青年期的个体而言,来自他人的评价直接对自我意识的修正、自我的形成产生积极的作用。自我意识尚未确定的青年,往往对他人的评价更为敏感,他们往往通过他人对自己的态度、评价来认识并确认自我的存在价值。

大学生正处于青年中期,或者说正处于"延缓偿付期",在初中、高中阶段,他们常常被紧张的学习、考试所追逐,没有什么时间考虑自己的人生,只有进入大学,才能真正专心地考虑自我,探索自我和确立自我这一课题。

一、大学生自我意识发展的特点

(一) 自我认识方面

1. 自我认识更具主动性

大学时代开始了"自我发现"的新时期。大学生对认识自我充满了浓厚的兴趣,他们会经常地独思、反省这样一些问题:"我是一个什么样的人?""我为什么是这样的人?""我的人生目标是什么?""我到目前为止已经做了些什么?""我该如何去实现自我的价值?"……大学生们急迫地思考着这些问题,强烈期待一个满意的答案。

2. 自我评价能力大幅提高

大学生的自我评价是自我认识的核心。随着各类知识的不断增多、生活经验的积累,大学生的自我评价逐渐趋向客观、全面。大学生自我评价的途径呈现出多样化特征,主要表现为对镜评价和自我分析。

(二) 自我体验方面

1. 敏感性

大学生的自我体验比较敏感,凡涉及"我"的事物都会引起他们的兴趣,与"我"相关的事物也往往能诱发连锁反应。大学生尤为关注自己在别人心目中的形象与地位,关心别人对自己的意见和看法。

2. 深刻性

大学生现在的阅读喜好和孩提时候有了很大的差异。这表明大学生自我体验的深刻性有了很大的提高。

3. 丰富性和波动性

丰富多彩的大学生活为大学生提高自我情感体验的丰富性提供了条件。大学生的自我情感体验,有肯定的体验也有否定的体验,有积极的体验也有消极的体验。

(三) 自我控制方面

自我控制的确立,是大学生自我意识发展成熟的标志。大学生自我控制的愿望十分强烈,自我控制能力在自觉性、坚持性和自制性水平上,较中学时期有了明显提高。

二、大学生自我意识的分化

在自我认知、自我体验与自我控制三者相互影响、相互作用的过程中,自我意识逐步成熟,其间经历了分化—矛盾—整合的过程。自我意识的分化主要表现在以下六个方面:

(一) 主观我与客观我之间的冲突

自我有主观我与客观我之分,大学生的主观我与客观我的矛盾相对突出。

(二) 理想我与现实我之间的冲突

理想我指个人想要展现的完美形象,是个人追求的目标,它引导个体实现理想中的个人自我。现实我是个人从自我的立场出发,对现实中自我的各种特征的认识。现实我又称个人自我,主观性较强。在现实生活中,理想我与现实我之间总存在着一定差距,合理的差距能使人不断进步、奋发向上;但是,如果差距太大,有可能会引起自我的分化,导致出现一系列心理问题。

当理想我与现实我发生冲突时,大学生要进行积极的自我调适。这时应重新评估、调整自己的理想,直到通过努力可以实现为止。

(三) 独立与依附的冲突

大学生渴望独立,以独立的个体面对生活、学习与工作中遇到的问题,但由于长期的校园生活使其应有的社会阅历与经验相对匮乏,当应激事件出现时,他们希望家人、老师、同学、朋友等能够帮助自己。另外,大学生心理上的独立性与经济上的依赖性也形成了明显的反差。他们在迫切希望摆脱约束、追求自立的同时,却又不可能真正摆脱家长、老师的支持和帮助。

(四) 渴望交往与心灵闭锁的冲突

大学生渴望着自我价值得到实现,渴望着探讨人生的真谛,渴望着人生的知己,渴望着成为群体中受尊敬、受欢迎的人;然而同时,大学生的自我暴露又受着心灵闭锁的影响。

(五) 自负与自卑的冲突

自信是一种健康的心理,是自我意识健全与人格成熟的标志。但是,由于大学生的自我意识尚在发展过程中,他们的心理尚未完全成熟,未形成正确的认知,因而往往会出现自信的偏差——自卑或自负。自负往往表现为狂妄自大、自以为是、虚荣心过强等,拥有这种心理的人,缺乏自知之明,以为自己对而别人错,把自己的意志强加于人,不能与人和睦相处。自卑是一种自我否定,表现为对自己缺乏信心,对自己不满和否定,拥有这种心理的人总以为自己存在着不足与失误,因而遇事总会胆怯、心虚、逃避、退缩,缺乏独立主见。自负与自卑总是紧密相连的,自负表现强烈的人往往也是极度自卑的人。

(六) 理智与情感的冲突

大学生情绪的显著特点是容易两极分化,情绪或高或低,波动性大,易冲动,不易控制。但随着身心的发展、认知水平的提高,大学生渐渐成熟,在遇到客观问题时,既想满足自己情绪与情感的要求,又想服从于社会及他人的需求。

三、大学生自我意识的整合

从自我意识的性质看,大学生自我意识的整合结果表现在三个方面:

(一) 积极自我的建立:自我肯定

自我肯定,即对自我的认识比较清晰、客观、全面、深刻。在经过痛苦的选择与调整之后,大学生逐渐成长,使自己的理想我与现实我趋于统一、主观我与客观我趋于一致,对自我的认识更加深刻、客观、理性。积极的自我不仅包括对自己的长处与优势的了解,还包括对自己的不足与劣势的认识,能够分析哪些是通过努力可以改正的、哪些因条件不成熟而暂时无法改正,从而能进行积极的自我肯定,向着理想我迈进。

(二)消极自我的建立:自我否定

消极的自我意识分为两个方面:自我贬损型与自我夸大型。自我贬损型的人由于总在积累失败与挫折的经历,对现实我的评价较低,并时常伴有价值感低、自我排斥、自我否定等消极情绪。他们不但不接纳自己,甚至自我拒绝、自我放弃,表现为没有朝气、随波逐流、缺少激情、生活没有目标,失去进取的动力。自我夸大型的人正好相反,他们对自我的评价非常高,往往脱离客观实际,常常以理想我代替现实我,盲目自大,虚荣心强,心理防御意识强。

(三)积极自我与消极自我的矛盾:自我冲突

自我冲突难以达到整合的自我意识,它表现为自我评价始终在真实我上下徘徊,自我认知或高或低,自我体验或好或坏,自我控制时强时弱,心理发展极不平衡,有时显得自信而成熟,有时又表现出自卑而不成熟。自我冲突表现为两种类型:自我矛盾型与自我萎缩型。自我矛盾型的大学生,内心冲突激烈,且持续时间长,自我认识、自我体验、自我控制不稳定,新的自我无法整合。自我萎缩型的大学生,认为理想我难以实现甚至无法实现,要么放弃对理想我的追求,要么出现自我拒绝心理,甚至出现理想我和现实我的对抗。

四、大学生自我意识的偏差

(一)自卑与自负:自信的误区

自卑是一种自我过度否定。自卑的人总盯着自己的缺点、不足和失误,从而遇事心虚胆怯、逃避退缩,或过分补偿,所作所为过分夸张,结果捍卫的只是虚假的、脆弱的、不健康的自我。

自负是一种自我过度膨胀。大学生虽然有强烈的自尊心,好胜、好强,不甘落后,但如果把握不好"度"的问题,则会导致骄傲、自大、自我膨胀、过度的自我接纳,缺乏自我批评,而且不允许别人批评,唯我独尊,盛气凌人。这种人不能与人和睦相处,容易失败,也容易受伤害。

自卑和自负紧密联系。自负心理和自卑心理过强都会影响大学生的心理发展和人格成熟,是不容忽视的自我意识的偏差之一,是自信的误区。

(二)自我中心与从众:认知的误区

随着自我意识的发展,大学生越来越多地把关注的重心投向自我。由于大学生有较强的自尊心、自信心、优越感和独立意识,比较容易出现自我中心的倾向。过分自我中心的人,想问题和做事情都从"我"字出发,不能进行客观的思考和分析,颐指气使,盛气凌人。他们常常不能赢得别人的好感与信任,人际关系大多不和谐。

(三) 独立与逆反：扭曲的意志

独立意向是大学生自我意识处于发展中的最显著的标志之一，然而大学生在摆脱依赖、走向独立的过程中，有时会"矫枉过正"，表现出过分的独立意向。逆反的对象主要是家长、教师以及社会宣传的观念和典型人物等外界权威，结果是逆反阻碍了他们学习新的或正确的经验，不利于他们的健康成长。

(四) 盲目与懒惰：意志的误区

大学生正处于精力旺盛、朝气蓬勃的年龄段，他们有广泛的兴趣和爱好，热衷于猎奇，总想在各方面显示自己的才能和智慧，有强烈的参与意识。

五、自我意识的发生与发展

(一) 大学生自我意识形成的信息来源

自我意识是人所特有的心理标志，它不是与生俱来的，而是后天获得的，是个体在社会环境中、在与他人的互动中逐渐形成的。一般而言，大学生对自己的认知可以通过以下四个方面逐渐形成。

1. 他人的反馈

通常，别人会对我们的品质、能力、性格等给予清晰的反馈，从而增强我们对自己的了解。当我们被老师告诫要更加大胆一些、更加主动、更加勤奋一些时，我们便会从反馈中得知：自己有些害羞，不够主动，学习不够勤奋。特别是当许多人的看法一致时，我们就会相信这种看法是正确的，从而确定自己是这样的人。激励对成长中的大学生是非常重要的。我们经常说："优秀的学生是夸出来的。"当否定性评价过多时，学生会产生"习得性无助"。这是由马丁·塞利格曼（Martin Seligman）研究提出的。它是指对环境失去控制的一种信念，当一个人拥有这种信念时，他感到不能从环境中逃脱出来，便会放弃脱离环境的努力。如有的大学生会说："无论我如何努力，我也不会成为受大家欢迎的人。"事实上，"习得性无助"是一种严重的自我意识障碍，它抑制了人改造与影响环境的能力，强化了顺从甚至屈从，并转化为一种内在信念。"习得性无助"是后天形成的，特别容易受到环境的影响。尤其是当大学生来到一个陌生环境开始新的学习生活时，环境适应中的自我意识显示出巨大的张力，很多在中学时代有着骄人成绩的学生由于种种原因而认同了自己的平凡并不尝试改变时，就极易产生"习得性无助"。

2. 反射性评价

在生活中，那些与我们生活无关紧要的人有时并不会给予我们清晰明确的反馈，但我们可以从他们的态度与反应中来了解自己。符号互动学者库利提出"镜中我"（Looking-glass-self）的概念，认为我们感知自己就像别人感知我们一样，镜子中的"我"或别人眼中的"我"就是我们感知的对象，我们常常依据别人如何对待我们来了解自己，这一过程称为反射性评价。

3. 依据自己的行为判断

贝姆(D. J. Bem)的自我知觉理论(Self-perception Theory)认为：在内部线索微弱或模糊的情况下，人们常常依据外在行为来推断自己的特征，如性格、态度、品质、爱好等。如当学生参与公益事业时，他们会认为自己是高尚的人；但在大多数情况下，人们常常依据内部线索了解自己，如通过想法、情绪来了解自己，而且这样比依据外显行为更准确，因为行为易在外在压力的影响下出现假象。

个体的行为既具有外显性更具有内倾性，因而对自己行为的判断为自我的确立提供了可靠的依据。

4. 社会比较

费斯廷格(L. Festinger)提出的社会比较(Social Comparison)理论认为：人们非常想准确地认识自我、评估自我，为此，在缺乏明确标准时，人们常常和与自己相似的人做比较。

大学生正处于人生重要的发展时期，他的人生目标、职业理想、生活态度等都在形成之中，社会比较为大学生提供了认识自我、了解自我和发展自我的重要标尺。社会比较也是每个个体认识自我不可或缺的方面。没有社会比较，就没有自我的进一步优化。当然，自我比较并不总是向着积极的方向。自我比较又分为向上比较、向下比较与相似比较。当个体的目的与动机不同时，采用的社会比较策略也不相同。例如自我保护与自我美化的动机促使学生与那些不如自己幸运、成功和幸福的人比较；而自我成功动机强的人更倾向于向上比较，同那些比自己更加成功的人比较，促使自己更加进步。

个体自我意识是在个体生理和心理能力一定程度成熟的基础上发生、发展的，它是在个体与社会环境长期相互作用过程中形成和发展的，许多社会因素对自我意识的形成和发展起着重要作用。

(二) 生理、心理能力的发展与自我意识的发生

自我意识发生或形成主要有物-我知觉分化、人-我知觉分化和有关自我的词的掌握三个标志。在最初的意识发生和发展中，主体意识是先于自我意识而发展的，主体意识是自我意识发生和发展的基础。婴儿必须首先在自己和客体间作出区分，才有可能在客体中区分出物理客体和他人，进而在自我和他人之间做出区分形成自我意识。但在5个月后，当婴儿能对他人微笑时，主体意识和自我意识的发展就开始相互作用、共同发展了。特别是在后来能够将随意性动作与言语的掌握相结合后，婴儿能逐步意识到活动本身的进程和结果，能够意识到自己的主观力量时，主体意识就同自我意识完全融为一体了。总之，自我意识发生、发展与生理的发展密切相关，离开了生理及相应的心理能力的发展，自我意识就不可能发生、发展。

(三) 自我意识在社会互动中形成和发展

生理的成熟和发展只是自我意识形成的前提，并不能必然保证自我意识的形成和发展。心理学的研究表明，自我意识的形成和发展还有赖于个体参与社会生活、与他人相互作用。心理学家库利指出，自我观念是在与他人交往过程中，个体根据他人对本人的反应和评价而发展的，由此产生的自我观念称为"镜中我"。

(四) 影响自我意识的社会因素

影响自我意识形成与发展的社会因素有社会经济地位、社会文化环境、家庭、他人的评价、参照群体等。

第三节 自我意识的同一性

一、大学生自我同一性的确立

青年时期的自我发展是发展心理学研究的重点。最著名的理论为艾里克森（E. H. Erikson）的自我同一性理论。自我同一性，也称为自我认同，是指个体寻求内在合一及连续的能力。大学生由于身心两方面发生的重大变化，开始关注自我，思考关于"自我"的问题。自我同一性是大学生寻求自我了解与自我追寻的必然历程，对大学生人生价值的选择、理想信念的树立有着积极意义。如果大学生不能确立良好的自我同一性，就会对社会的主导价值表示怀疑，极易造成生活失去重心。

（一）艾里克森人生八阶段学说

艾里克森认为，青年期的发展课题是自我同一性的确立。他率先提出"人生历程八阶段"理论，并详细论述了每个阶段特定的心理、社会发展课题，称之为"心理社会危机"。他认为，每个阶段心理、社会发展课题的完成，危机的解决，就会使人产生积极的品质，反之，就会产生消极的品质（见表4-1）。

1. 婴儿时期：信任←→不信任（0～1.5岁）

这是获得信任感而克服不信任感的阶段。所谓信任，是婴儿的需要与外界对他需要的满足保持一致。这阶段的婴儿对母亲或其他养育者表示信任，婴儿感到所处的环境是安全的，周围的人们是可以信任的，由此就会将信任扩展为对一般人的信任。婴儿如果得不到周围人的关心与照顾，他就会对外界特别是对周围的人产生害怕与怀疑的心理，以致影响到下一阶段的顺利发展。

2. 婴儿后期：自主←→羞怯、怀疑（1.5～3岁）

这是获得自主感而避免怀疑感与羞耻感的阶段。个体在第一阶段处于依赖性较强的状态下，什么都得由成人照顾。到了第二阶段，儿童开始有了独立自主的要求，如想要自己穿衣、吃饭、走路、拿玩具等，他们开始探索周围的世界。这时候，如果父母及其他照顾他们的成人允许他们独立地去干一些力所能及的事情，并且就他们完成的工作表扬他们，就能培养他们的意志力，使他们获得一种自主感，能够自己控制自己。相反，如果成人过分爱护他们，处处包办代替，什么也不需要他们动手，或过分严厉，这也不准那也不许，稍有差错就粗暴地斥责，甚至采用体罚，就会使孩子产生自我怀疑与羞耻之感。

3. 幼儿期：主动←→内疚（3～6岁）

这是获得主动感受而克服内疚感的阶段。个体在这阶段的肌肉运动与言语能力发展很快，能参加跑、跳、骑小车等运动，能说一些连贯的话，还能把自己的活动扩展到家庭范围之外；除了模仿行为外，个体对周围的环境充满了好奇，知道自己的性别，也知道动物是公是母，常常问问这、动动那。这时候，如果成人对于孩子的好奇心以及探索行为不横加阻挠，让他们有更多机会去自由参加各种活动，耐心地解答他们提出的各种问题，那么孩子的主动性就会得到进一步的发展，孩子会表现出很大的积极性与进取心。反之，如果父母对儿童采取否定与压制的态度，就会使他们认为自己的行为是不好的，自己提出的问题是笨拙的，自己在父母面前是令人讨厌的，致使孩子产生内疚感与失败感。这种内疚感与失败感还会影响下一阶段的发展。

4. 儿童期：勤奋←→自卑（6～12岁）

这是获得勤奋感避免自卑感的阶段。儿童的智力不断地得到发展，特别是逻辑思维能力发展迅速，他们提出的问题很广泛，而且有一定的深度；他们的能力也日益发展，参加的活动已经扩展到学校以外。这时候，对他们影响最大的已经不是父母，而是同伴或邻居，尤其是学校中的教师。他们很关心物品的构造、用途与性质，对于各种工具和技术也很感兴趣。这时如果能得到成人的支持、帮助与赞扬，则能进一步增强他们的勤奋感，使之进一步对这些方面产生兴趣。

5. 青年期：自我统合←→角色混乱（12～18岁）

这一阶段的核心问题是自我意识的确立和自我角色的形成。青少年对周围世界有了新的观察与新的思考方法，他们经常思考自己到底是怎样一个人。他们从别人对他的态度中，从自己扮演的各种社会角色中，逐渐认清了自己。此时，他们逐渐疏远自己的父母，从对父母的依赖关系中解脱出来，与同伴们建立亲密的友谊，从而进一步认识自己，对自己的过去、现在、将来产生一种内在的连续之感，也知道自己与他人在外表上与性格上的相同与差别。认识自己的现在与未来在社会生活中的关系，这就是心理社会同一感。

6. 成人前期：亲密←→孤独（18～25岁）

这是建立家庭生活的阶段，也是获得亲密感、避免孤独感的阶段。亲密感是人与人之间的亲密关系，包括友谊与爱情。亲密的社会意义，是指个人能与他人同甘共苦、相互关怀。亲密感在危急情况下往往会发展为一种互相承担义务的感情，它是在共同完成任务的过程中建立起来的。如果一个人不能与他人分享快乐与痛苦，不能与他人进行思想情感的交流，不能和别人相互关心与帮助，就会陷入孤独寂寞的苦恼情境之中。

7. 成人中期：繁殖←→停滞（25～65岁）

这是获得创造力感，避免自我专注的阶段。这一阶段有两种发展的可能性。一种可能是向积极方面发展，个人除关怀家庭成员外，还会扩展到关心社会上其他人，关心下一代以至子孙后代的幸福。他们在工作上勇于创造，追求事业的成功，而不仅是满足个人需要。另一种可能是向消极方面发展,即所谓自我专注,只顾自己以及自己家庭的幸福,而不顾他人的困难与痛苦,即使有创造,其目的也完全是为了自己的利益。

8. 成人后期:自我完善←→悲观失望(65岁以上)

这是获得完美感,避免失望感的阶段。如果前面七个阶段积极的成分多于消极的成分,就会在老年期汇集成完美感,回顾一生觉得这一辈子过得很有价值,生活得很有意义。相反,如果消极成分多于积极成分,人就会产生失望感,感到自己的一生失去了许多机会,走错了方向,想要重新开始又感到为时已晚,于是产生了一种绝望的感觉,精神萎靡不振,马马虎虎混日子。

表4-1 艾里克森的人生阶段

期别	年龄	心理危机(发展关键)	发展顺利	发展障碍
婴儿时期	0~1.5岁	信任←→不信任 (trust vs. mistrust)	对人信赖,有安全感	与人交往时焦虑不安
婴儿后期	1.5~3岁	自主←→羞怯、怀疑 (autonomy vs. shame and doubt)	能自我控制,行动有信心	自我怀疑,行动畏首畏尾
幼儿期	3~6岁	主动←→内疚 (initiative vs. guilt)	有目的方向,能独立进取	畏惧退缩,无自我价值感
儿童期	6~12岁	勤奋←→自卑 (industry vs. inferiority)	具有求学、做事、待人的基本能力	缺乏生活基本能力,充满失败感
青年期	12~18岁	自我统合←→角色混乱 (identity vs. confusion)	自我观念明确,追求方向肯定	生活缺乏目标,时常感到彷徨迷失
成人前期	18~25岁	亲密←→孤独 (intimacy vs. isolation)	成功的感情生活,奠定事业基础	孤独寂寞,无法与人亲密相处
成人中期	26~65岁	繁殖←→停滞 (generativity vs. stagnation)	热爱家庭,栽培后代	自我恣纵,不顾未来
成人后期	65岁以上	自我完善←→悲观失望 (integrity vs. despair)	随心所欲,安享天年	悔恨旧事,徒呼负负

(二)大学生自我同一性的建立

青年大学生存在六个方面的自我认同问题:我现在想要什么?我有何身体特征?父母对我有何期望?以往成败经验如何?现在有何问题?希望将来如何?这六个方面问题可以归为"我是谁?"与"我将走向何方?"两大问题。如果完成得较好,大学生就能够适应与化解危机,建立自我同一性;否则,容易出现自我同一性危机,个人方向迷失,与自己的角色不相适应,最后出现退缩、自卑等不良人格特征。

自我同一性的建立要注意以下几点问题:

一是前瞻性的时间观与混淆的时间观。大学生对时间的认同是自我认同中非常重要的一件事。有的大学生没有认识到时间的不可挽回,他们必须与时俱进;有的为了避开成长的压力,希望时间过去,面临的困境也随之而去;有的希望时间停滞不前,依旧沉浸在少年时代中,不去主动承担责任,拒绝成长,造成不成熟的自我认同。

二是自我肯定与自我怀疑。大学生从多维度看待自己,如对自己的天赋、智力、身体、心理与发展的认知,对成功与挫折的认知,都在很大程度上影响大学生的自我认知。有的大学生过分看重别人对自己外表的看法,有的则对一切抱漠不关心的态度。一个自我认同的人能够有效地统合自我与他人的信息,建立自我同一性。

三是预期职业成就与无所事事。大学生的职业生涯规划与职业预期是学业的重要归宿,也是一个非常实际的问题。大学生通过职业生涯规划确定与肯定自己的能力,而对大学生来说,更重要的是坚持学习并充分发挥自己的潜能,而不是确定自己的能力有多大。许多有才能的大学生由于缺乏毅力而无所建树;也有的大学生沉溺于网络游戏不能自拔,从而荒废了学业。

四是性别角色认同与两性混淆。大学生应当对社会规范的性别角色及其责任有所认同,接受自己完全是个男性或女性并有适当的性别表现。另外,与同性或异性相处应感到自在,否则易陷入两性危机中。

五是服从与领导的认同。大学生既要发展自己作为团体领导者的能力,又要学习与适应团体成员应有的团队精神与合作精神。当作为领导时,能够适当地运用权力;当作为成员时,不盲目服从而又能归属于团队。

六是价值观形成。大学生真正开始选择人生,思考人生,并逐步形成自己的人生观、价值观及生活理念。大学生价值观的确立是自我同一性的最高境界,也是建立自我同一性最为重要的任务。

(三) 大学生的发展任务

不同的发展阶段有不同的发展任务,青年时期的发展课题颇受学者的关注。哈维格斯特(R. J. Havighurst)将青年期的发展课题列为10项:

(1) 学习与同龄男女之间新的熟练的交际方式;
(2) 学习作为男性或女性的社会任务和角色;
(3) 认识自己的身体构造,有效地使用自己的身体;
(4) 从精神上独立于父母或其他成人;
(5) 具有经济上的自立自信;
(6) 选择职业及其准备;
(7) 作结婚及家庭生活的准备;
(8) 发展作为社会一员所必须具备的知识和态度;
(9) 追求并完成负有社会性责任的行动;
(10) 学习作为行动指针的价值观和伦理体系。

其中(1)、(2)项属于青年期的同龄集团,(3)~(8)项属于独立性的发展,(9)、(10)项属于人生发展观。

美国生涯辅导学者伊根(G. Egan)认为,成人期10大发展任务是:

(1) 变得更具备能力；

(2) 达到自主；

(3) 发展并实践自己的价值观；

(4) 形成自我认定；

(5) 将"性"纳入自己生命的一部分；

(6) 结交朋友并发展亲密关系；

(7) 爱与许诺；

(8) 从事初步的工作与生涯选择；

(9) 成为好公民；

(10) 学习并善用休闲时间。

结合我国的情况，我们认为，大学生人生发展的重要课题主要有以下10个方面：

(1) 对身体的发育，特别是因性成熟引起的诸多变化的理解和适应；

(2) 逐渐完善作为男性或女性的性别角色；

(3) 从精神上和经济上脱离父母并走向独立；

(4) 对新的人际关系特别是异性关系的适应；

(5) 正确认识自己在社会中的角色，通过各种社会活动完善自己；

(6) 树立作为社会一员所必须具备的人生观和价值观；

(7) 掌握作为社会一员所必须具备的知识和技能并付诸社会实践；

(8) 完成学业；

(9) 选择职业及工作适应；

(10) 成熟感的获得及自我实现。

◇ **课堂活动**

20个我是谁

活动主题：20个"我是谁"。

活动目的：全面认识自我。

活动过程：问自己"我是谁"，请将头脑中浮现出来的答案写下来（如"我是某学校的学生""我是一个爱好足球的人""我是一个非常热情的人"等）。

活动分享：

(1) 你能写出20条内容吗？

(2) 写完以上内容之后，你有什么感受？

结果分析：

(1) 答案的数量和质量。指一共写出了几个答案，答案中哪些方面的内容较多。如果能写出9~10个答案，则大体上可以认为没有特别的障碍。如果只能写出7个或更少的答案，则可以认为是过分压抑自己。

(2) 回答内容的表现方式。有三种情况：一是符合客观情况的，如"我是大女儿""我是小学生"等。二是主观解释的情况,如"我是老实人""我胆小"等中性的情况。三是谁都不能做出判断的情况。如果主客观评价都有,可以认为取得平衡了;如果倾向于主观或客观一方,则不能取得平衡。

(3) 回答的内容是否涉及自己的未来。哪怕只有一个答案涉及未来(如"我是未来的大学生"),也可以说明自己有理想和抱负,在现实生活中充满生机。如果没有一个答案涉及未来,则可能说明自己对未来考虑不多。

(4) 回答的内容涉及自己的身体状况、心理(才智、情绪等)、社会关系状况的各有几项。

(5) 评估一下你对自己的陈述是积极、肯定的还是消极、否定的,其中表示积极和消极的句子各有几句。如果表示积极的句子多于表示消极的句子,说明你的自我接纳状况良好。相反,如果你的消极陈述的句子有将近一半甚至超过一半,则显示你不能很好地接纳自己,自尊程度较低,这时你需要内省一番,寻找问题的根源,如哪一方面过低评价了自己、是什么原因造成的、有没有改善的可能。

第四节 健康自我意识的培养与完善

一、健全自我意识的标准

自我意识对人的心理健康起着很重要的作用,它制约着人格的形成发展,在人格的优化中发挥着强大的动力功能。健全的自我意识是心理健康的重要标准,是人类自身内在的一种成功机制,在人才发展中发挥着重要作用。

日本著名跨国公司"松下电器"的创始人——"经营之神"松下幸之助曾说过:"我有三个缺点,但都被我变成了三个优点:第一是因为家里穷,知道奋斗才能成功;第二是没有文化,懂得要自学;第三是身体不好,懂得要依靠别人。三个弱点就变成了三个优势。"

健全的自我意识有如下标准:

(1) 自我意识健全的人,应该是一个有自知之明的人,既知道自己的优势,也知道自己的劣势,能正确评价自我和自我发展。

(2) 自我意识健全的人,应该是自我认识、自我体验和自我控制协调一致的人。

(3) 自我意识健全的人,应该是积极自我肯定的、独立的并与外界保持一致的人。

(4) 自我意识健全的人,应该是理想我与现实我相互统一的人,应该有积极的目标意识和内省意识,积极进取,永无止境。

二、自我意识完善的途径

(一) 正确地认识自我

"人贵有自知之明",全面而正确的自我认知是培养健全的自我意识的基础。自我认知是从多方位建立的,既有自己的认识与评价,也有他人的评价。我们不妨认真仔细地想一想,用尽量多的形容词描述自己,要忠实于自己的内心。在此基础上,进行第二步——他观自我的描述,描述父母眼中的我、同学眼中的我、老师眼中的我、恋人眼中的我、兄弟姐妹眼中的我,再寻找这些描述中共同的品质,将其归类。描述的维度越多,越会找到比较正确的自我。

正确的自我认知可以通过以下方法获得:

(1) 内省法。内省法指通过反省自己、分析自己来认识自我的方法。它是人们认识自我的最主要的一种途径。

(2) 比较法。即从与他人的比较中来认识自我。他人是观照自己的一面镜子。通过与同年龄的伙伴在为人处世的态度、情感表达方式等方面的比较,"以人为鉴",找出自己的特点,找准自我所处的位置。

(3) 他人评价法。他人的评价可以帮助我们纠正自我意识的偏差,有利于形成较为客观的自我认知。

(4) 测验法。测验法可以分为生理检查和心理测验。通过生理检查,我们可以了解自己的生理状况;而通过心理测验,则可以了解自己各方面的心理特征,包括智力水平、人格特征、心理健康水平等。

(5) 实践成果法。这是通过活动的效果来了解自己的一种方法。在活动中可以通过总结成功与失败的经验来发现个人的特点,因为这最能反映一个人在性格、能力上的优劣。

例如,一位大二学生的自我描述如下:我是一个内向、坚强、上进、自信、有理想、懂事、好学、乐于助人、疾恶如仇、争强好胜、渴望成功与优秀、有一点自私、妒忌心强、自制力弱、会说些小谎的大学男生。在父母眼中,我是一个懂事、有些害羞、不用父母操心、上进、不乱花钱、有些懒惰的大男孩;在妹妹眼中,我是妹妹心中可以依靠与信赖的大哥,是一个诚实守信、爱护妹妹的好哥哥;在同学眼中,我是一个大方、乐于助人、受人尊敬、人缘好、有些懒散、追求自由的人;在老师眼中,我是一个默默无闻、成绩优秀、自律、品学兼优的学生;在恋人眼中,我是一个懂得爱、有责任感、守时守信、有幽默感、坚强的好男人。

这些都是自我认知的一部分,当自己将这些描述清晰地整理出来时,你可以与你的同学、家人、朋友、恋人沟通,听取他们对你自我评价的认同度,这也是自我过滤的过程。先将自己的优点列出,并得到大家的认同;再写出自己的弱点,请大家帮助分析:这些澄清的过程也是自我认识不断深化的过程。

(二) 客观的自我评价

一个人必须建立在正确的自我认知基础上,如正确的自我悦纳、积极的自我体验、有效的自我控制。

自我悦纳是自我意识健康发展的关键所在。悦纳自我首先要接纳自己、喜欢自己、欣赏自己、体会自我的独特性,在此基础上体验价值感、幸福感、愉快感与满足感;其次是理智与客观地对待自己的长处与不足,冷静地看待得与失。在生活中注重自我,自我意识是将注意力集中在自我的一种状态。积极的策略是:关注你自己的成功,并将优势积累,每个人身上都有着无数的闪光点,重点在于寻找你自己的闪光点并将其构成亮丽的人生风景线。

(三)积极的自我提升

提高自我效能感是个体在一定情境下对自我完成某项工作的期望与预期。当人们期望自己成功时,就必然会尽自己最大的努力,并且当面临挑战性任务时,会表现出更强的坚持力,从而增加成功的可能性。自我效能感高的人一般学业期望较高,也就是说,自我效能感与成就动机呈正相关性。

提升自我的另一条途径是克服自我障碍。我们经常会有这样的感觉:对自己能力程度焦虑而带来不安全感。这便是一种自我障碍。我们听说了太多这样的故事:由于考试前身体不好,所以在大考中没有取得好成绩。这便是典型的自我障碍,为自己的考学不成功找到了适当的借口。一个渴望自我发展的人必须主动克服自我障碍,进行积极的自我提升与自我尝试。积极的自我在尝试中会发现自己的新的支点。

大学生要注重挖掘个体潜能,实现自我提升。一方面要提高自我效能感;另一方面要克服自我障碍。要从以下几个方面培养自我管理能力:(1)时间管理能力;(2)人际管理能力;(3)目标管理能力;(4)压力管理能力;(5)行为管理能力;(6)学习与成长管理能力;(7)自我反省管理能力。

(四)关注自我成长

自我的发展需要不断地自我反思、自我监控。但将成长作为一条线索贯穿于人的始终时,整理自己成长的轨迹显得尤为重要。依照过去、现在、未来进行清理,深刻了解与把握自己。要记住:自我体验永远是个体的,当我们与他人分享自我成长的硕果时,也是在促进我们自己的成长。

◇ 案例:到底是谁击破了我的梦想?

我是一名来自知识分子家庭的学生,父母都是大学教授,在我成长与学习过程中,父母都很关心我,给予了足够的理解与支持,我感到我的成长是自由而美好的。从小学到高中,我都就读于重点学校,这种优越的环境与条件使我自豪地认为自己一定将是一流大学的学生。然而,高考并不如我所愿,虽然我也考进了一所重点高校,但不是我理想的学校。接到录取通知书的那一刻,我痛苦到崩溃,我把自己关在房间,不愿意见任何人,也不愿意听到其他同学的录取信息,就这么浑浑噩噩度过了一个暑假。很快开学了,同学们都飞奔到了新的环境,去感受大学校园中的快乐,可我丝毫高兴不起来,有一种想要混日子完成任务的念头。来到大学后,学习没有了动力,生活没有了目标,时不时还会缺课,在迷茫中一个学期到结尾了,我迎来了大学的第一次期末考试。考试结果是我有些科目没有及格,但我并没有认真反思自己,而是将这一切归咎于我没有考取理想的大学,归咎于命运的不公平。第二学期,无聊的我开始迷恋网络,成天挂在游戏中,甚至通宵打游戏,就这样又一个学期过去了。可想而知,第二学期多门课程都不及格,这种情况意味着我连顺利毕业都困难了。这期间,学校找了我的父母,父母得知我的情况后非常失望,我第一次感到深深自责,我辜负了家长厚重的期望,我对不起培养我的老师,更重要的是我有负于自己的年华。此刻,我才发现大学的灯光是那么明亮,校园是那么美丽,而大学生活是如此让人难以割舍……

(资料来源:周吉、喻平、周红玲,《高职心理健康教育实用教程》)

✧ **案例分析：**

这是一位即将告别学校生活的大学生的内心独白,个体的人生不可复制,而自我发展的不可逆转要求每一位大学生都要认真审视自我,并为自我发展留下空间,因为青春只有一次,而大学生活对于年轻学子也只有一次,珍视自我,开掘心灵的宝库尤为重要。

大学生自我意识的发展与完善,始终昭示着一条通往未来的光明大道,正如古希腊哲学家苏格拉底所说的"认识你自己",自我意识的完善也是一个不断地进行自我认知、自我评价、自我改造、自我完善的过程,正如雕琢一件工艺品一样,真正的匠人为了心中的追求,终生不悔。

◎ 思政课堂

爱因斯坦的故事

爱因斯坦小时候是个十分贪玩的孩子。16岁那年,父亲将正要去河边钓鱼的爱因斯坦拦住,给他讲了一个故事。"昨天,我和咱们邻居杰克大叔去清扫一个大烟囱,需要踩着里边的钢筋踏梯才能上去,你杰克大叔在前面,我在后面。下来时,你杰克大叔依旧走在前面,我还是跟在后面。钻出烟囱,我们发现了一个奇怪的事情:你杰克大叔的后背、脸上全都被烟灰蹭黑了,而我身上一点烟灰也没有。"爱因斯坦的父亲继续笑着说,"我看见你杰克大叔的模样,心想我肯定和他一样,脸脏得像个小丑,于是就到附近的小河去洗了又洗。而你杰克大叔呢,他看见我钻出烟囱时干干净净的,就以为他也和我一样干净呢,于是只草草地洗了洗手就大模大样上街了。结果街上的人都笑疼了肚子,还以为你杰克大叔是个疯子呢。"爱因斯坦听罢,忍不住和父亲一起大笑起来。父亲笑完了,郑重地对他说:"其实别人谁也不能做你的镜子,只有自己才是自己的镜子。拿别人做镜子,白痴或许会把自己照成天才的。"爱因斯坦听了,顿感羞愧。他从此离开了那些顽皮的孩子们,时时用自己做镜子来映照和审视自己,终于铸就了自己的辉煌人生。

◎ 心灵解码

自我和谐量表(SCCS)

下面是一些个人对自己看法的陈述,填答时,请您看清每句话的意思,然后圈选一个数字(1代表该句话完全不符合您的情况,2代表比较不符合您的情况,3代表不确定,4代表比较符合您的情况,5代表完全符合您的情况)以代表该句话与您现在对自己的看法相符合的程度。每个人对自己的看法都有其独特性,因此答案是没有对错的,您只要如实回答就行了。

项目	1	2	3	4	5
1. 我周围的人往往觉得我对自己的看法有些矛盾	○	○	○	○	○
2. 有时我会对自己在某方面的表现不满意	○	○	○	○	○
3. 每当遇到困难,我总是首先分析造成困难的原因	○	○	○	○	○
4. 我很难恰当表达我对别人的情感反应	○	○	○	○	○
5. 我对很多事情都有自己的观点,但我并不要求别人也与我一样	○	○	○	○	○
6. 我一旦形成对事物的看法,就不会再改变	○	○	○	○	○
7. 我经常对自己的行为不满意	○	○	○	○	○
8. 尽管有时得做一些不愿意的事,但我基本上是按自己意愿办事的	○	○	○	○	○
9. 一件事好是好,不好是不好,没有什么可含糊的	○	○	○	○	○
10. 如果我在某件事上不顺利,我就往往会怀疑自己的能力	○	○	○	○	○
11. 我至少有几个知心朋友	○	○	○	○	○
12. 我觉得我所做的很多事情都是不该做的	○	○	○	○	○
13. 不论别人怎么说,我的观点绝不改变	○	○	○	○	○
14. 别人常常会误解我对他们的好意	○	○	○	○	○
15. 很多情况下我不得不对自己的能力表示怀疑	○	○	○	○	○
16. 我朋友中有些是与我截然不同的人,这并不影响我们的关系	○	○	○	○	○
17. 与朋友交往过多容易暴露自己的隐私	○	○	○	○	○
18. 我很了解自己对周围人的情感	○	○	○	○	○
19. 我觉得自己目前的处境与我的要求相距太远	○	○	○	○	○
20. 我很少去想自己所做的事是否应该	○	○	○	○	○
21. 我所遇到的很多问题都无法自己解决	○	○	○	○	○
22. 我很清楚自己是什么样的人	○	○	○	○	○
23. 我很能自如地表达我所要表达的意思	○	○	○	○	○
24. 如果有足够的证据,我也可以改变自己的观点	○	○	○	○	○
25. 我很少考虑自己是一个什么样的人	○	○	○	○	○
26. 把心里话告诉别人不仅得不到帮助,还可能招来麻烦	○	○	○	○	○

(续表)

项目	1	2	3	4	5
27. 在遇到问题时,我总觉得别人都离我很远	○	○	○	○	○
28. 我觉得很难发挥出自己应有的水平	○	○	○	○	○
29. 我很担心自己的所作所为会引起别人的误解	○	○	○	○	○
30. 如果我发现自己某些方面表现不佳,总希望尽快弥补	○	○	○	○	○
31. 每个人都在忙自己的事,很难与他们沟通	○	○	○	○	○
32. 我认为能力再强的人也可能遇上难题	○	○	○	○	○
33. 我经常感到自己是孤独无援的	○	○	○	○	○
34. 一旦遇到麻烦,无论怎样做都无济于事	○	○	○	○	○
35. 我总能清楚地了解自己的感受					

【评分说明】

各指标的得分为其包含的项目分直接相加,三个指标包含的项目为:

(1) 自我与经验的不和谐:

第 1、4、7、10、12、14、15、17、19、21、23、27、28、29、31、33 项。

(2) 自我的灵活性:

第 2、3、5、8、11、16、18、22、24、30、32、35 项。

(3) 自我的刻板性:

第 6、9、13、20、25、26、34 项。

将"自我的灵活性"反向计分,再与其他两个的分数相加,得到总评分。得分越高,自我和谐度越低。在大学生中,低于 74 分为低分组,75~102 分为中间组,103 以上为高分组。

自我与经验的不和谐	自我的灵活性	自我的刻板性	总评分

◎ 领悟行动

活动主题:天生我才

活动目的:发现自己的优点,挖掘自己的潜能,学会自我欣赏、自我肯定。

活动过程:

(1) 组织者准备练习表,请参与者完成下列句子:

"我最欣赏自己"的外表是＿＿＿＿＿＿＿＿＿＿＿＿＿＿＿＿＿＿＿＿＿＿＿＿＿＿＿＿＿。

"我最欣赏自己"的性格是＿＿＿＿＿＿＿＿＿＿＿＿＿＿＿＿＿＿＿＿＿＿＿＿＿＿＿＿＿。

"我最欣赏自己"对家人的态度是＿＿＿＿＿＿＿＿＿＿＿＿＿＿＿＿＿＿＿＿＿＿＿＿＿。

"我最欣赏自己"对朋友的态度是＿＿＿＿＿＿＿＿＿＿＿＿＿＿＿＿＿＿＿＿＿＿＿＿＿。

"我最欣赏自己"对学习的态度是＿＿＿＿＿＿＿＿＿＿＿＿＿＿＿＿＿＿＿＿＿＿＿＿＿。

"我最欣赏自己"做事的态度是＿＿＿＿＿＿＿＿＿＿＿＿＿＿＿＿＿＿＿＿＿＿＿＿＿＿。

"我最欣赏自己"的一次成功是＿＿＿＿＿＿＿＿＿＿＿＿＿＿＿＿＿＿＿＿＿＿＿＿＿＿。

(2) 参与者分组完成小组分享。

◇ 反思:

1. 你向别人介绍自己的优点时心情怎样?

2. 这个活动结束后,你对自己的认识与之前有何不同?

◎ 本章小结

对于大学生来说,"自我"是大家积极关注的话题,如何自我认识、自我评价、自我控制,会直接影响大家的社会适应和心理健康。如果一个人能认识并接纳自己,完善自己,那么他的一生就会充满快乐并富有价值。作为当代大学生,我们可以从老师、同学、朋友等渠道以及通过各种实践活动机会,充分展现自我,主动探索自我,全面评价自我,做到把自己的生理自我、社会自我和心理自我有机地统一起来,既接纳自己的优点、长处,也正视自己的缺点、不足和个人局限,学会欣赏自我,努力调适自我,从而有效掌控自我。

自我意识的发展是一个不断进行自我认识、自我探索、自我完善的过程。"认识你自己",是每个人终其一生才能成就的伟大事情。意志以人确定自觉的行为目的为开端,而自觉目的的提出又是以自我意识的存在为前提的,任何自觉的主体,就是"自我"。自我的自主性的实现需要个人监督,需要意志的力量,无论其表现形式是施力于外部,促使环境服从主体的要求,还是施力于内部,促使自身特性与需求适应环境,都离不开自我意识的调节作用。

◎ 课后作业

1. 多向度描述你自己。可以从学业自我、人际自我角度,也可以从理想我与现实我角度描述自己。

2. 用 20 个形容词描述你自己。

◎ 拓展阅读 4-1、4-2(请扫二维码获取内容)

自我提升技巧

自我超越的 4A 法则

第五章 05

大学生人格发展

◎ 案例导入

佳琪的妈妈参加了毕业30年的大学同学聚会,最近打电话和佳琪沟通的话题都是聚会的事情。无话不谈的俩人发现了很多趣事:时间变迁,很多人的长相变了,声音也变了,但是一开始聊天,发现过去熟悉的感觉找回来了,很快认出对方。如老李当时是个受男生欺负的老好人,现在已经做到处长,但是这次聚会时还是话不多,憨憨地在一旁微笑,哪个同学的水杯空了,总是他第一个起来给满上。还有当时班上的风云人物老夏,是个豪爽活泼的女子,这次见面明显成熟多了,表现出少见的温柔,但是眼见有同学被灌酒,她还是忍不住出手相救,颇有当年女中豪杰的影子。佳琪也和妈妈分享着班里同学的趣事,他们有的活泼开朗,有的稳重独立,各不相同。

◎ 头脑风暴

如何看待"人格证书"

2009年9月起,上海交通大学对毕业生将颁发三份成绩单:学业成绩单、能力方面的证书和对人格养成经历方面进行描述的人格养成证书。向大学生颁发"人格证书"的消息一传出,就引起社会上不小的轰动。身为一名大学生,你是如何看待"人格证书"的呢?

◎ 心理探索

第一节 人格概述

每个人都是独一无二的个体,身为当代大学生,除了有出色的学业成绩之外,形成一个健全的人格也是至关重要的。想要成为适应未来社会需要的人才,不仅要有健康的体魄、高尚的思想道德素质、扎实的科学文化知识,而且还要有健全的人格。大学生身心发展正处于青年期,不仅身心会发生急剧的变化,自我意识也将由分化、矛盾冲突逐渐走向统一。大学时期正是大学生人格发展、完善的重要时期。

一、人格是什么

据查证,"人格"一词的英文 personality 来自拉丁文 persona,它的原意是面具。那些把人格定义为面具的心理学家,把人格看作每个人公开的自身,它是人们通过自身筛选,公之于众的一个侧面。这一定义意味着每个人都有某些由于种种原因而不愿披露的隐私。目前学术界比较认同的是 1989 年美国心理学家麦克雷(R. R. McCrae)、科斯塔(P. T. Costa)提出的"大五人格模型"(OCEAN)。它把人格分为五个方面来描述。第一是开放性,包括想象、情感丰富、审美、求异创造、智慧等;第二是责任心,包括胜任工作、公正、有条理、尽职、成就、自律、谨慎、克制等;第三是外倾性,包括热情、社交、果断、活跃、冒险、乐观等;第四是宜人性,包括信任、直率、利他、依从、谦虚、移情等;第五是神经质,包括焦虑、敌对、压抑、自我意识、冲动、脆弱等。从这五个方面可以看出来,其中许多因素是和人的习惯有关系的。

因此,结合人格理论的各方解释,我们将人格定义为心理学的"个性":人物的身份,包括外部的自我和内部的自我,就是真实的人。人格是人的特点的一种组织,也是一种心理现象(人有表现于外的、给人印象的特点,也有外部未必显露的、可以间接测得和验证的特点)。关于"人格"概念,我国古语"蕴蓄于中,形之于外"是巧妙的概括。可以说,人格就是人的表里的统一体。心理的个别差异即个性差异。

人格是人的心理特性,是一个人区别于他人的独一无二的名片,它使每个人在心理活动过程中表现出各自独特的风格。

人们的个性品质反映着他们在社会中所处的地位和他们与周围环境的相互关系。个性品质有社会性,在阶级社会中,往往具有阶级性。

综上所述,人格是个体在先天遗传和后天环境的相互作用下形成的相对稳定、独特的心理倾向、心理过程、心理特征以及心理状态等综合形成的心理结构,是指人的性格、气质、能力等特征的总和。

二、人格的基本特质

(一)人格的特征

1. 人格的整体性与同一性

人格是"我"的整体精神面貌的表现,其任何一个方面都不是孤立的,牵涉到情绪、行为、认知等多个方面。任何一个因素变化都会影响其他因素。人格的整体性是指人格的多种成分和特质是密切联系成为一个有机的组织的。各部分协调一致朝向一定的目标,作为一个整体而动作。心理的完整性是人格健康的表征。

只有从整体出发才能正确理解某一人格特征的确切含义。例如:热情大方,可能是性格外向,也可能是掩饰自己的孤独境况,还可能是情绪突然失控。离开了整体的人格结构,我们就无法分析理解任何具体个体的人格(精神分裂症就是心理的完整性和一致性的丧失)。

2. 人格的稳定性与可塑性

个体经过母亲的孕育,出生后经历婴儿期、童年期、少年期、成人期、老年期的发展历程,逐渐形成相对稳定的人格。个体在不同的生活情境中都表现出大体一致的心理品质，这就是人格的稳定性。当然，个人行为中也会偶然性表现出一些心理特征和心理倾向，但这些偶然行为并不代表个体的人格特征。例如，任何人在特定条件下都会忘记一些事情，但并不能说健忘是所有人的人格特征；相反，某人在生活或工作中经常表现出粗心大意或丢三落四的现象，那么可能健忘是他的人格特征。

当然，强调人格的稳定性并不意味着它在人的一生中是一成不变的。随着生理的成熟和环境的变化，人格也有可能产生或多或少的变化，这是人格可塑性的一面，每个人的人格都可能随着现实环境的改变产生或多或少的变化。儿童的人格在形成过程中易受环境影响发生较大的改变，因而可塑性较大；成年人的人格比较稳定，可塑性小，但也并非不能改变。我们在生活中经常能够发现由于生活环境的重大变化或受到重大生活事件的影响，一个人的性格发生了比较明显的变化。正因为人格具有可塑性，才能培养和发展人格。人格是稳定性与可塑性的统一。

3. 人格的社会性与生物性

人格是个体在生物遗传的基础上形成的，人的自然生物性构成了人格的基础，影响着人格的发展方向和方式，影响着某些人格特征在特定个体心理上形成的难易程度。

在充分看到人格的生物学意义的同时，绝不能把人格的形成简单归结于先天固定，也不能把人格的发展看作是遗传决定的必然过程。任何初生的婴儿都不具备人格品质。人格的社会性是指把人这样的动物社会化，变成社会的成员。人格是社会的人所特有的。

4. 人格的独特性与共同性

人与人之间没有完全相同的心理面貌，就像世界上没有完全相同的两片树叶一样。人格的独特性是指个体的人格是由某些和别人共同或相似的特征以及完全不同的特征错综复杂地交织在一起构成的。由于人格结构的多样性，每个人都有自己独特的个性特点。由于遗传、家庭教育、学校教育、周围社会环境、时代背景等方面的差异，人格的形成和发展必然会各不相同。比如有的人开放自然，有的人顽固自守，有的人沉默寡言，有的人豪爽，有的人谨慎等。

（二）特质理论

1. 奥尔波特的人格理论

奥尔波特（G. Allport）认为特质是人格的基础，是基本的建构单元，可以使一个人对多项外在和内在刺激在机能上等值。他将特质分为共同特质与个人特质，又将个人特质分为首要特质、核心特质和次要特质。

2. 卡特尔的 16 因素人格理论（适用于 16 岁以上的人）

卡特尔（R. B. Cattell）也将特质视为人格的基本元素，他认为特质决定个体在给定情境下做出的反应，是个体行为，具有跨时间和跨情境的一致性，能对行为起决定和预测作用。卡特尔继承了奥尔波特的词汇分析研究（乐群性、聪慧性、稳定性、好强性、兴奋性、有恒性、敢为性、敏感性、怀疑性、幻想性、世故性、忧虑性、求新性、独立性、自律性、紧张性)(表5-1),并将因素分析等统计方法应用于人格研究,编制了广泛采用的16因素人格量表(16PF)。

3. 五因素模型

20世纪80年代以来,人格研究者们在人格描述模式上达成了比较一致的共识,提出了人格五因素模型(又称为大五人格模型),这五个维度因素是开放性O、责任心C、外倾性E、宜人性A和神经质N(首字母组成OCEAN,故又称海洋理论)(表5-2)。

表5-1 卡特尔的16因素人格

	人格因素	低分者特征	高分者特征
A	乐群性	沉默孤独	乐群外向
B	聪慧性	愚钝、抽象思维能力差	聪慧、抽象思维能力强
C	稳定性	情绪不稳定、无耐心	情绪稳定、有耐心
E	好强性	温顺、随和	支配、好斗、有己见
F	兴奋性	严肃、谨慎、安静	轻松、热情、活泼、幽默
G	有恒性	权宜、敷衍、轻视规则	有恒、负责、遵守规则
H	敢为性	畏怯退缩	冒险敢为
I	敏感性	粗心、迟钝	细心、敏感
L	怀疑性	信任、接纳	怀疑、警觉
M	幻想性	实际、合乎常规	幻想、不实际
N	世故性	直率、天真	聪明能干、世故
O	忧虑性	安详沉着、有自信心	不安、多疑、自责
Q1	求新性	保守、传统、抗拒改变	自由、批评、求新
Q2	独立性	依赖群体	自立
Q3	自律性	冲动、无法自制	克制、自律、严谨
Q4	紧张性	放松、沉着、欲求低	紧张、迫切、欲求高

表5-2 大五人格模型

序号	性格类型	特征
1	外倾性	具有热情、社交、果断、活跃、冒险、乐观等特质
2	宜人性	具有信任、直率、利他、依从、谦虚、移情等特质
3	责任心	具有胜任、公正、条理、尽职、成就、自律、谨慎、克制等特质
4	神经质	具有焦虑、敌对、压抑、自我意识、冲动、脆弱等特质
5	开放性	具有想象、审美、情感丰富、求异、创造、智慧等特质

三、人格理论

人格理论是心理学家对人性及其差异进行描述和解释,从而对人的行为进行预测和改变所使用的概念体系。其中,人格发展理论是心理学家基于经验和研究对人格及其形成的解释,是预测和改变个体行为的主要依据之一。历史上,一些著名的心理治疗家所提出的人格发展理论更是声名远播。以下简要做一个理论介绍,它对理解人格形成以及指导心理治疗有着重要影响。

> **◇ 弗洛伊德的心理性欲发展理论**
>
> 弗洛伊德的人格发展理论关注性,关注快感的满足,他将人格的发展划分为五个阶段:
>
> (一)口唇期(0~1.5岁)。婴儿主要靠口腔部位的吸吮、咀嚼、吞咽等活动获得快感的满足。口腔活动若受限制,可能会留下某些不良影响,形成所谓的"口唇期性格"——在行为上表现为贪吃、酗酒、吸烟、咬指甲等,在性格上表现为悲观、依赖等。
>
> (二)肛门期(1.5~3岁)。幼儿早期主要靠大小便排泄时所产生的刺激获得快感的满足。此阶段卫生习惯的训练对幼儿非常重要,如管制过严,可能会留下某些不良影响,形成所谓的"肛门期性格"——在行为上表现为冷酷、顽固、多疑、吝啬、刚愎自用、完美主义等。
>
> (三)性器期(3~6岁)。幼儿主要靠性器官部位获得快感的满足。此阶段幼儿对性感兴趣,有的幼儿喜欢触摸自己的性器官,在性质上已算是"手淫"的开始。幼儿通过解决"恋母情结"或"恋父情结"获得性别角色。
>
> (四)潜伏期(6岁至青春期)。6岁以后的儿童,兴趣扩大,对周围的事物产生兴趣,性欲处于潜伏状态。此阶段,男女儿童之间在情感上较为疏远,团体性活动多呈男女分离趋势。
>
> (五)两性期(青春期以后)。从男女生的青春期发育开始,两性差异逐渐显现。自此以后,性的需求转向相似年龄的异性,开始有了两性生活的理想,有了婚姻家庭的意识。至此,性心理的发展臻于成熟。

四、人格的结构

人格是由不同成分构成的一个结构系统,不同成分从不同侧面反映人格的差异。人格结构系统包括认知、动机、气质、性格、自我调控等成分。其中气质属于高级神经活动类型。

(一)气质

气质是指个体表现在心理活动的强度、速度、灵活性与指向性的一种稳定的心理特征。这种特征既决定了个体心理活动的动力特征,又给每个人的心理活动蒙上了一层独特的色彩。

1. 胆汁质——夏天里的一团火

这类人精力旺盛,直率、热情,行动敏捷,情绪易于激动,心境变换剧烈。有这类气质的大学生有理想、有抱负、有独立见解,行为果断,表里如一,不愿受人指挥,而喜欢指挥别人;一旦认准目标,就希望尽快实现,遇到困难也不折不挠,但往往比较粗心;学习和工作带有明显的周期性特点,能以极大的热情和旺盛的精力投入学习和工作,一旦精力消耗殆尽,便失去信心,情绪顿时转为沮丧而心灰意冷。

2. 多血质——喜形于色

喜怒都在展现中,可塑性强。多血质的人具有活泼好动、反应迅速、情绪发生快、多变、兴趣容易转移等特征。有这类气质的大学生易于适应环境的变化,性情活泼、热情,善于交际,在群体中愉快感明显,相处自然,常能机智地摆脱困境;他们在学习和工作上肯动脑、主意多,不安于机械、刻板、循规蹈矩,常表现出较强的工作能力和较快的办事效率;对外界事物兴趣广泛,但容易失之浮躁,见异思迁。

3. 黏液质——冰冷耐寒

黏液质的人安静、稳重,反应缓慢,沉默寡言,情绪不易外露,注意力集中,善于忍耐。有这类气质的大学生反应较为迟缓,但无论环境如何变化,都能基本保持心理平衡;凡事深思熟虑,力求稳妥,一般不做无把握的事情,在各种情况下都表现出较强的自我克制能力;外柔内刚,沉静多思,不易流露内心的真情实感;与人交往时,态度适度,不卑不亢,不爱抛头露面;学习、工作有板有眼,踏实肯干,恪守生活秩序和制度。但他们过于拘谨,不善于随机应变,固定性有余而灵活性不足,有墨守成规、因循守旧的表现。

4. 抑郁质——秋风落叶

抑郁质的人孤僻,行动迟缓,情感体验深刻,善于觉察别人不易觉察的细小事物。有这类气质的大学生在生理上难以忍受或大或小的神经紧张,厌恶那些强烈的刺激;他们的感情细腻而脆弱,常因为小事而情绪波动;不愿向别人倾诉,喜欢独处;善于领会别人的意图,在团结友爱的集体中,很可能是一个容易相处的人;遇事三思而行,求稳不求快,对力所能及的工作能认真负责地完成。在学习、工作一段时间后,常比别人更易感到疲倦;在困难面前常怯懦、自卑和优柔寡断。

气质本身无优劣之分,任何一种气质都有其积极和消极的方面,气质也不能决定一个人活动的社会价值和成就的高低。但气质能影响人们工作的效率,影响其性格特征形成的难易和对环境的适应。不同气质类型的人情绪兴奋性的强度不同,适应环境的能力不同。因此,大学生要正确对待自己的气质类型,经常有意识地控制自己气质的消极品质,发扬积极品质,以形成良好的个性。

(二) 气质与人际关系

外倾型气质的人,善于社交,适应环境的能力较强,内倾型气质的人不善于交往,适应性较弱。

气质类型相同的人容易有共同的语言,由于同质吸引作用,交往可能协调。但气质类型同时也有可能出现对立现象,不同气质类型的人组成团体可以产生互补,人际关系较为和谐。

(三) 了解气质特征的意义

我们通过气质问卷(见本章"心灵解码"测试2)可以测量出每个人的气质,了解到自己和他人的气质特征,这对自己的心理健康、职业选择、学业进步以及人际交往都有意义。

比如,气质不同的人,在说话、走路、与别人交往、学习、工作、休息以及表现自己的痛苦和欢乐、对不同的事情做出反应等方面都会有不同的特点。

了解这一点,对于同学间相互理解、融洽相处有很大的好处。大学生在人际交往中,要注意学会观察、分析周围同学的气质特征,采取合适的交往方法。

(四) 气质与职业活动(见表5-3)

表5-3 气质类型及适合的职业

气质类型	适宜的工作
多血质	需要人有表达力、活动力、组织力的工作
胆汁质	社交、政治、经济、军事、地质勘探、推销方面的工作
黏液质	需要人安静、独处、有条不紊的工作
抑郁质	无须过多与别人交往但须有较强分析与观察力以及耐心的工作

◇ **课堂讨论:**

不同类型气质的人在人际交往中,要怎样扬长避短?

(一) 案例

1998年5月,华盛顿大学350名学生有幸请来世界巨富沃伦·巴菲特(Warren E. Buffett)和盖茨(Bill Bates)演讲。当学生们问到"你们怎么变得比上帝还要富有?"这一有趣的问题时,巴菲特说:"这个问题非常简单,原因不在于智商,为什么聪明人会做一些阻碍自己发挥全部功效的事情呢?原因在于性格、习惯和脾气。"盖茨表示赞同地说:"我认为沃伦的话完全正确。"两位殊途同归的好朋友道出了自己成功的诀窍。

性格好比是水泥柱子的钢筋铁骨,而知识与学问则是浇注的混凝土。

(二) 性格

性格是一种与社会关联最密切的人格特征,它是一个人对现实稳定的态度和与之相应的习惯化了的行为方式的总和。性格表现了人们对现实与周围世界的态度,对自己、对别人、对事物的态度。

从不同角度和侧面可以对性格类型进行划分。如按照知、情、意在性格中的表现程度,性格类型可分为理智型、情绪型和意志型三种。理智型的人以理智支配自己的行动;情绪型的人情绪体验深刻,举止容易受情绪左右;意志型的人具有较明确的目标,行为主动。

按照个体的心理倾向,性格类型可分为外倾型和内倾型。外倾型的人心理活动倾向于外部,他们活泼开朗,善于交际,感情易于外露,处事不拘小节,独立性较强,但有时粗心、轻率;内倾型的人心理活动倾向于内部,一般表现为感情含蓄、处事谨慎、自制力强,交往面窄,适应环境比较困难。

按照个体独立性程度,性格类型可分为独立型和顺从型。独立型的人不易受外来事物的干扰,他们具有坚定的信念,能独立地判断事物,在紧急和困难的情况下不慌张,易于发挥自己的力量,但有时会把自己的意志强加于人,固执己见,不易合群;顺从型的人随和、谦虚,易与人合作,但独立性较差,易受暗示,容易接受别人的意见,在紧急情况下易惊惶失措。

性格与气质都是构成人格的重要因素,二者相互渗透,彼此制约。首先,气质影响性格特征的表现方式。其次,性格也对气质发生作用,能影响气质的改变。二者也有区别:气质具有明显的天赋性,气质没有好坏之分;性格是后天获得的,具有明显的社会性,性格则有好坏之分。气质是生下来就有的,具有很强的稳定性;相对于气质而言,性格较易发生改变。

第二节 大学生的人格发展与常见障碍

一、人格形成和发展的阶段

(一)艾里克森的人格发展理论(见表5-4)

表5-4 艾里克森的人格发展理论

阶段	年龄	基本任务	特点
第一阶段	0~1.5岁	信任对不信任	婴儿时期的目标是建立起对世界的基本信任感,即充分地信任他人以及获得自己也值得信赖的一种基本感觉
第二阶段	1.5~3岁	自主对害羞和怀疑	处于该阶段的儿童不再想完全依靠别人,相反,他们想努力达到自主,即试图自己做一些事情。儿童对权利和独立的渴求经常与父母的要求相冲突
第三阶段	3~6岁	主动对内疚	处于该阶段的儿童发挥自己主动性的要求也变得更为强烈,他们渴望得到父母或其他家庭成员的鼓励与支持,以发展出健康的主动性;如主动探索受到父母的严厉惩罚或明讽,儿童就会对自己的行为和想法感到内疚,变得缺乏主动性
第四阶段	6~12岁	勤奋对自卑	处于该阶段的儿童如能顺利地完成学习课程,他们就会获得勤奋感带给他们的快乐和自信。失败则会带来消极的自我意向和无能感,会使他们陷入自卑的泥潭,阻碍将来的学习

(续表)

阶段	年龄	基本任务	特点
第五阶段	12~18岁	自我统合对角色混乱	青少年时期,"我是谁?"成为一个重要的问题。他们经常会问:"我是谁?""我是什么样的?""我是成功的还是失败的?""我现在面临哪些问题?""我将来会是什么样的?""我将要去何方?"对这些问题进行重新整合和界定是个体认识自我,形成健康自我意识的必经之路。如果个体在自我认知过程中出现了问题,就会出现同一性危机,产生角色混乱
第六阶段	18~25岁	亲密对孤独	这一阶段已经具有良好同一性的个体可以比较顺利地度过这个阶段,发展出爱的品质和能力;如果危机不能得到很好的解决,个体无法与他人建立起亲密关系
第七阶段	25~65岁	繁殖对停滞	繁殖就是对养育和指导下一代有兴趣。通常,人们通过抚养自己的孩子获得普遍关注。然而,这一阶段的危机也可以通过其他的具有建设性和创造性的方式来化解,比如教学就是一种有效的方式。在这个阶段中,人们应该继续发展,否则就会出现"停滞和人际匮乏"感,从而导致停滞或自我放纵
第八阶段	65岁以后	自我完善对悲观失望	对自己的成就、失败以及生命的有限性的坦然接受,让人产生一种完满感或完整感,人们意识到自己的一生由自己负责。那些对自己以前的生活方式以及现状感到遗憾的人,很容易产生悲观失望的危机

二、影响人格形成和发展的因素

(一)生物遗传因素

人们与生俱来的感知器官、运动器官、神经系统和大脑在结构与机能上的一系列特点,是人格形成的物质基础与前提条件。双生子的研究被许多心理学家认为是研究个性遗传因素的最好方法。他们提出同卵双生子具有相同的基因形态,他们之间的差异都可归于环境因素。异卵双生子的基因虽然不同,但在环境上有相似性,如出生时间、父母年龄等,这为环境控制提供了可能性。完整研究这两种双生子,就可以看出不同环境对相同基因的影响,或者是相同环境下不同基因的表现。很多双生子的研究表明同卵双生子的个性相关率比异卵双生子高。

除此之外,神经系统的特性不同,高级神经活动的类型不同,内分泌系统分泌激素的水平不同,也会使人们个性的形成和发展显示出不同的特点。此外,人的体态、体质和容貌,也是影响个性形成和发展的生物因素。例如有些人因容貌出众而自负,有些人因先天不足而自卑。但是,生物因素只为个性的形成和发展提供了一种可能性,不能决定完整个性的发展。

(二)社会文化因素

社会文化具有对个性的塑造功能,反映为不同文化的民族有其固有的民族性格。同时社会文化对各种角色行为有一定的期望和要求,这就是角色规范,它使每个人能稳固地"嵌入"整个文化形态中。如米德(M. Mead)等人对新几内亚不同民族人格特征的研究表明:居住在河川地带的人们,生活以狩猎为主,男女间有权力与地位之争,他们对孩子处罚严格。这里的人们表现出攻击性强、冷酷无情、妄自尊大、争强好胜等人格特征。居住在湖泊地带的人们,男女角色差异明显,往往女性是社会的主体,掌握着经济实权等。这使女性表现出刚毅、支配、自主与快活的性格,而男性则表现出较为明显的自卑感。

如果一个人极端偏离其社会文化要求的人格特质,不能融入社会文化环境中,就可能被视为行为偏差或患有心理疾病。

(三) 学校的教育

学校教育对学生人格的形成具有非常重要的作用。学校教育环境的影响具体有以下三点:

1. 课堂教育

学习知识的过程也是形成人格的过程。学生通过系统地学习科学知识,形成科学的世界观,而世界观在人格结构中占有重要位置。学习活动也需要意志,在学习过程中可以培养学生的坚持性、自制力。

2. 班级集体

学校的基本组织是班集体,班集体的特点、要求、舆论、评价对学生都是一种无形的巨大的教育力量。在教师的指导下,优秀的班集体会以它正确而又明确的目的,对集体成员严格而又合理地进行要求,用自身强大的吸引力感染集体成员,充分调动所有成员的主动性、自觉性,从而促进学生良好人格的形成。与此同时,通过在集体中参加学习,劳动,各种文艺、体育及兴趣小组活动,以及通过同学之间的交往,可以增强学生的责任感、义务感、集体主义感,使其学会互相帮助、团结友爱、尊重他人、遵守纪律,也能够培养其乐观、坚强、勇敢、向上等优秀品质。优秀的班集体不仅可以促进学生良好人格的形成,还可以使学生一些不良的人格特征得以改变。

3. 教师

教师人格、教师对学生的态度及师生关系也会直接影响学生的人格。

(四) 家庭生态系统

家庭是社会的细胞,它对人格形成的影响主要表现为家庭对子女的教育作用。人格形成的家庭影响因素包括家庭的经济条件、社会地位、家庭氛围、父母的教养方式等。

一般研究把家庭的教养方式分为三类,不同教养方式对孩子的人格特征具有不同的影响。第一类是权威型教养方式,父母在子女教育中表现得过于支配,在这种环境下长大的孩子容易消极、被动、依赖、服从、懦弱,做事缺乏主见,甚至会形成不诚实的人格特征。第二类是放纵型教养方式,父母对孩子过于溺爱。在这种家庭环境中成长的孩子多表现为任性、幼稚、自私、野蛮、无礼、独立性差、唯我独尊、蛮横无理等。第三类是民主型教养方式,父母与孩子在家庭中处于一种平等和谐的氛围,父母尊重孩子,会给孩子一定的自主权和积极正确的指导。父母的这种教育方式使孩子能形成一些积极的人格品质,如活泼、快乐、直爽、自立、彬彬有礼、善于交往、富于合作、思想活跃等。由此可见,家庭确实是"人类性格的工厂",它塑造了人们不同的人格特质(见表5-5)。

表5-5 家庭教养方式

教养方式	父母表现	孩子表现
权威型	过于支配	消极、被动、依赖、服从、懦弱、缺乏主动性、不诚实
放纵型	过于溺爱	任性、幼稚、自私、野蛮、无礼、独立性差、唯我独尊、蛮横无理、胡闹
民主型	平等、尊重、给孩子自主权和正确指导	活泼、快乐、直爽、自主、彬彬有礼、善于交往、乐于合作、思维敏捷

(五)早期童年经验

人格发展受到童年经验的影响,幸福的童年有利于儿童形成健康的人格,不幸的童年也会使儿童形成不良的人格。但二者不存在一一对应的关系,溺爱也可能使孩子形成不良的人格特点,逆境也可能磨炼出孩子坚强的人格。早期经验不能单独对人格起决定作用,它与其他因素共同决定着人格的形成与发展。

西方一些国家的调查发现,"母爱丧失"的儿童(包括受父母虐待的儿童),在婴儿早期会出现神经性呕吐、厌食、慢性腹泻、阵发性绞痛、不明原因的消瘦和反复感染,还表现出胆小、呆板、迟钝、不与人交往、敌对、攻击、破坏等人格特点。这些人格特点会影响他们一生的顺利发展,使他们出现情绪障碍、社会适应不良等问题。

(六)自我调控因素

上述各因素是人格形成的外因,外因是通过内因起作用的。人格的调控系统是以自我意识为核心的,它属于个性的内控系统或自控系统。具有自知的人,能够客观地分析自己,不会把遗传或生理方面的局限视为阻碍个人发展的因素,而会有效地发挥个人长处,努力地改善自我。健康人格是自我的内在统一,从认识自我、愉快地接纳自我、延伸自我到创造自我,是塑造健康人格的四部曲。

综上所述,个性的发展是生物与环境两种因素交互作用的结果。在个性形成的过程中,各个因素对个性的形成与发展起到了不同的作用。生物因素只给个性发展提供了可能性,社会因素才使这种可能性转化为现实,教育在其中起到了关键性的作用,自我调控系统是个性发展的内部决定因素。

(七)社会实践

大学生通过广泛的社会实践锻炼自己,在社会生活中广泛学习,学习与掌握人格发展的多方面,这对大学生人格发展能起到积极的作用。每个人都处在特定的社会文化之中,社会文化塑造了社会成员的人格特征,使他们的人格结构朝着相似的方向发展,这具有维系社会稳定的作用。

三、大学生健康的人格特征

根据外国心理学家对人格特征的研究和我国学者有关的研究成果,结合我国当代社会发展的状况和当代大学生的表现特点,我们认为大学生健康人格的基本特征应有以下几个方面:

(一)能正确认识自我

一是能自我认可,接受一切属于自我的东西,包括接受自己的外貌、才智、出身以及由此带来的影响,能够忍受生活中不可避免的冲突和挫折,经得起不幸遭遇和打击,从而形成对自己积极的看法;二是自我客体化,能够清楚自己拥有的和缺失的,理解现实自我与理想自我的差别,知道如何看待自己与别人的差别;三是稳定的自我,有明确的奋斗目标和愿望,并为此而努力。

(二)对社会环境的适应能力较强,不断进行着社会化

一是对客观世界具有浓厚的兴趣,有着广泛的活动范围和爱好,积极关注各种政治活动,积极参与公益事务;二是具有良好的人际关系网络,能与他人建立良好的关系,好学、多朋友,富有同情心和爱心,能容忍自己与别人在价值观与信念上的差别;三是具有现实性知觉,能根据实际情况看待事物。

(三)富有事业心,具有创造性

一是能把事业看成生活的重要组成部分,不随便浪费时间;二是在事业上既具有竞争意识又具有协作精神,具有开放性思想意识,稍有保守思想;三是喜欢创造,在事业上具有勇敢的精神,富有幽默感,独立性强,做事有恒心、信心、决心,并且一丝不苟。

(四)情感饱满适度,意志坚强可控

一是情感丰富多彩,积极情绪体验在生活中占主导,情绪表现的强度和持续的时间能为他人所接受;二是在工作生活中,既不轻信盲从,又能集思广益,做决定时能当机立断,具有目的性、坚韧性、坚持性、自制性。

(五)智能结构健全而合理

具有良好的观察力、记忆力、思维力、注意力和想象力,没有认知障碍,各种认知能力能有机地结合并发挥其应有的作用。

四、大学生常见的人格发展不足

大学时代既是学习掌握知识的黄金时代,也是人格发展的重要阶段。但大学生人格发展普遍存在着不足,主要有以下几个方面的表现:

(一)自卑

自卑是指对自己不满意、否定的情感。自卑心理一般是指由某些生理、心理或社会诱因引起的一种轻视自己,认为自己在某些方面不如他人的心理状态。研究自卑感最重要的理

论是阿德勒（A. Adler）的"超越自卑。"

克服自卑的方法：

（1）了解产生自卑感最原始的原因；

（2）正视真实的自我，接纳不完美的自我，构建全新的自我；

（3）实践锻炼，自我成长。

（二）害羞与怯懦

害羞与怯懦是自我防御机制过强的结果。害羞与怯懦的人在困难面前缺乏勇气和信心，不表明自己的态度，不敢承担责任，不敢冒险，逃避困难，等等。这样的人常常抱怨自身的不幸而忍受痛苦。

克服羞怯的方法：

（1）对自己作具体分析，找到自己的优缺点，发扬优点可增强信心并补偿不足；

（2）放下思想包袱；

（3）增强自信心，不要太计较别人的议论；

（4）有意识地锻炼自己。

（三）无聊

无聊心理的主要特点是空虚、幻想、被动，感觉不到自我存在的意义与人生价值，其核心在于没有确立合适的人生目标。无聊的人缺乏对生命意义的深刻认识，出现混日子的现象，从对生命意义的否定发展到对生命的否定。

克服无聊的方法：

（1）换一个工作环境，培养新的兴趣爱好和进行一些刻意内观训练；

（2）改变自己的想法，想法会影响行为，通过改变想法，对生活产生不同的态度，并从中得到启发，让自己树立目标。

（四）不良意志品质

不良意志品质是指意志发展的不良倾向，主要表现为：生活缺乏目标，随波逐流，懒散倦怠，醉生梦死。还有的人意志发展不成熟，曲解意志品质，把刚愎自用、轻率当作果断，把犹豫、彷徨当作沉着冷静，把固执己见、执着己念当作顽强等。不良意志品质一经形成，会引发性格缺陷，最后发展为人格缺陷。

克服不良意志品质的方法：

（1）矫正自我认知中的非理性观念；

（2）正确理解意志品质的内涵，发展自觉性、果断性、坚韧性和自制力；

（3）树立远大的理想、坚定的信念和正确的世界观，这些是人奋斗的动力之源；

（4）确立适当的行动目标并付诸实践。

（五）偏狭

偏狭是人们常常说的"小心眼"，主要表现为心胸狭窄、耿耿于怀、挑剔、嫉妒。偏狭是一种有百害而无一利的人格特征。偏狭人格多出现于性格内向者，尤其是女性。偏狭不是与生俱来的,而是后天习得的。

克服偏狭的方法:

(1) 首先要学会宽容,胸怀宽广坦荡,能够容人容事,正确看待生活中出现的矛盾冲突,宽以待人;

(2) 要开阔心胸、拓宽视野,人一旦心胸狭窄,就容易进入管状思维,"只见树木,不见森林"。

(六) 虚荣

虚荣是指过分看重荣誉和他人的赞美,自以为是。虚荣心往往与自尊心、自卑感紧密相连。没有自尊心,就没有虚荣心,也就没有自卑感。虚荣心是自尊心与自卑感的混合产物。虚荣心强的人一般性格内向,情感脆弱,自尊敏感,过分介意别人的评论与批评,与人交往时防御性强,喜欢抬高自己的形象。他们捍卫的是虚假的、脆弱的自我。

克服虚荣心的方法:

(1) 对虚荣心的危害性有明确的认识;

(2) 正确看待名利,正视自己的优势与不足,扬长避短;

(3) 树立健康与积极的荣誉心,正确表现自己,不卑不亢,正确对待个人得失与他人评价。

(七) 自我中心

自我中心也称为自恋心理,是指考虑问题、处理事情都以自我为中心,将自我作为思考问题的出发点与归宿。表现为一切以自己为出发点,目中无人,甚至自私自利,遇到冲突时认为自己是对的而他人是错的。特别是某些自尊心强、优越感强、自信心高、独立的大学生,他们比较容易陷入自我中心之中。当这种倾向与一些不健康的思想意识(如个人主义、自私自利)和心理特征(如过强的自尊心、唯我独尊)相结合,自我中心与自我膨胀便会呈现出来。

克服自我中心的方法:

(1) 多去关心他人,也能够使自恋型人格障碍患者正常处理人际关系;

(2) 谦虚谨慎,提高自我觉察,从自己的自我为中心中走出来。

(八) 环境适应不良

环境适应不良主要是指大学生对大学学习、人际关系、异性交往等方面表现出的不适应,表现为强烈的失落感、孤独感,不能适应环境的改变。事实上,在构成环境的诸多要素中,人是最重要的要素,个体既受环境的影响与制约,又影响与改变着环境。

克服环境适应不良的方法:

(1) 大学生要多了解自己所处的环境,培养自我调节的能力;

(2) 在不同的环境下,能够主动适应环境并成为环境的改造者。

五、人格障碍

人格障碍是指人格特征明显偏离正常,使人形成了一贯的反映个人生活风格和人际关系的异常行为模式。

人格障碍通常开始于童年期或青少年期，并长期持续发展至成年或持续终生。如果人格偏离正常系由躯体疾病（如脑病、脑外伤、慢性酒精中毒等）所致，或继发于各种精神障碍，那么应称其为人格改变。

主要表现：

个人的内心体验与行为特征（不限于精神障碍发作期）在整体上与其文化所期望和所接受的范围明显偏离，这种偏离是广泛、稳定和长期的，并至少有下列一项表现：

（1）认知（感知及解释人和事物，由此形成对自我及他人的态度和形象的方式）的异常偏离；

（2）情感（范围、强度及适切的情感唤起和反应）的异常偏离；

（3）控制冲动及对满足个人需要的异常偏离；

（4）人际关系的异常偏离。

严重表现：特殊行为模式的异常偏离，使病人或其他人（如家属）感到痛苦或社会适应不良。

病程表现：开始于童年、青少年期，现年18岁及以上，至少已持续2年。

排除标准：人格特征的异常偏离并非躯体疾病或精神障碍的表现或后果。

《中国精神障碍分类与诊断标准第三版》列出了8种常见的人格障碍：

（1）偏执型人格障碍；

（2）分裂样人格障碍；

（3）反社会性人格障碍；

（4）冲动性人格障碍（攻击性人格障碍）；

（5）表演性（癔症性）人格障碍；

（6）强迫性人格障碍；

（7）焦虑性人格障碍；

（8）依赖性人格障碍。

这一类人的特点与"苦恼的人"正好相反。他们通常表现出外在冲突、内在和谐，很少感觉到痛苦与苦恼，认为自己的行为方式是正常的，是外在环境或是他人不能理解他们，他们很难适应社会生活。而在外人看来，他们很怪，无法理解。医学上称这样的表现为人格障碍。

人格障碍又称为病态人格或异常人格，指人格畸形发展，形成了一种特有的、明显的、偏离所处的社会文化背景及多数人认可的认知行为模式。人格特征的偏离、对环境适应不良，明显干扰了这一类人的社会和职业功能，导致他们不能保持和谐的人际关系，难以适应社会生活。人格的异常妨碍了他们的情感和意志活动，破坏了其行为的目的性和统一性，给人与众不同的特异感觉，这在待人接物方面表现尤为突出。人格障碍通常开始于童年、青少年或成年早期，并一直持续到成年乃至终身。部分人格障碍患者在成年后症状有所缓和。

人格障碍可能是精神病发生的素质因素之一。在临床表现上某种类型的人格障碍与某种精神病关系较为密切，如精神分裂症患者很多在病前就有分裂型人格的表现，偏执型人格容易发展成为偏执型精神障碍。人格障碍也可影响精神病对治疗的反应。

人格障碍的表现见表5-6。

表5-6 人格障碍的表现

中度障碍	典型行为
依赖性人格	过分服从和依附他人
表演性人格	过分向他人表达情感和寻求他人注意
自恋性人格	妄自尊大,过分期望别人不断赞扬自己
反社会性人格	不负责任,有反社会行为,如攻击他人、骗人、行为粗暴无礼,无同情心
重度障碍	典型行为
强迫性人格	行为呆板,一切必然井然有序,绝对完美
分裂样人格	缺乏情感,无意与他人建立亲密的人际关系
回避性人格	在公共场合感到不舒服,害怕被人评价,极度害羞
极度障碍	典型行为
边缘性人格	行为冲动,在对自我的表象、与他人的关系和心境等方面极度不稳定
偏执性人格	极度怀疑他人的动机,认为所做的一切都是要危害自己
分裂样人格	与社会隔绝,行为极度怪异,思维混乱,但并非严重精神错乱

第三节 健全人格的塑造途径与方法

一、大学生健全人格的特征

健全人格作为表达人的本质存在状态的新概念,是指人的本性在充分发挥时所能达到的境界,是人应该追求的价值目标,是人的品行、内涵、修养、素质的厚积薄发和综合展示。具有健全人格的人,在生命过程中能有意识地控制自己的生活,能意识到自己的优缺点并客观地评价自我,认可并接纳现实生活中所面对的干扰、困难和挫折,能立足现实发展自己和成全自己,达成人在生理、心理、社会、道德和审美等各要素之间统一和谐的完美状态。

健全人格是各种人格特征的完美结合,综合起来有以下几方面的特点。

(一) *心理生命的和谐发展*

具有健全人格的人在需要和动机、兴趣和爱好、智慧和才能、人生观和价值观、理想和信念、性格和气质等方面朝健康的方向发展。其内心世界所构成的各要素、各层次之间协调一致,言行具有完整性和统一性,能正确认识和评价自己的所作所为,能及时调整个体与外部世界的关系。如果一个人失去人格的完整性和统一性,就会出现人格障碍甚至认知扭曲、情绪失常、行为失控等问题。

(二) *和谐的人际关系*

具有健全人格的人乐于与人交往,能正确地处理和发展人际关系。在人际交往中能自尊和尊重别人,具有理解、信任、同情等优良品质。在日常交往中既不随波逐流,也不孤芳自赏,能够使自己的行为与朋友、同事、同学协调一致。

(三) 良好的社会适应能力

具有健全人格的人能与社会保持良好、密切的接触,能把自己的智慧和能力有效地运用到工作和事业上。在学习、工作中有强烈的创造动机和热情,善于创造,能有所建树。

二、培养大学生健全人格的途径

中国心理学家给出如下建议:

(1) 要培养谦虚谨慎、沉着稳定、三思而后行的品质和习惯,注意防止和克服盲目骄傲、冲动、妄为的不良习惯,养成勇于自我批评和勇于接受批评的品质,不断地克服自己身上的弱点,使自己的行为方式能够适应社会和时代的前进步伐。

(2) 要锻炼自己坚强的意志,培养和增强受挫耐受力,在逆境时不颓废消极,在顺境时不忘乎所以。凡事从实际出发,既不回避现实,不陷入消极的玩世不恭的状态,也不存不现实的奢望。

(3) 要培养活泼、开朗、豁达的性格,保持乐观的精神和稳定愉快的心境,高兴时不过度兴奋,遇到不快或不幸的事情时也不过度忧伤和愁闷。这就需要培养广泛的兴趣和爱好,使自己的精神生活丰富、充实。

(4) 要培养爱心,具有人道主义精神,凡事多为他人着想,关心和帮助同学朋友,尤其是在其他大学生遇到困难的时候,要给予同情、关怀和援助。

三、大学生健全人格的自我塑造

健全人格的塑造过程,就是心理健康和心理成熟的过程,也是每个人的使命。大学时代是人格发展、完善的最佳时期,也是人格定型的关键期。因此,大学生应该抓住机遇,通过不懈努力,塑造自己的健全人格。

(一) 认识自我,完善和提升自我

正确认识自我是自我完善的第一步,也是塑造健全人格的第一步。大学生可以通过以下四种方法认识自我。

1. 比较法

通过和他人的比较来认识自我。"以人为镜,可以明得失",每个人在自我认知的过程中,多从和他人的比较中认识自己。大学生应该学会用发展的眼光和辩证的方法看待自己和他人,通过比较认识自己和他人,找到自己的正确定位,自我意识就会清晰。

2. 经验法

通过过往的经验来认识自我。实践活动是主体意识产生和发展的根本条件,大学生可以通过各种实践活动来了解自己的能力、兴趣、意志特征等,也可以从实践活动的结果中分析自己的不足和收获,从而客观地认识自己。

3. 评价法

通过他人对自己的评价来认识自我。从小到大，总有接触和认识自己的人对我们提出评价，如"你是个听话的孩子""你是个有能力的人""你有点粗心"等，于是我们逐渐知道"我"是这样一个人。有时候，我们还能从别人的评价中了解到被自己忽视的缺点。

4. 内省法

通过自我反思来认识自我。"吾日三省吾身"，大学生在通过上述三种方法认识自我的同时，要不断进行自我反思，在与他人的比较中反思，在实践活动中反思，在听到他人的评价后反思，进而加深对自己的认识。

（二）悦纳自我，肯定自己存在的独特性

悦纳自我是指个体对现实自我的接纳、肯定、认同和欣赏。悦纳自我是评价大学生心理健康的一个重要标准，也是大学生发展健全人格的核心和关键。悦纳自我的要求有以下几点：

1. 以平和的心态接受自己

以平和的心态接受自己，包括好的方面和坏的方面、成功和失败、优点和缺点等。在社会生活中，每个人的生命存在都是独特的、整体性的。"金无足赤，人无完人"，大学生要学会欣赏自己的优点，也要承认和接纳自己的缺点。

2. 要学会喜欢自己

爱自己，欣赏自己的优点，肯定自己的价值，有存在感、自豪感和满足感，寻求自己在社会中存在的意义。其实人生就是一个开放的舞台，每个人都在台上饰演着不同的角色，每个人对角色的演绎又都有着自己的理解和把握。我们期待演出自己的特色，得到别人的认可。然而，作为一个现实生活中平凡的个体，大多数人毕竟不是聚光灯下的演员，能够得到那么多人的关注和欣赏。但我们可以自我欣赏，即使所有人把目光投向别处，我们还可以拥有"我"这个最后的观众，还可以为自己鼓掌。做一个为自己活着、活给自己看的人。

3. 要接纳自己的局限和失败

要承认自己在某些方面的不足和所受的限制，但不能因此而自我否定，而应立足于现实自我，发挥自身优势，激发自身潜能，通过不断的努力去寻求成功。其实这也是自信的表现，是自我完善的起点。

（三）控制自我，培养自己的意志力

自我控制是人主动地改变自己的心理品质、特征及行为的心理过程，是大学生健全自我意识、完善自我的根本途径。自我控制通常有两种情况：控制自己去做什么事和控制自己不去做什么事。有的大学生经常告诉自己：我不能再继续玩游戏了！我不能再继续懒下去了！我不能……这时，就需要运用意志力，控制自己不做不该做的事，去做应该做的事。

大学生在自我调控的过程中尤其需要培养、锻炼自己的意志力，在面对各种本能欲望及外界诱惑时，意志的力量是自我监督和控制的保证。意志顽强的人能根据设定的目标，在长

时间内毫不松懈地保持专注,甚至在环境变化的情况下都坚持不变,直至达到目的。

(四) 积极行动,完善自己的健全人格

在完善自我的过程中,大学生还必须开展积极的行动,促进自我人格的健康成长。

1. 培育积极情绪

心理学研究表明,积极的心态有助于人们发挥潜能、积聚力量、克服困难、获得成功,从而拥有健康和快乐。

2. 发展良好的人际关系

人格发展、塑造的过程是个体实现社会化的过程,是个体与社会、集体、他人交互作用的过程。要塑造健全人格,必须发展良好的人际关系。大学生在与人交往的过程中,可以更好地以他人为参照,全面客观地认识自己,多角度审视自己,以具有优良人格品质的对象为榜样,以感恩的心去对待周围的一切事物,从而使自己的人格得到升华。

3. 养成良好的习惯

人格的核心成分是性格,而性格的本质是习惯化了的行为模式。生活中某种习惯一旦养成,就构成了一个人性格中相对稳定的部分。良好的习惯对于大学生人格的健全发展具有积极的影响。

为了养成良好的习惯,大学生有必要制定一些供自己遵守的制度,做好计划,把握进度,由易到难,循序渐进,严格执行。适当地制定一些奖惩措施,可以激励自己坚持行动计划,克服惰性。一旦某个积极的行为经过多次强化变成良好的习惯,良好的性格也就随之形成,人格就会得到进一步完善。

4. 掌握适度原则

凡事都有"度",人格发展和表现的"度"是十分重要的,人格塑造过程中就应把握好度,防止"不足"和"过犹不及"。

适度原则具体来说应该是:自信而不自负,自谦而不自卑,勇敢而不鲁莽,果断而不冒失,稳重而不犹豫,谨慎而不怯懦,好强而不逞强,活泼而不轻浮,豪放而不粗俗,机敏而不多疑,忠厚而不愚昧,干练而不世故。

人格塑造是一个长期坚持的过程,大学生只有意识到健全人格的意义和价值,脚踏实地,积极行动,才能不断朝着更加完美的人格方向前进。

◎ 思政课堂

魅力人格成就魅力人生

人格,是人的性格、气质、能力等特征的总和。健全的人格,是一个人成功的关键。一个具有健全人格的人应具有这样的特征:面对现实,悦纳自己,认同他人,适应环境,乐观豁达,积极进取,悲天悯人,崇德向善等。

一、培养崇德向善的意识

培养崇德向善的意识,要在心灵埋下真善美的种子,常怀善念,弘扬社会正能量,增强价值判断力和道德责任感,践行社会主义核心价值观。只有这样,当心灵迷失的时候,在取舍难断的情况下,才不会迷失方向。

二、培养悲天悯人的家国情怀

友善是社会主义核心价值观的关键表现,是做人、做事、成家立业以及走向成功的重要法宝。悲天悯人是一种人生态度,是指对国家大事关心,对大众苍生关怀爱护,具体落实到行动就是对人友善和睦、尊重他人、爱家爱国,急国家之所急、想国家之所想。

三、培养坚韧不拔、乐观进取的精神

"人生不如意事十之八九",生活中或者学习中难免会遇到些预想不到的困难,这时我们不能轻言退缩,要懂得运用头脑,发挥聪明才智,去克服困难。这就要求我们必须具有坚韧不拔和乐观进取的精神,只有这样才能战胜困难。

四、培养以人为本、人格平等的理念

以人为本,就是在自然、社会与人的关系上,强调人是自然、社会、自身的主体,强调一切以人的生存、发展和完善为根本目的。而人格平等,则是在人与人的社会交往中,不因为对方的地位、能力、社会价值而产生任何的不对等。两个人之间的对话,是建立在平等基础之上的。

◎ 心灵解码

测试1:菲尔人格测试

一、菲尔人格的10项测试

1. 你何时感觉最好?
   A. 早晨　　　B. 下午及傍晚　　　C. 夜里
2. 你走路是:
   A. 大步地快走　　　B. 小步地快走　　　C. 不快,仰着头面对着世界
   D. 不快,低着头　　　E. 很慢
3. 和人说话时,你:
   A. 手臂交叠站着　　　B. 双手紧握着　　　C. 一只手或两手放在臀部
   D. 碰着或推着与你说话的人
   E. 玩着你的耳朵、摸着你的下巴或用手整理头发

4. 坐着休息时,你:
   A. 两膝盖并拢　　B. 两腿交叉　　C. 两腿伸直　　D. 一腿蜷在身下
5. 碰到令你发笑的事情时,你的反应是:
   A. 欣赏地大笑　　B. 笑着,但不大声　　C. 轻声地笑　　D. 羞怯地微笑
6. 当你去一个聚会或社交场合时,你:
   A. 很大声地入场以引起注意　　　　B. 安静地入场,找你认识的人
   C. 非常安静地入场,尽量保持不被人注意
7. 当你非常专心工作时,有人打断你,你会:
   A. 欢迎他　　B. 感到非常恼怒　　C. 在上述两个极端之间
8. 下列颜色中,你最喜欢哪一种颜色?
   A. 红或橘黄色　　B. 黑色　　C. 黄色或浅蓝色　　D. 绿色
   E. 深蓝色或紫色　　F. 白色　　G. 棕色或灰色
9. 临入睡的前几分钟,你在床上的姿势是:
   A. 仰躺,伸直　　B. 俯卧,伸直　　C. 侧躺,微蜷
   D. 头睡在一条手臂上　　　　　　E. 被子盖过头
10. 你经常梦到自己:
    A. 落下　　B. 打架或挣扎　　C. 找东西或人　　D. 飞或漂浮
    E. 你平常不做梦　　F. 你的梦都是愉快的

二、得分标准

	A	B	C	D	E	F	G
1	2	4	6	—	—	—	—
2	6	4	7	2	1	—	—
3	4	2	5	7	6	—	—
4	4	6	2	1	—	—	—
5	6	4	3	5	—	—	—
6	6	4	2	—	—	—	—
7	6	2	4	—	—	—	—
8	6	7	5	4	3	2	1
9	7	6	4	2	1	—	—
10	4	2	3	5	6	1	—

三、分析

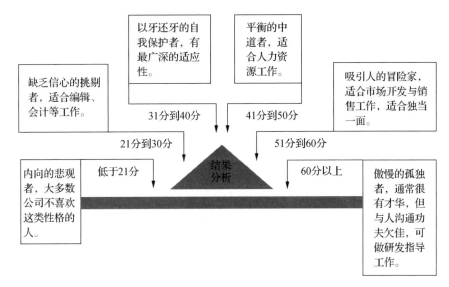

测试2：气质测试60题

下面60道题可以帮助你大致确定你自己的气质类型。在回答这些问题时,你认为:

很符合自己的情况的,记2分;

比较符合的,记1分;

介于符合与不符合之间的,记0分;

比较不符合的,记-1分;

完全不符合的,记-2分。

回答时不要考虑应该怎样,而只回答你平时怎样。

1. 做事力求稳妥,一般不做无把握的事。
2. 遇到可气的事就怒不可遏,把心里话全说出来才痛快。
3. 宁可一个人干事,不愿很多人在一起。
4. 到一个新环境很快就能适应。
5. 厌恶那些强烈的刺激,如尖叫、噪声、危险镜头等。
6. 和人争吵时,总是先发制人,喜欢挑衅。
7. 喜欢安静的环境。
8. 善于和人交往。
9. 羡慕那种善于克制自己感情的人。
10. 生活有规律,很少违反作息制度。
11. 在多数情况下是乐观的。
12. 碰到陌生人觉得很拘束。
13. 遇到令人气愤的事,能很好地自我克制。
14. 做事总是有旺盛的精力。

15. 遇到问题总是举棋不定,优柔寡断。
16. 在人群中从不觉得过分拘束。
17. 情绪高昂时,觉得干什么都有趣;情绪低落时,又觉得什么都没有意思。
18. 当注意力集中于一事物时,别的事都很难使我分心。
19. 理解问题总比别人快。
20. 碰到危险情景时,常有一种极度恐怖感。
21. 对学习、工作、事业怀有很高的热情。
22. 能够长时间做枯燥、单调的工作。
23. 符合兴趣的事情,干起来劲头十足,否则就不想干。
24. 一点小事就能引起情绪波动。
25. 讨厌做那种需要耐心和细心的工作。
26. 与人交往不卑不亢。
27. 喜欢参加激烈的活动。
28. 爱看感情细腻、描写人物内心活动的文学作品。
29. 工作学习时间长了,常感到厌倦。
30. 不喜欢长时间谈论一个问题,愿意实际动手干。
31. 宁愿侃侃而谈,不愿窃窃私语。
32. 别人总是说我闷闷不乐。
33. 理解问题常比别人慢些。
34. 疲倦时只需短暂的休息就能精力充沛,重新投入工作。
35. 心里有话宁愿自己想,不愿说出来。
36. 认准一个目标就希望尽快实现,不达目的誓不罢休。
37. 学习、工作同样一段时间后,常比别人更疲倦。
38. 做事有些莽撞,常常不考虑后果。
39. 教师讲授新知识时,总希望他们讲得慢些,多重复几遍。
40. 能够很快忘记那些不愉快的事情。
41. 做作业或完成一件工作总比别人花时间多。
42. 喜欢运动量大的剧烈体育运动或参加各种文艺活动。
43. 不能很快地把注意力从一件事转移到另一件事上去。
44. 接受一个任务后,就希望把它迅速解决。
45. 认为墨守成规比冒风险强些。
46. 能够同时注意几件事物。
47. 当我烦闷的时候,别人很难使我高兴起来。
48. 爱看情节起伏跌宕、激动人心的小说。
49. 对工作学习抱认真严谨、始终如一的态度。
50. 和周围人总是相处不好。

51. 喜欢复习学过的知识,重复做能熟练做的工作。
52. 希望做变化大、花样多的工作。
53. 小时候会背的诗歌,我似乎比别人记得清楚。
54. 别人说我"出语伤人",可我并不觉得这样。
55. 在体育活动中,常因反应慢而落后。
56. 反应敏捷、头脑机智。
57. 喜欢有条理而不甚麻烦的工作。
58. 兴奋的事常使我失眠。
59. 教师讲新概念,常常听不懂,但是弄懂了以后很难忘记。
60. 假如工作枯燥无味,马上就会情绪低落。

得分标准:

胆汁质	题号	2	6	9	14	17	21	27	31	36	38	42	48	50	54	58	总分
	得分																
多血质	题号	4	8	11	16	19	23	25	29	34	40	44	46	52	56	60	总分
	得分																
黏液质	题号	1	7	10	13	18	22	26	30	33	39	43	45	49	55	57	总分
	得分																
抑郁质	题号	3	5	12	15	20	24	28	32	35	37	41	47	51	53	59	总分
	得分																

◎ 领悟行动

活动主题:盖章契约

方式:分享、记录

参加人数:25 人左右

时间:30 分钟

目的:

1. 形成团体规范,让所有成员自愿投入团体的历程。
2. 澄清成员对团体的期待。

准备:海报纸、彩色笔

过程:

1. 领导者先说明活动规则;
2. 领导者首先示范,提出对团体活动的要求,如希望大家不要隐藏心中想说的话;
3. 领导者言毕,以手杖碰地(也可碰自己的大腿或膝盖),状似盖章动作,代表自己愿意遵守此诺言;
4. 其他成员中认为自己可以遵守者,亦以手掌碰地(或大腿、膝盖),状似盖章动作,代表自己愿意遵守此诺言;

5. 自领导者顺时针方向,每位成员轮流表达个人对团体的期待,方式同前 2、3、4,期待内容包括:不希望有人早退或中途离席、希望老师准时结束团体、希望大家尊重(倾听)别人的发言、不愿意看到有人在团体内恶意攻击、要共同守密、不把团体中发生的事告诉他人……;

6. 最后,由领导者统一归纳总结成员的诺言,形成团体共约(规则),可于当次团体结束后,写在海报上,以后每次团体活动进行前,将海报张贴在团辅室。

注意:如遇到成员无法遵守诺言,难以盖章,领导者宜鼓励其他成员以尊重、关怀的态度,共同协助该成员探讨其困境。

◎ 本章小结

每个人都是独一无二的个体,身为当代大学生,除了要有出色的学业之外,形成健全的人格也是至关重要的。想要成为适应未来社会需要的人才,不仅要有健康的体魄、高尚的思想道德素质、扎实的科学文化知识,还要有健全人格。大学生正处于青年期,不仅身心会发生较大变化,自我意识也将由分化、矛盾冲突逐渐走向整合统一,这正是大学生人格发展、完善的重要时期。

大学生的人格的学习是对"我是谁?我从哪里来?我将到哪里去?"问题的延伸探索,从"我"的形成到"我"社会属性的进一步发展,逐步达成越来越多方面的整合。本章从人格心理学的角度探讨人格的倾向性和心理特征问题,使大学生能看到与众不同的自己,同时通过气质测试工具帮助大学生进行自我探索和自我升华,这也是大学生进行内心世界的探索和自我成长的开端。

◎ 课后作业

1. 大学生人格发展中值得关注的问题有哪些?你认为应如何完善自我人格?
2. 想一想,你有什么样的气质和性格?是否有一些人格缺陷?怎样完善自己的人格?
3. 试着用本章所学内容分析《红楼梦》中主要人物的人格特征,并总结人格与命运的关系。

⬥ 好书共享

1.《理解人性》,作者:[奥地利]阿德勒(Alfred Adler)
2.《自卑与超越》,作者:[奥地利]阿德勒(Alfred Adler)

⬥ 影视赏析

《风雨哈佛路》

◎ 拓展阅读 5-1、5-2、5-3(请扫二维码获取内容)

人格理论

了解自己的性格类型

大学生塑造健全人格的方法之心理学家的建议

第六章 06

大学生情绪管理与心理健康

◎ 案例导入

情绪也会"中暑"吗?

最近武汉持续升温,有时甚至高达39℃,人快热疯了,我们的情绪好像也跟着"中暑了":父母稍微说错一句话,就会暴跳如雷,明明也不是什么大不了的事;加了10分钟班,就感觉烦躁难耐、怨天怨地,明明之前经常加班到很晚;就连和朋友出去玩,也是一路上吵架,还差点闹掰,明明刚见面时很开心;晚上经常睡不着、睡不好,一晚上翻身七八百遍,明明身体也没啥毛病……总之,用一句话总结就是:看谁都不顺眼,怎么都不舒服。

如果你发现自己啥事都不想干,还爱发脾气,你很可能是得了"夏季情感障碍",也就是"情绪中暑"。医疗心理学研究表明,人的情绪和行为与季节变化有关。在夏季,大约有16%的人会出现情绪、心境和行为异常,从而产生"夏季情感障碍"。最典型的症状就是:莫名烦躁,脾气变差,思绪紊乱。

用心理学家克雷格·A·安德森(Craig A. Anderson)的话来说,高温使人暴躁,会减弱人的基础认知,减少非暴力沟通的方式。这时,人们更愿意用暴力的方式解决冲突。

也就是说,哪怕你脾气再好,只要遇上高温天气,脑子也可能会像烧干的CPU,说炸就炸。

从环境方面来说,当温度超过35℃、日照时间超过12小时、相对湿度高于80%时,人就容易变得暴躁。甚至因为湿度和温度的同时上升,晚上的睡眠质量会极速下降,让人十分易怒。

◎ 头脑风暴

如何看待"情绪中暑"现象?

◎ 心理探索

第一节 认识情绪

一、什么是情绪

情绪渗透在生活之中,人们所说所做的每件事都包含着情绪的成分。情绪反映在生理活动之中,反映在表达方式之中,反映在个体行为之中。

情绪是指人们在内心活动过程中所产生的心理体验，或者说是人们在心理活动中对客观事物的态度体验及相应的行为反应。人的情感总是与需要发生联系的。情绪作为一种主观体验，反映的不是客观事物本身，而是主体的需要和客体相互作用的结果。凡是能满足人的需要、愿望与观点的客观事物，都能使人产生积极的情绪体验，如考试取得好成绩使人兴高采烈，得到梦寐以求的礼物会使人激动不已；凡是不符合或不能满足人的需要，或违背人的愿望和观点的客观事物，都会使人产生消极的情绪体验，如失去亲人会令人哀伤，遇到危险的人会紧张恐惧，恋爱受挫的人会失望悲观；等等。现实世界中的客观事物千姿百态，人类的需要也是多种多样，因而人会产生复杂多样的情绪体验。

二、人类的基本情绪

一般认为，快乐、愤怒、恐惧和悲哀是人类最基本的四种情绪。这些情绪与人的基本需要相联系，是与生俱来的。

（一）快乐

快乐是指个体达到一定目的后，紧张的状态得以消除，从而产生的情绪体验，如一个人经过积极准备考取理想大学后产生的情绪体验。心理学家一般将快乐分为满意、愉快、异常的欢乐和狂喜四个等级。个体的快乐程度取决于目标的重要性和达成目标的意外性。一个人追求的目标越重要，或者实现的目标越意外，就越感到快乐。

（二）愤怒

愤怒是指个体因目标不能实现或在实现目标时受到挫折而逐渐积累起来的情绪体验。一个人对挫折的认识会影响其愤怒情绪的产生。如果一个人认为挫折和阻挠是不合理的，甚至是恶意的，就会很容易产生愤怒的情绪。一般来说，根据程度的不同，愤怒可以分为轻微的不满、生气、愠、怒、大怒和暴怒六个等级。

（三）恐惧

恐惧是指个体在企图摆脱或逃避某种情境，但又感到无能为力时所产生的情绪体验。例如，人们在遇到地震，感到无力应对时，往往会感到十分恐惧。一般来说，人们产生恐惧是因为他们缺乏有效应对恐惧情境的力量，有时也因为他们熟悉的环境发生了意想不到的变化。

（四）悲哀

悲哀是指个体在失去内心盼望的、自认为有价值的东西时所产生的情绪体验，如一个人失去亲人后会产生悲哀的情绪。一般来说，悲哀按程度可以分为遗憾、失望、难过、悲伤和悲痛五个等级。悲哀情绪的程度取决于人们所失去事物的价值，失去事物的价值越大，悲哀就越强烈。悲哀所带来的过度紧张可以通过哭泣来释放，人在哭泣之后往往会精疲力竭，同时会因紧张得以释放而感到轻松。

三、情绪的功能

人们对情绪存在一些误解。有人觉得情绪是对理性的妨碍，有人则对积极情绪（如快乐)和消极情绪(如悲伤)厚此薄彼。

实际上,借助情绪我们可以了解自己的需要和处境,更有效地应对生活中的各种变化。情绪本身无所谓好坏,喜怒哀乐各有其功能。对于普通人,如果没有情绪,生活将没有色彩,人会缺乏生气和活力。情绪在日常生活中的作用有如下四个方面:

(一) 适应功能

情绪可以让个体准确地知觉情境的危险,从而适应环境。由于生理反应与情绪密切相关,所以当个体遇到危险状况时,马上就会有紧张害怕的感觉,伴随着心跳加快、呼吸急促、肾上腺素分泌,从而产生"奋力对抗"或"落荒而逃"的反应,以保护自己,回避危险。

(二) 动机功能

情绪能够激发和维持个体的行为,并影响行为的效率。因此,情绪具有动机功能,具体体现在两个方面:首先,情绪具有重要的学习动机功能。兴趣和好奇心等强烈的学业情绪能够激励学习者的积极学习行为,使其获得最佳的学业成就。正所谓:"知之者不如好之者,好之者不如乐之者。"其次,情绪更是一种重要的道德动机。例如,自豪、移情和感激能够激发个体的亲社会行为,青少年产生内疚和羞耻会阻碍犯罪、吸毒和酗酒等不良行为的出现,而愤怒易于激发个体的攻击行为。

(三) 组织功能

情绪具有组织作用。一般来说,正面情绪起协调组织的作用,负面情绪起破坏、瓦解或阻断的作用。生活中我们也能发现,如果保持良好的情绪,在工作和学习中的表现会更好、更有效率。

(四) 社会功能

情感交流在社会交往的人际沟通中具有重要的作用,情绪的表达可以增进了解和理解。生活中所产生的各种情绪使你能够体会在交往中的真实情感:当你向他人表达自己真实的情感时,才得以让他人对你有所了解,增进彼此的情谊;当你无法理解别人的情绪时,也就失去了社会交际能力。

第二节 大学生常见的负面情绪

现代社会竞争激烈,生活节奏加快,文化观念多元碰撞,加之大学生自身身心发展的矛盾及生活、学习的压力与挫折等,都可能使大学生产生种种负面情绪。如果负面情绪持续时间过长或者泛化,将会严重影响大学生的学习和生活。一般来说,大学生常见的负面情绪主要包括焦虑、抑郁、恐惧、悲哀、愤怒和嫉妒。

一、焦虑

焦虑是指个体对即将发生的某种事件或情境感到担忧,但又无法采取有效的措施加以预防和解决时,所产生的紧张、焦急等情绪体验,表现为不明原因的忧虑和不安。

焦虑情绪在大学生中普遍存在,常见的主要有考试焦虑、社交焦虑和就业焦虑。其中,考试焦虑是由考试压力引起的一种情绪体验,主要表现为大学生在迎考及考试期间出现过分担心、紧张、不安、恐惧等情绪,还可能伴有失眠、全身不适等症状。这种状态会影响大学生思维的广度、深度和灵活性,降低其注意力、记忆力,使其复习及考试达不到应有的效果,严重的甚至会导致其无法参加考试。

◇ 案例:考试焦虑

李某,女,大一学生。李某自述从高一的时候就开始对考试有紧张感和焦虑感,每次考试即将来临的时候便开始坐立不安。虽然每次考试前她都会很积极地复习功课,且每次考试也都能考得不错,但每到考试前仍然会感到紧张,一听要考试了便惴惴不安。她总是担心自己在考试时会出问题,于是强迫自己抓紧时间看书、复习,课后也不敢长时间休息。此外,每到考试前的一天或几天,她还会突然拉肚子,浑身不舒服。现在快要到期末考试了,李某一想到这些就害怕,怕自己再出现这样的情况,影响考试。

二、抑郁

抑郁是一种持续时间较长的低落消沉的情绪体验。抑郁状态中的大学生对学习和生活兴趣索然,遇事缺乏信心,不愿与人交流,思维僵化,反应迟缓,行为被动,自我封闭;有时突发冲动,行为极端;常感到精力不足,注意力不集中,缺少青年人应有的朝气与活力;同时伴有羞愧、自责、痛苦、悲伤、忧郁、沮丧、孤独、绝望等不良心境。

◇ 案例:抑郁情绪

李乐是一名大一学生,因为高考失利,没有考入理想的大学,来到某高职院校。高考后的暑假无数次想过复读,但又担心自己无法承受复读的压力,最终选择到高职院校报到。

第一次独立生活,李乐遇到了很多困难。首先,李乐月初总是大手大脚花钱,月末还需要到处问同学借钱。其次,大学里丰富多彩的社团活动让她望而却步,自己没什么特长,胆子也小,参加一个演讲比赛都需要鼓起勇气、心理建设很久,走上讲台还是忍不住哆嗦。慢慢地,李乐不再爱参加活动和结交朋友,每日沉迷于网络游戏,甚至旷课。虚度光阴的感觉又让她觉得空虚和无聊。此外,宿舍室友间的矛盾和摩擦让她格外难受,另外三个室友总是有意无意地排挤自己,难听的话充斥在耳边,这让李乐倍感难受。自己很想摆脱人际困境,但无能为力。想换宿舍,被告知很难调换。自己越来越讨厌回到宿舍,甚至很害怕在校园里遇见室友,感觉她们总在用异样的目光看待自己,背后说自己的坏话。

李乐变得越来越敏感,情绪时常低落,自己一个人待着的时候还会莫名地流眼泪。半夜总是睡不着觉,脑海里总是充斥着被室友排挤的话,还有一大堆否定自己的语言:"你明明一直以来都是成绩还不错的好学生,为什么现在变成了这样?""每日虚度光阴,变得自闭又沉默,也看不到什么未来。""你真是越来越让父母失望了。"……情绪难受的时候,李乐还拿起小刀在胳膊上割几下,让自己疼,这样好像会舒服一点。长期以来,李乐一直受到抑郁情绪的困扰,自己难以摆脱,甚至想过要辍学。

三、恐惧

恐惧是从种系进化而来的最原始的情绪体验之一。它是一种人类及生物心理活动状态,几乎渗透到人们生活的每个角落。

从心理学的角度来讲,恐惧是人们企图摆脱、逃避某种危险情境而又苦于无助的一种情绪体验。恐惧情绪的表现主要为生理组织剧烈收缩;组织密度急剧增大和能量急剧释放。一般情况下,在恐惧状态下,人们的精神和身体如同被冻结了的能源一般,不能听任意识的调用,我们的身体也会随之有一系列的反应,如肌肉紧张、发抖、心跳猛烈、口渴、出汗、起鸡皮疙瘩、汗毛竖立、肾上腺素分泌增加、心跳加快、血压升高和神经质发抖等,严重者会出现激动、不安、哭笑、思维和行为失去控制的状态,更有甚者会出现暂时的晕厥和休克。

研究表明,大学新生在面临新环境时也会产生恐惧情绪,如交往恐惧、学习恐惧、环境恐惧等。其中交往恐惧是比较普遍的现象。中学时期,大家都是以学习为主,交往面比较窄,每天打交道的就是身边的同学而已。进入大学之后,随着交往面的不断扩大,学生会接触形形色色的人,不再局限于身边的几个同学。此外,交往的方式也会变得更复杂,除了面对面的接触和交流,还需要应对虚拟的社交情况。因此,许多大学新生无法适应新的环境,产生了交往的恐惧。

◇ 案例:交往恐惧

小张,女,大一学生,相貌平平,成绩一般,性格内向、胆小、孤僻。其父母从小就对她要求极严:不准和陌生孩子交往,不能在外面蹦蹦跳跳、打打闹闹等。因父亲动起怒来特别可怕,所以除了学校和家,小张很少在别处玩耍。

谈到不愉快的经历,有两件事令小张印象非常深刻:初中时,一向成绩很好的她,有一次因没回答好老师的提问,被老师当众批评,她难过得直流眼泪。大一时,同寝室的一位同学A的家庭条件不是很好,小张就经常主动帮助她,可这样反而伤了A的自尊。A不但不把小张当朋友,反而时常挑剔她、指责她、刁难她,还故意当着她的面和其他同学说说笑笑,冷落她、孤立她。这使小张非常委屈、难过,认为自己是不受欢迎的人。

不知不觉,小张就很怕和人接触了。她一与人讲话就脸红,眼神躲闪,不敢直视对方,只能低头盯住脚尖,像做了亏心事一样心怦怦跳,浑身起鸡皮疙瘩,好像全身都在发抖。她不愿与班上的同学接触,觉得别人都讨厌自己,在别人眼中自己是个"奇葩"。此外,她对老师也感到害怕。上课时,只有老师背对同学们板书时她才不紧张。只要老师面对大家,她就不敢朝黑板方向看。而且因为紧张,她对于老师所讲的内容既听不进去,也记不住。

在大一下学期小张就申请了换宿舍,除了上课和考试,她基本上不与同学有任何形式的交往。她表示自己和不熟悉的人在一起会感觉不自在,自己难以适应大学生活。长期以来,她一直经受着交往恐惧的困扰和折磨,这给她的生活和学习造成了很大的负面影响。

四、悲哀

悲哀是指个体因失去所热爱的对象或无法获得需要的东西或因期盼破灭等产生的情绪体验,包括遗憾、失望、难过、悲伤和极度悲痛等不同程度的消极体验。悲哀虽然不能导致大学生心理失调,但体验过多或时间过久也会使大学生承受过多负面情绪,而给其学习和生活带来负面影响。

◇ 案例:悲哀情绪

姜可是一名大一的学生,近期她接到家中电话,说家中爷爷突发疾病去世了。爷爷从小很疼爱姜可,纵使知道爷爷年纪大了,这种突发情况很多人都会遇到,但姜可还是一下子承受不住。她哭不出来,只觉得很悲伤、很难过。姜可请了几天假回家参加爷爷的奠礼,返回学校后,她一直无法走出悲恸的情绪,甚至还会产生一些责怪自己的念头:为什么自己不能多陪陪爷爷,为什么没有早点赶回去,自己现在在学校也表现一般,很对不起爷爷,等等。悲哀的情绪让姜可很长时间都郁郁寡欢,学习也提不起劲儿,以前的朋友也渐渐不联系了,常常把自己一个人关在宿舍。

五、愤怒

愤怒是指当个体的愿望不能实现或为达到某种目的的行动受挫时,引起的一种不愉快的情绪体验,或者是个体对他人行为、他人遭遇、某种社会现象等极度反感的一种情绪体验。愤怒情绪通常表现为血液涌向四肢、躯干、脑部,心率加快,肾上腺素分泌增加,同时可能伴随激烈的行动。处在这种情绪下的人,常容易产生难以自控的行为。

◇ 案例:愤怒情绪

某天,某高校一女生宿舍被盗,丢失的东西包括:小哲的手机一部及笔记本电脑一台,价值5800元;小洁的手机一部,价值1315元;小兰的耳机一副,价值180元。同宿舍的小芸则未丢失任何东西。警方接到报警后,迅速展开调查。很快,小芸发现事态严重,主动投案自首,并将所有丢失的物品一一归还。经调查得知,小芸家庭条件很优越,案发当天只因与室友们发生争吵,很气愤,便想"教训她们一下",于是,趁室友们上课之际,盗取她们的物品以泄私愤。

六、嫉妒

嫉妒是指由于他人在某些方面胜过自己而引起的不快甚至是痛苦的情绪体验。嫉妒不仅会给人带来情绪痛苦和情感伤害,也会对身心造成损害,如内分泌紊乱、消化功能下降、失眠、情绪低沉等。

大学生的嫉妒情绪具体表现为:当看到他人学识、能力、品行、荣誉甚至穿着打扮等超过自己时,内心产生不平、痛苦、愤怒等情绪;当他人身陷不幸或处于困境时则幸灾乐祸,甚至落井下石。

◆ **案例：嫉妒情绪**

赵某，女，大二学生，家庭条件较差，其同寝室的几位同学家庭条件相对较好。在与同学交往的过程中，赵某产生了强烈的心理落差与嫉妒感。每当看到别人穿着高档的衣服，享受着富足的生活，她就感到心理不平衡。为了能像别的同学一样吃好、穿好、玩好，她疯狂地打工、做家教，挣来的钱全部用来买名牌衣服、化妆品等，甚至有时还会借钱买这些物品，因此一度被同学们誉为"购物狂"。

大学一年级时，她的学习成绩是寝室中最好的，她常常以此为傲。可是大学二年级时，寝室有一位同学的外语成绩优于她，她心里便觉得难受，以致怎么看这位同学都不顺眼，于是趁这位同学不在寝室时，将其英语资料全部损坏。之后，她很内疚，也很矛盾，可无论如何她也不能容忍其他同学比她成绩好，因为她觉得她就只有这一点在寝室里占有优势了。后来，寝室里又有两位同学的学习成绩超过了她，她更觉得无地自容，痛苦不堪。有一天深夜，趁大家睡着时，她用剪刀将那两位同学摘下的隐形眼镜各捅破一个，以使自己的内心获得暂时的平衡。可事后她又不断地谴责自己，心理上产生了严重的罪恶感，导致自我否定，进而产生了轻生的念头。

第三节 大学生情绪管理的方法

一、提高自我认识

提高自我认识的方法有以下几点：

（一）正确评价自我

个体产生什么样的情绪，很大程度上与其认知评价有关。当一个人对周围的事物、行为或价值形成负面的认识和评价时，就会产生各种消极的情绪。例如，一个人有过一次失败的经历，就会在主观上认为自己能力不够，不能胜任该工作，此后在遇到类似情况时会产生畏难情绪。因此，要产生积极的情绪体验，首先要形成积极的自我认知，学会以正确的方式来看待自己。学会悦纳自我，接受自己所有的特性，包括相貌、身材、能力、性格、家庭背景等。只有从内心深处接受了自己，才会认识到自己的价值，对自己产生认同和欣赏。

（二）消除不合理信念（理性情绪疗法）

要消除不合理的信念，关键是要用一个新的信念或看法代替原有的信念或看法，从而得到新的情绪。当代大学生自我意识很强，他们希望自己得到他人的肯定，所以经常会给自己定下一些目标。如一些大学生为了显示自己具有很强的领导能力，暗暗下决心"一定要在这次学生干部竞选中取胜"。这样的决心给他们造成了巨大的心理压力，一旦失败，他们就会产生自责、失落的情绪，并降低自我价值感。所以，大学生应当转变一些不合理的信念。这样无论出现何种结果,他们都能以平静的心态去面对。

(三) 积极的自我暗示

我们可以利用语言的指导和暗示作用,来调适和放松心理的紧张状态,使不良情绪得到缓解。心理学的实验表明,当个人静坐时,默默地说"勃然大怒""暴跳如雷""气死我了"等语句时心跳会加剧,呼吸也会加快,仿佛真的发起怒来;相反,如果默念"喜笑颜开""兴高采烈""把人乐坏了"之类的语句,那么心里面也会产生一种乐滋滋的感觉。

由此可见言语活动既能唤起人们愉快的体验,也能唤起不愉快的体验;既能引起某种情绪反应,也能抑制某种情绪反应。因此,当我们在生活中遇到情绪问题时,应当充分利用语言的作用,用内部语言或书面语言对自己进行暗示,以缓解不良情绪,保持心理平衡。比如默想或用笔在纸上写出"冷静""三思而后行""制怒""镇定"等词语。实践证明,这种暗示对人的不良情绪和行为有奇妙的影响和调控作用,既可以松弛过分紧张的情绪,又可用来激励自己。

二、加强行为训练

加强行为训练的方法有以下几类:

(一) 放松训练

紧张、焦虑等消极情绪不仅会降低人的工作和学习效率,而且会使人血压升高、心跳加快、头痛和失眠。人们可以通过各种放松训练,抑制紧张的生理和心理反应,减轻紧张、焦虑的情绪。放松训练的方法很多,主要有全身肌肉放松训练、深呼吸放松训练以及想象放松训练等。

1. 全身肌肉放松训练

训练者选择一个安静且不受干扰的地方躺着或坐着,闭上双眼,减少意识活动,把注意力从一块肌肉转移到另一块肌肉,自然而然地放松,体会肌肉从紧张到松弛的感觉。训练者每天要练习 1~2 次,每次 20 分钟,每块肌肉收缩 5~8 秒,然后放松 20~30 秒。

2. 深呼吸放松训练

深呼吸具有解除精神紧张、压抑、焦虑和疲劳的作用。深呼吸放松法简便易行,不受场所、时间等的限制,在行、坐、站、卧时都能进行。在进行深呼吸放松训练时,训练者的呼吸应尽可能慢而深,首先用鼻子慢慢地吸气,使气进入丹田,然后缓慢地呼气。呼吸时全身放松,体会腹部的上下起伏,注意力集中在呼吸时的气息以及气息通过的身体部位上。训练者每天要练习 1~2 次,每次 5~10 分钟,1~2 周后可以将练习时间延长至 20 分钟。

3. 想象放松训练

训练者首先可通过想象现实生活中的挫折情境,使自己感到紧张、焦虑,然后要在想象的情境中放松自己,从而达到克服不良情绪的目的。在想象放松训练中,学会有效地放松,然后把挫折事件按紧张的等级由低到高排列出来,制成等级表,再依据等级表进行想象放松训练。在进行想象放松训练时,要求训练者想象的情境必须是生动而真实的,训练者在这一情境中可以分辨出声音、气味、色彩、图像等。如果一个人能在想象中消除紧张、焦虑的情绪,在日常生活中就能应对同样的问题。

(二) 系统脱敏疗法

系统脱敏疗法由美国学者沃尔普(J. Wolpe)创立。这种方法主要是向求治者逐级呈现导致其产生焦虑、恐惧的情境,并通过各种放松训练来对抗这种情绪,从而达到消除焦虑或恐惧的目的。在实施系统脱敏疗法时,实施者应逐渐加大刺激的程度。

当某个情境不再引起求治者的焦虑和恐惧反应时,实施者便可向求治者呈现另一个刺激略强的情境。如果一个情境经过多次反复呈现,不再使求治者感到焦虑和恐惧,治疗的目的也就达到了。系统脱敏疗法可以分为现实系统脱敏和想象系统脱敏两种方法。现实系统脱敏的整个操作过程是在真实的情境中进行的,而想象系统脱敏则是在想象的恐惧或焦虑情境中进行的。

(三) 注意力转移法

注意力转移法就是一个人把注意力从引起不良情绪反应的情境转移到其他事物上或其他活动中的行为训练方法。当一个人的情绪不佳时,他可以将注意力转移到他所感兴趣的事情上,如外出散步、看电影、打球、下棋、与朋友聊天等,从而使自己的不佳情绪得以改善。转移注意力的方法一方面终止了不良刺激对人的消极影响,防止了不良情绪的泛化和蔓延,另一方面也使人通过参与感兴趣的活动而获得了积极的情绪体验。

(四) 合理宣泄

情绪宣泄是个体进行自我保护的一种方式。如果一个人产生了焦虑、愤怒等强烈的情绪体验,不及时地宣泄出来,积压在心底,长久下去就会对其身心健康造成极大的危害。

合理的宣泄方式是指在不危害自己、他人和社会的前提下,将内心的情绪发泄出来,以缓解、消除紧张的情绪,积极地应对挫折。合理宣泄主要包括以下几种具体的方式:

(1) 倾诉。这是一种最常见的宣泄方式。当一个人产生了不良情绪,可以找心理咨询师、朋友、同学聊一聊,将心里的烦恼、郁闷倾吐出来,以减轻内心的压力,增加克服挫折的信心。

(2) 呐喊。当一个人情绪不佳时,可以在空旷的原野、树林中大喊、大哭、大笑或者大声朗读、唱歌,以此宣泄内心的消极情绪,达到放松心态的目的。

(3) 寻求社会支持。社会支持是指一个人通过社会关系在物质或精神上获得他人的帮助,从而增强对挫折的承受力,消除紧张的情绪。一个完善的社会支持系统包括亲人、朋友、同学、同事、邻里、老师、上下级、合作伙伴等。大学生在情绪不佳时不要把自己封闭起来,应尽快找自己的好友或家人进行沟通,寻求他们的支持和帮助。当陷入极端恶劣的情绪中不能自拔、亲朋好友也无能为力时,大学生应及时向心理咨询机构求助。

(五) 适度运动

人们在运动时身体会发热流汗,新陈代谢、血液循环会加快,身体中的有毒物质会被排出体外。因此,运动可以调节神经紧张、脑力疲乏、情绪不佳的状态。人们在情绪不佳时,可以通过适度的运动转移注意力,以拓展思路、放松身心、减轻紧张和焦虑。此外,通过参加运动还能获得自尊、自信、自豪感,增加战胜困难的勇气。

◎ 思政课堂

正确认识情绪,做情绪的主人

马克思主义哲学告诉我们,任何事物都具有两面性,事物总是以正反两面一起出现。情绪出现在我们日常生活中的每一天,每时每分都可能会发生较大的变化。情绪会影响我们的注意力、记忆力、做事的效率等,积极情绪能帮助我们完成任务,消极情绪可能会破坏和瓦解任务。所以,我们应做情绪的主人,合理掌控情绪,不被情绪"牵着走"。

◎ 心灵解码

测试 1:情绪稳定性自测

根据自己的实际情况,在每个题目下面的三个备选答案中选出最符合自己的一个。

1. 看到自己最近一次拍摄的照片,你有何想法?
    A. 觉得不称心   B. 觉得很好   C. 觉得还可以
2. 你是否想到若干年后会有什么使自己极为不安的事?
    A. 这是常有的事   B. 从来没有   C. 偶尔有过
3. 你是否被朋友、同事、同学起过绰号或挖苦过?
    A. 这是常有的事   B. 从来没有   C. 偶尔有过
4. 你上床以后是否会再次起来,看看门窗是否关好?
    A. 这是常有的事   B. 从来没有   C. 偶尔有过
5. 你对与你关系最亲密的人是否满意?
    A. 不满意   B. 非常满意   C. 基本满意
6. 在半夜的时候,你是否会觉得有什么害怕的事?
    A. 这是常有的事   B. 从来没有   C. 偶尔有过
7. 你是否会因梦见可怕的事而惊醒?
    A. 经常   B. 从来没有   C. 极少有
8. 你是否有过多次做同一个梦的情况?
    A. 是   B. 否   C. 记不清
9. 是否有一种食物使你吃后呕吐?
    A. 是   B. 否   C. 记不清
10. 除了外面看到的世界外,你心里是否有另外一个世界?
    A. 是   B. 否   C. 偶尔是

11. 你心里是否时常觉得你不是现在的父母所生?
    A. 是			B. 否			C. 偶尔是
12. 你是否曾经觉得没有一个人爱你或尊重你?
    A. 是			B. 否			C. 偶尔是
13. 你是否常常觉得你的家人对你不好,但你又不能否定他们的确对你很好?
    A. 是			B. 否			C. 偶尔是
14. 你是否觉得没有人十分了解你?
    A. 是			B. 否			C. 偶尔是
15. 早晨起来的时候,你最常有的感觉是什么?
    A. 忧郁			B. 快乐			C. 说不清
16. 每到秋天,你常有的感觉是什么?
    A. 枯叶遍地		B. 秋高气爽		C. 说不清
17. 在高处的时候,你是否觉得站不稳?
    A. 是			B. 否			C. 不清楚
18. 你平时是否觉得自己很强健?
    A. 是			B. 否			C. 不清楚
19. 你是否一回家就立即把房门关上?
    A. 是			B. 否			C. 不清楚
20. 当你坐在房间里把门关上时,是否觉得心里不安?
    A. 是			B. 否			C. 偶尔是
21. 当需要你对一件事做出决定时,你是否觉得很难?
    A. 是			B. 否			C. 偶尔是
22. 你是否常常用抛硬币、玩纸牌、抽签之类的游戏来测凶吉?
    A. 是			B. 否			C. 偶尔是
23. 你是否常因为碰到东西而跌倒?
    A. 是			B. 否			C. 偶尔是
24. 你是否需用一个多小时才能入睡,或醒得比你希望的早一个小时?
    A. 经常			B. 从来没有		C. 偶尔是
25. 你是否曾看到、听到或感觉到别人察觉不到的东西?
    A. 经常			B. 从来没有		C. 偶尔是
26. 你是否觉得自己有超越常人的能力?
    A. 是			B. 否			C. 不清楚
27. 你是否曾经因有人跟着你走而觉得心里不安?
    A. 是			B. 否			C. 不清楚
28. 你是否觉得有人在注意你的言行?
    A. 是			B. 否			C. 不清楚

29. 当你一个人走夜路时,是否觉得前面潜藏着危险?
    A. 是　　　　　　　B. 否　　　　　　　C. 偶尔
30. 你对别人自杀有什么想法?
    A. 可以理解　　　　B. 不可思议　　　　C. 不清楚

【评分规则】

以上各题选 A 得 2 分,选 B 得 0 分,选 C 得 1 分。将各题分数相加得总分。

【结果解释】

0~20 分:情绪稳定,自信心强。

21~40 分:情绪基本稳定,但较为深沉、冷静。

41 分以上:情绪极不稳定,日常烦恼过多。

如果你的得分在 50 分以上,则是一种情绪不稳定的危险信号,请尽快寻找心理老师的帮助。

测试 2:抑郁自评量表(SDS)

下面有 20 条文字,请仔细阅读每一条,然后根据你最近一周的实际情况做出最适当的选择。每一条文字后有四个选项,分别为没有或很少时间、小部分时间、相当多时间、绝大部分或全部时间,请在相应的选项下面画"√"。注意事项:①独立地、不受任何人影响的情况下做自我评定。②评定一般在 10 分钟之内完成。③评定的时间范围为过去一周。

题目	没有或很少时间	小部分时间	相当多时间	绝大部分或全部时间
1. 我觉得闷闷不乐、情绪低沉	1	2	3	4
2. 我觉得一天之中早晨最好	4	3	2	1
3. 我一阵阵哭出来或者觉得想哭	1	2	3	4
4. 我晚上睡眠不好	1	2	3	4
5. 我吃的跟平常一样多	4	3	2	1
6. 我与异性接触时和以往一样感到愉快	4	3	2	1
7. 我发觉我的体重在下降	1	2	3	4
8. 我有便秘的苦恼	1	2	3	4
9. 我心跳比平时快	1	2	3	4
10. 我无缘无故地感到疲乏	1	2	3	4
11. 我的头脑跟平常一样清楚	4	3	2	1
12. 我觉得经常做的事情并没有困难	4	3	2	1
13. 我觉得不安而平静不下来	1	2	3	4
14. 我对将来抱有希望	4	3	2	1
15. 我比平常容易生气激动	1	2	3	4
16. 我觉得做决定是容易的	4	3	2	1

(续表)

题目	没有或很少时间	小部分时间	相当多时间	绝大部分或全部时间
17. 我觉得自己是个有用的人,有人需要我	4	3	2	1
18. 我的生活过得很有意思	4	3	2	1
19. 我认为如果我死了,别人会生活得好些	1	2	3	4
20. 平常感兴趣的事我仍然感兴趣	4	3	2	1

【计分规则】

对每一项计分,将所有得分相加,再将总分乘 1.25,取整数即可得到标准分。

【评分标准】

以 50～55 分为界,超过 55 分为异常;分值越高,抑郁倾向越明显。

标准分＜50,心理健康,无抑郁症状;

50≤标准分＜60,偶有抑郁,症状轻微;

60≤标准分＜70,经常抑郁,中度症状;

70≤标准分,可能有重度抑郁,必要时请求助心理老师。

测试 3:焦虑自评量表(SAS)

下面有 20 条文字,请仔细阅读每一条,然后根据你最近一周的实际情况做出最适当的选择,在相应的选项下方画"√"。要求:①独立地、不受任何人影响的情况下做自我评定;②评定一般在 10 分钟之内完成。

题目	没有或很少时间	小部分时间	相当多时间	绝大部分或全部时间
1. 我感到比往常更加容易神经过敏和焦虑	1	2	3	4
2. 我无缘无故感到担心	1	2	3	4
3. 我容易心烦意乱或感到恐慌	1	2	3	4
4. 我感到我的身体好像被分成几块,支离破碎	1	2	3	4
5. 我感到事事都很顺利,不会有倒霉的事情发生	4	3	2	1
6. 我的四肢抖动和震颤	1	2	3	4
7. 我因头痛、颈痛和背痛而烦恼	1	2	3	4
8. 我感到无力而且容易疲劳	1	2	3	4
9. 我感到很平静,能安静坐下来	4	3	2	1
10. 我感到我的心跳较快	1	2	3	4
11. 我因阵阵的眩晕而不舒服	1	2	3	4
12. 我有阵阵要昏倒的感觉	1	2	3	4

(续表)

题目	没有或很少时间	小部分时间	相当多时间	绝大部分或全部时间
13. 我呼吸时进气和出气都不费力	4	3	2	1
14. 我的手指和脚趾感到麻木和刺痛	1	2	3	4
15. 我因胃痛和消化不良而苦恼	1	2	3	4
16. 我必须时常排尿	1	2	3	4
17. 我的手总是温暖而干燥	4	3	2	1
18. 我觉得脸发烧发红	1	2	3	4
19. 我容易入睡,晚上休息很好	4	3	2	1
20. 我做噩梦	1	2	3	4

【计分规则】

对每一项计分,将所有得分相加,再将总分乘1.25,取整数即可得到标准分。

【评分标准】

以50～55分为界,超过55分为异常,说明你的情绪处于焦虑状态。

标准分<35,心理健康,无焦虑状态;

35≤标准分<55,偶有焦虑,症状轻微;

55≤标准分<65,经常焦虑,中度症状;

标准分≥65,有重度焦虑,必要时请求助心理老师。

◎ 本章小结

情绪是指人们在内心活动过程中所产生的心理体验,或者说人们在心理活动中对客观事物的态度体验及相应的行为反应。一般认为,人类最基本的四种情绪是快乐、愤怒、恐惧和悲哀。快乐是指个体达到一定目的后,紧张的状态得以消除从而产生的情绪体验。愤怒是指个体目标不能实现或在实现时受到挫折而逐渐积累起来的情绪体验。恐惧是指个体在企图摆脱或逃避某种情境,但又感到无能为力时所产生的情绪体验。悲哀是指个体在失去内心盼望的、自认为有价值的东西时所产生的情绪体验。

大学生常见的情绪问题有焦虑、抑郁、恐惧、悲哀、愤怒和嫉妒等。

大学生培养积极情绪的方法有:提高自我认识,包括正确评价自我、消除不合理信念以及进行积极的自我暗示。加强行为训练,包括放松训练、系统脱敏疗法、注意力转移法、合理宣泄(包括倾诉、呐喊、寻求社会的支持等)以及适度的运动。

◇ **体验感悟**

情绪是否稳定会直接影响我们的日常生活。大学生受到环境适应不良、社交拒绝、学业压力、家庭经济困难等各方面的影响会体验短时间的抑郁情绪和焦虑情绪。但也不必过于恐慌和担心。每个学生在特殊阶段都会体验这些负面情绪。如果这种负面情绪已经影响到了你的正常生活，请及时向身边的朋友求助，或者向辅导员、心理老师求助。

◎ 领悟行动

情绪垃圾桶

一、活动目的

1. 在现实生活中，很多人并不知道如何表达自己的喜、怒、哀、乐，这使他们偶尔会伤害到他人的感情。本活动旨在帮助学生掌握表达情绪的适当方式和正确的态度。

2. 在忙忙碌碌中，人们往往不能控制自己的情绪，不知道自己为何心情不佳，也不知道如何面对不佳的心情。本活动可以引导学生写出自己的情绪，并使之得到表达或宣泄。

3. 人们在生活中难免会有情绪低落的时候。调节情绪有多种方式。本活动可以帮助学生了解在情绪不佳时可以使用哪些资源进行调节，借此找到对自己来说最熟悉、最积极和最有效的方式。

二、活动过程

1. 给每个学生发一张白纸，让他们将困扰自己的情绪写在白纸上，用剪碎、揉烂、划破等方式将其销毁。

2. 请学生将销毁的白纸放进教师事先准备好的垃圾桶里，这象征着那些负面的情绪也随之被丢弃。

3. 让学生讨论自己的负面情绪，教师可以鼓励学生与同学们分享自己的应对方式。

4. 让每个学生写下自己的"支持能源"，并画几个同心圆，其中最内圈是自己在遇到挫折时最先想到的人，外圈是较少想到的人。

5. 让学生分享对自己最有效的资源和应对方式。

◎ 课后作业

1. 什么是情绪？不良情绪对身心的影响有哪些？
2. 当你情绪状态不佳时，你会用哪些方法化解它？

◎ 拓展阅读 6-1、6-2、6-3、6-4(请扫二维码获取内容)

兰格提出情绪研究理论

理性情绪行为疗法 REBT

自我暗示

情绪 ABC 理论

第七章 07

人际交往与心理健康

◎ 案例导入

小琪与小安自大学入校时便住在同一间宿舍,宿舍为 6 人间。两人性格和生活习惯差异较大。小安认为小琪在宿舍的生活总是以自我为中心,给自己造成了较大困扰,对小琪的所作所为一直处于容忍的状态,内心压抑。小琪认为自己在宿舍中会和舍友维持基本的和谐,但是没有和她们深交的想法,也没有过多留意舍友对自己的意见。

在期末考试前一天,小琪感到学习压力大,在阳台上尝试吸烟试图缓解焦虑情绪,烟味弥漫至宿舍。复习的压力加上小琪的行为,让小安长久以来对小琪的不满彻底爆发。小安冲到小琪面前与她理论,并厮打起来,被舍友拉开后才发现自己把小琪鼻子打出血,其他同学见状赶紧联系辅导员。

◎ 头脑风暴

1. 针对大学宿舍人际关系,你有什么锦囊妙计?
2. 你对宿舍人际关系有什么期待?

◎ 心理探索

第一节 人际交往的概述

一、人际交往的定义

所谓人际交往,是指人们运用语言符号系统或非语言符号系统相互之间交流信息、沟通情感的过程。通常人际交往的形成需要一定的条件,如传送者和接受者之间对交往信息的一致理解,交往过程中有即时的反馈、适当的传播通道和传播网络,一定的交往技能和交往愿望等。

二、为什么要进行人际交往

(一) 与人交往是获得安全感的有效途径

根据马斯洛的需求层次理论,人在解决了基本的生理需要之后就会产生安全需要。社会心理学家所做的大量研究表明,与人交往是获得安全感的最有效途径。当人们面临危险的情境而感到恐惧时,与别人在一起可以直接而有效地减少人们的恐惧感,使人们感到安宁与舒适。有人研究过战场上与部队失散的士兵的心理,发现最令散兵恐惧的不是战场的炮火硝烟,而是失去同战友联系时的孤独。一旦一个散兵遇到自己的战友,哪怕其完全失去了战斗力,也会感到莫大的安慰,独自一人时的高度恐惧感也会大大减轻甚至消失。

(二)人际交往是人确立自我价值感的需要

自我价值感会影响到个体的自信,当自我价值得到确立时,人在主观上就会产生一种自信、自尊和自我稳定的感受。这就是所谓的自我价值感。人的自我价值感一旦得到确立,生活就会富有意义,人就会充满生活的热情。相反,如果一个人的自我价值感得不到确立,他就没有正常的自信、自尊和自我稳定感。此时,人就会自卑、自贬、自我厌恶、自我拒绝、自暴自弃。当自我价值感完全丧失,人生就不再有意义,人就只能走上自毁、自绝的道路。

(三)人际交往是建立良好自我意识的重要途径

人的自我意识的保持和自我价值感的确立是通过社会比较过程来实现的。一个人只有将自身置于社会背景之中,通过将自己与别人进行比较才能确立自己的价值。一个人必须不断地通过社会比较获得充分的信息,使自己相信自己是有价值的,才能保持其稳定的自我价值评判。如果社会比较的机会被长期剥夺,则会使人因缺乏自我状况的社会反馈信息而产生个人价值感的危机,并使人产生高度的自我不稳定感。人是不能忍受自己的价值得不到肯定的。因此,自我不稳定感会引起人的高度焦虑,并促使人去同他人进行交流,进行有意无意的社会比较,以便获得有关自我状况的社会反馈,了解自我,使自己的行为具有明确的方向,并使自我价值感重新得到确立。

(四)人际交往有助于人的社会化

人际交往是个人社会化的起点和必经之路。社会化即个人学习社会知识、生存技能和文化,从而取得社会生活的资格,开始发展自己的过程。如果没有其他个体的合作,个人是无法完成社会化这个过程的。人只要活着,不管愿意与否,都必须与人进行交往。人一生的成长、发展、成功,无不与和他人的交往相联系。现代科学技术的发展使我们越来越依靠群体的力量,人与人之间的情感沟通和智力交往使某些工作出现质的飞跃,这种"群体效应"已经越来越成为各项工作的推动力。这种效应主要是在人际互动和交往中实现的。在交往过程中,人们互相学习,共同提高,可产生"1+1>2"的智力共振。

(五)良好的人际交往有助于产生幸福感

西方心理学家克林格(E. Klinger)做了一个广泛的调查,结果发现,良好的人际关系对于生活的幸福感具有首要意义。当人们被问到"什么使你的生活富有意义"的时候,几乎所有的人都回答:亲密的人际关系是首要的。自己的生活是否幸福取决于自己同生活中其他人的关系是否良好。如果同配偶、恋人、孩子、父母、朋友及同事关系良好,有深刻的情感联系,人就会感到生活幸福。

第二节 大学生人际交往

一、大学生人际交往中常见的心理问题

在现实生活中，大学生有强烈的人际交往动机，可不少大学生却因为个性缺陷、认知障碍、人际交往技巧缺乏而使人际关系处于紧张状态，由此引发各种心理问题。因此，分析大学生人际交往中常见的心理问题，积极找对策，有针对性地给予相应辅导帮助，对增强大学生人际交往能力，排除交往中的心理障碍，顺利适应未来社会生活等都具有重要的意义。大学生人际交往中常见的心理问题有以下几种：

（一）认知偏差

认知偏差是指人们在知觉自身、他人或外部环境时，因自身或情境的原因使结果失真的现象。认知偏差主要表现在以下两方面：

1. 对自我的认知偏差

这种偏差是指没有摆正自我在人际关系中的位置，对自己评价过低或过高。对自我的认知偏差具体又可表现为自恋、自卑、自我中心和自负这四种形式。自恋者常表现出过分关心自我，欣赏自我，抱怨别人不重视自己的倾向，这是一种不正常的情绪反应；自卑者往往过低评价自我，封闭自我，不愿与人交往；而自我中心者处处表现为以自己的需要和兴趣为中心，只关心自己的利益得失，不考虑别人，常在人群中自讨没趣；自负的人自视过高，轻视他人。

2. 对他人的认知偏差

心理学研究表示，对交往对象与交往关系的看法和态度会直接影响到人际互动关系的性质和趋势。人们在认知交往对象时容易产生几种常见的心理效应从而导致对他人产生认知偏差，如首因效应、刻板效应等。

（二）人格障碍

人格障碍指一个人的人格不够健全，存在某些消极因素，如自卑、怯懦、孤僻、偏执、嫉妒、控制欲强、霸道等，这些因素极易导致交往障碍。常见的影响大学生人际关系的人格障碍主要有以下几种：

1. 孤僻心理

交往是人与人之间的互动过程，其前提应是互相开放、相互作用。有些人由于各种各样的原因，形成一种封闭心理。他们乐于独处，不热衷于与人交往，即使参与群体活动，也是身到心不到、沉默寡言，他们内心封闭自守，长期下去，就形成了一种孤僻心理。人与人之间信

息流通的渠道狭窄,将彼此间的感情交流隔离,是一种严重的交往心理障碍。

2. 羞怯心理

同孤僻心理一样,羞怯心理也属于封闭型心理。现实生活中羞怯的人较多,他们同人谈话就面红耳赤,甚至胆战心惊。虽然有的人同亲人、熟人交谈滔滔不绝、侃侃而谈,但一遇到陌生人,一到大庭广众之下,就手足无措、语无伦次,这是羞怯心理在作祟。羞怯心理的产生大致有两方面因素:一是先天遗传的神经活动类型;二是后天的心理发展状况。主要原因是后者。人如果过于自卑、敏感、害怕失败等,时间长了就会形成心理定势。如果不有意识地锻炼自己,可能会陷入交往心理障碍的怪圈。

3. 嫉妒心理

具有嫉妒心理的人,嫉妒别人的才干,怕别人超过自己。他们只求索取,不思回报,对别人总是留一手,绝无诚实、忠厚和信任可言,一般人也不可能愉快地与之交往。嫉妒心理是一种深藏于心中的情感,经过内心的加热、发酵或膨胀,最后会以歪曲的形态爆发出来,如不愉快、敌视、自惭、自怨等。

4. 猜疑心理

交往的前提是相互信任,没有信任,交往就无法继续下去,而猜疑心重的人,常鼠肚鸡肠、作茧自缚,很难与人广泛交往。这种人的思想常从假想开始,越想越像,最终确信无疑。《列子·说符》中描写的"疑人偷斧"是对猜疑心理入木三分的刻画:同样一个人,由于被主观臆断,前后判若两人。猜疑是一种思维习惯,有猜疑心理的人总是从负面看待人和事,总觉得自己时时受到威胁,久而久之,发展到除了自己谁也不信任的地步。

5. 自卑心理

自卑是对自己的能力和品格做出过低的评价,认为自己在某个方面或几个方面不如他人。自卑,从心理学上讲属于性格上的缺陷。自卑心理的产生主要是因为归因不当。例如,有的大学生学习成绩不好,不从学习态度、刻苦程度、学习方法不当等方面寻找原因,而仅归结为天赋不高、能力低下,并认为这是不可逆转的,因而自惭形秽、自暴自弃,产生自卑心理。有自卑心理的人大多较为敏感,缺乏自信,处事过分谨慎,往往羞怯封闭、害怕交往,甚至会形成"社交恐惧症"等严重的心理障碍。

6. 自负心理

自负心理常表现为个体以自我为中心,对交往对象持排斥拒绝的态度,有轻视他人的言语和行为。自负者自命不凡,脱离实际,轻视别人,对己对人都不能做出恰如其分的评价,结果往往使自己陷入孤芳自赏、妄自尊大的盲目之中,这样的人终将被朋友所抛弃。自负心理与信任、平等、友善、互补的交往原则相悖,非常不利于正常的人际交往。

二、大学生宿舍人际关系

大学生寝室是学生所待时间最长的地方,是学生生活休息、思想交流、信息沟通、情感传递的主要场所,是大学生人际关系建构的重要阵地,但也是人际关系紧张的高危地带和主要矛盾的集散地。2018年,成都高校调查寝室人际关系现状,有60%的学生认为寝室里有自己最不喜欢的人,33%的学生认为寝室里的室友不能互相关心、相处不融洽。

(一)大学生宿舍人际关系的主要矛盾

1. 妒忌、猜疑等不良心理造成的关系紧张

在大学里,某些同学由于某方面比较突出,如外貌、能力、成绩等,常常成为学生中的焦点人物。如果他们平时不注意自己的言行举止,就很容易引起同学的妒忌和猜疑,从而导致人际关系紧张。另一种情况是,在涉及学生切身利益的各种评奖评优以及奖助学金、困难补助申请等方面,一些功利心较强或性格较敏感的学生有时也会因为无法享受到利益而对别人获得的利益耿耿于怀,甚至产生妒忌心理,从而影响室友的和谐共处。

2. 因贫富差距产生的心理鸿沟和感情隔阂

高校学生家庭经济状况差异很大,有的学生家庭优越,每月消费较高,而有的来自偏远农村的学生甚至连基本生活都没有保障。由于长期生活环境的影响,这两类人的世界观、金钱观、价值观、人生观存在很大的差异,因此宿舍这两类人很容易形成敌对的关系。

3. 因个人不良生活习惯产生的关系不和

在集体生活的寝室里,有的同学不太注意个人卫生,对集体卫生从不关心,坐享其成,这些不良习惯有时候会引发舍友间的矛盾冲突。还有些同学生活作息时间紊乱,常常深夜不关灯、开麦聊天、打游戏等,这些在不恰当时间的活动行为侵犯了其他舍友的利益,有时就成为寝室人际关系不和的导火线。

4. 不合时宜的恋爱导致舍友感情疏远

在大学里谈恋爱本来是正常的,但若不能很好地协调恋爱、学习与生活的关系,那么谈恋爱也很容易引起舍友关系的紧张。有些同学总喜欢三更半夜躲在被窝里"煲电话粥",甚至有同学无视他人的感受,把男女朋友带到宿舍留宿,在这种环境下,寝室人际关系激化在所难免。

5. 过分亲密导致的狭隘"依赖型"人际交往矛盾

人与人过分亲密的交往会占用别人与他人交流的时间和空间,从而导致交往的厌烦情绪的产生。在寝室生活中,有些同学独立性较差,过分依赖别人,学习、生活、业余消遣都要跟着别人,这种狭隘的"依赖型"人际交往,会破坏人际交往的基本原则,久而久之,随着厌烦情绪的累积,矛盾也会逐步产生。

6. 小团体主义破坏寝室人际关系

在部分寝室里,有些同学过于争强好胜,功利心和虚荣心太强,喜欢拉帮结派,在寝室里结成小集体,孤立其他人,不顾及他人感受,我行我素。这种状况长期下去也很容易导致寝室气氛压抑沉闷,从而导致寝室人际关系紧张。

（二）建立良好寝室关系的良策

1. 与室友统一作息

一个寝室一般只有几个同学，只要大家协调一致，共同遵守统一的作息，就能减少争执，消除摩擦，维持正常的生活秩序。如果你是"夜猫子"，晚上睡得很迟，待寝室成员都睡了才洗漱睡觉，这样就容易惊醒其他人，影响别人休息。久而久之，你就会引起室友们的厌恶。

因此，寝室的全体成员应当尽量统一起居时间，减小作息差距。倘若实在有事，早起或者晚睡的成员也应尽量减少声响和灯光对室友们的影响。

2. 不搞"小团体"

在寝室，应当以平等的态度对待每一个人，不要厚此薄彼，和一部分人打得火热，而对另一部分人疏远不理。有些人喜欢与寝室之中的某一个人亲近，在平时老是与同一个人说悄悄话，无论干什么事，进进出出都和某一个人在一起，这样就容易引起寝室其他成员的不悦，认为你是不屑与之交往。结果，两个人之间的关系也许搞好了，但却疏远了其他人。这就不利于建立和谐的寝室关系，也是得不偿失的。我们不反对建立有深度的友谊，但决不能以牺牲友谊的宽度和广度为代价。所以在寝室里，我们对每个人都要尊重、平等相待，尽量不搞"小团体"，不孤立他人。

3. 不触犯室友的隐私

首先，每个人都有自己的秘密，也都有好奇心。对于室友的隐私，我们不要想方设法去探求。对方把一个领域划为隐私，那么这个领域对其来说就有特殊的意义，任何试图闯入这个领域的话题都是不受欢迎的。大学生要学会尊重他人，不去触碰他人的"禁区"。其次，未经室友同意，不可擅自乱翻其衣物、用品，切莫以为是熟人就忽视了这一问题。再次，同住一个寝室，有时难免不经意间知道室友的某些隐私，我们也要守口如瓶，告诉他人不仅是对室友的不尊重，也是不道德的。

4. 积极参加集体活动

寝室的活动不单纯是娱乐休闲，更是室友之间联络感情的重要形式，大学生应该尽量积极参与配合。千万不要幼稚地把集体活动当作是纯粹的费财费力的无聊之举，表现出一副不屑与之为伍的样子。确实有事不能参加，可以把自己的想法和意见提出来，不要勉强参与，以免让室友觉得你在应付了事，更不要简单回绝而伤了室友的心。可以说，集体活动的有无和多少，也从一个侧面反映了这个寝室的团结程度。倘若你总是不参加寝室的集体活动，多多少少就显得你不合群了。

5. 别人有难要帮，自己有事也要求助

良好的人际关系是以互相帮助、互相麻烦为前提的。当室友遇到困难时，我们应当主动伸出援助之手，这自不必说。那么，当我们有事时，是否能向室友求助呢？答案是肯定的。因为有时求助反而能表明你对别人的信任，能够融洽关系、加深感情。如果你有事需请人帮忙，舍近求远不求助室友，室友得知后反而觉得你不信任他们。你不愿向别人求助，别人以后有事又怎么好意思求你帮忙？其实，求助室友，只要讲究分寸，不使人家为难，都是可以的。

6. 不拒绝零食和宴请

室友买点水果、瓜子之类的零食到寝室，分给你时，不要一味拒绝。室友因过生日或其他事请你吃饭，也应欣然前往。你接受别人的邀请，从某种意义上说，也是给别人面子。倘若不论零食或接受宴请，你都一概拒绝，时日一久，别人难免会认为你清高傲慢，就对你"敬而远之"了。

7. 不逞一时口快

"卧谈会"是寝室的一个重要活动项目。室友们互说见闻，发表意见，本来是件很愉快的事，但也往往因小事而发生争执，使"卧谈会"变成"口舌大战"。有些人喜欢说别人笑话，占别人便宜，哪怕玩笑，也绝不肯吃一点亏；有些人喜欢争辩，试图通过说服对方显示自己的能耐，让室友"尊重"自己；有些人害怕被人看不起，就故意在"卧谈会"中唱反调，甚至揭人之短，对他人进行人身攻击。这种喜欢逞一时口快，在嘴巴上占便宜的人实际上非常愚蠢，会让人感觉太好胜、难以合作，这样会破坏人际关系。你不尊重别人，别人也不会尊重你。夸夸其谈，想处处表现得比别人聪明，最后也只会引起别人反感。

8. 完成该做的杂务

寝室每位成员该做的杂务，不仅仅指做好自己一个人的事，也包括完成好集体的事。有些人在家懒惰成性，所有的事都指望家人打理，住集体寝室难免恶习毕露。集体的事，要靠集体来完成，任何一个人都不能撒手不管或敷衍了事。

> ◇ **课堂活动：最受欢迎的室友品质大讨论**
>
> 你最喜欢的室友的品质有哪些？最不喜欢的品质有哪些？每个同学都可以在纸上写出自己的答案，也可以分组讨论，然后进行总结，派代表发言。反思自己身上有哪些受欢迎的品质，有哪些不受欢迎的品质。

第三节 人际沟通与冲突化解

一、人际沟通的模式

享誉国际的治疗大师萨提亚女士说过：沟通是一把巨大的伞，它覆盖和影响着人类社会所发生的一切。在萨提亚沟通模式中，有五种沟通姿态：讨好、指责、超理智、打岔以及表里一致。

第一种：指责型。这个类型的人习惯"批判和攻击"，或者为保护好自己就选择逃避责任,把所有的问题都推给别人。

他们通常会有这样的语言特点:这一切都是你的错;你是怎么搞的;你从来没有考虑过别人的感受;如果不是你,事情就不会弄成这样……

第二种:讨好型。这个类型刚好和指责型相反。他们的内在价值比较低,经常把自己放在一个较低的位置。好像努力平息所有的事,就是他们生存的目的。即便自己感觉不好,也会对别人和颜悦色。

他们通常有这样的语言特点:我知道我不该这样;如果不是我,你也不会被我拖累;只要是你决定的,我都会接受并且支持;哪怕你这样对我,我也不会放在心上的……

第三种:超理智型。这种沟通模式的人会根据大量的数据案例和外部环境等去分析问题。他们过度注重逻辑,而忽略甚至说是逃避人的价值和感受。

他们虽然表面看上去很优越,做什么事情都有条不紊,但实际上,他们内心往往会很敏感,也会让别人觉得不近人情。

他们通常有这样的语言特点:规定就是规定,其他的不用解释;很明显事情就是这样,你硬是强求也没用;毫无疑问,这个事情应该这样解决;你要相信科学,自己瞎鼓捣能折腾出什么来……

第四种:打岔型。这种沟通模式的人,喜欢在别人说话的时候"插嘴",或者转移话题,企图分散别人的注意力,以减轻自己对压力的关注。

他们通常有这样的语言特点:生活就是要让自己开心啊,想那么多干吗;说这个就没意思了,我们来聊点别的吧;啊,你刚才说什么,我听说最近那个谁好像发达了……

第五种:一致性沟通型。萨提亚(V. Satir)认为,有效沟通应该包含两方面的信息,即语言方面的和情感方面的。这种类型的人会正视问题和压力,不仅做到考虑自己,又关心他人,同时也充分考虑到当前的环境,对问题做出反应。通常有以下特点:能够成为真实的自己,并且接纳他人的自由;面对改变,具有开放和灵活的态度;有一种乐于相信自己和他人的意愿。

这种类型的人,自我价值感高,言行表现得一致,会给人真实、温暖与被鼓励的感觉。沟通畅达的两个人共同成长,能增进感情,表现出尊重。

二、人际沟通的技巧

说话是一门艺术,"良言一句三冬暖,恶语伤人六月寒"。在人际交往中,如何应用清晰、简练、生动的语言准确地表达自己的思想与情感,如何准确应用各种非语言来传递信息,需要我们不断地学习。下面介绍一些有用的沟通技巧与方法。

(一) 寻找合适的沟通时机

沟通不仅要有合适的场合,还要有合适的时机。如果时机不好,也无法达到有效说话的目的。对方内心世界常常是随着时间的变化而变化的,即使对方愿意听你说话,或接受你的观点,也需要选择恰当的时机。

（二）寻找共同语言

俗话说：话不投机半句多。如果在沟通过程中能够找到彼此共同感兴趣的话题，就会在无形中拉近彼此的距离。在寻找共同语言方面，要选择对方感兴趣的话题，因为每个人都喜欢谈论自己的事，以此来满足自己做"主角"的心理。也可以根据现场情况，因地、因时、因人来引入相关的材料作为话题，让谈话变得更加自然。尽可能地用开放式问题来提问，也要在沟通时透露自己的兴趣与喜好。

（三）学会倾听

"心不在焉的倾听"发生在我们自动地或常规地回应别人的信息时，通常不用太专注和费神。与之相反的是"心无旁骛的倾听"。所谓心无旁骛的倾听，是指对我们接收到的信息给予仔细而审慎的专注和反应。这样的倾听就是有效倾听。倾听包含了五个元素：听到、专注、理解、回应和记忆。所谓听到就是我们听到声音，属于生理范畴。专注是指心理过程，我们必须过滤掉一些信息，以便能够将注意力放在自己认为重要的信息上。所谓理解，就是明白所接收信息的确切含义。我们都有一个经验：当我们专心地倾听信息之后，我们仍然可能对这些信息一点也不理解，这样就会误解信息的意义。所谓回应，是指在倾听的过程中，适当地回应对方。好的倾听者会使用非语言行为来表达他们的专心，例如保持目光的接触、给予适当的脸部表情，等等。在语言行为方面，包括回应对方的问题、重复对方的话，交换意见与想法，都可以证明倾听的专心程度。

（四）表达共情

共情的核心是理解，不仅仅是"我理解你的感受或想法"，而是需要在理解之后，把我们的理解转化为思考后的行动。

（五）真诚赞美

每个人都希望得到别人的肯定和赞美。因此，如果我们想要交到更多的朋友，就要学会赞美别人。赞美要恰如其分不空泛、不夸张、不含糊。而且，所要赞美的事情也并非一定是大事，即使是别人的一个很小的优点，只要实事求是，恰如其分的赞美，就不属于"拍马屁"。另外，赞美的内容要具体，不能含糊其词，否则可能会让对方感到混乱和窘迫。赞美越具体，说明你对被赞美者越了解，也更容易让对方接受你的赞美。

（六）表达谢意

对于别人的帮助，哪怕是微不足道的帮助，也要感恩，并及时表现出来。感激的表达，可以用语言，如"辛苦了，谢谢""非常感谢"等，也可以是握手、一个简单的拥抱等。

（七）懂得委婉

没有人乐意让自己的缺点或错误暴露在大庭广众之下，如果被曝光，他们就会感到十分难堪或恼怒。某人若当面指出你的孩子如何如何不好，你肯定会大为不快，甚至会同他争吵。人在没有任何抵触情绪的情况下，往往可以主动改变自己；但如果有人告诉他错了，他很可能会反对这种指责，而且不理会别人的意见。通常我们在听到别人对我们的某些长处赞扬之后,再去听一些令人不痛快的建议,心态会好很多。

(八)适度幽默

幽默是社交的调味品,是沟通的润滑剂。幽默可以缓解严肃的气氛,可以化解场面的尴尬。幽默的人,不仅可以轻松地处理好各种关系,也可以在社交中给人留下智慧和风趣的印象。生活中,幽默的人往往会更受欢迎,适应能力更强。

(九)善用非语言的艺术

人际沟通的方式主要分为语言沟通和非语言(体态)沟通。正像心理学家梅拉宾(A. Mehrabian)研究所显示的一样:人们在进行信息传递的过程中语言的作用占7%,语调语速的作用占38%,表情和动作的作用占55%。非语言沟通和语言沟通一样,是信息在人与人之间的传递方式,它是通过眼神、表情、手势、姿势、动作等无声的体态语言将内心的感受和情绪状态向外呈现的过程。它的作用是弥补语言沟通的不足,可以形象地帮助人做深刻沟通,防止因语言沟通不良带来的误解。

三、人际冲突与化解

(一)什么是人际冲突

人际冲突是一种十分普遍的现象,可以说,只要有人群的地方,就必然存在人际冲突。人际冲突是指人与人在互相交往和互动的过程中,因为种种原因产生意见分歧、争论、对抗,使得关系出现不同程度的紧张状态,并为双方所感觉到的一种现象。冲突一旦发生,在语言和非语言方面的交流上均会有所体现。

(二)为什么有人际冲突

人注定会经历冲突,冲突时时发生,是生活的常态。即使在最亲密、最受信任的亲密关系和亲子关系里,也会不可避免地发生冲突。人际冲突产生的原因主要是人们对于同一个问题存在不同的观点。不同的人,其成长的环境、受教育程度、工作经历、年龄等不同,因此他们形成的观念也各异。这种差异如果能被全然地理解、接受,冲突将不会发生。但问题是,在实际生活中,这种全然的理解和接受,即使在最亲密的关系中,也难以持久保持。这时,冲突便不可避免地发生了。人际交往中冲突是正常的,即使是健康的人际互动模式,也会发生冲突。正所谓"有关系就没关系,而没关系就有关系"。意思就是说,如果你们关系足够密切,即使发生了冲突误会也没关系;而当你们关系不太亲密,处于波折期时,一点小问题就会引发新的矛盾和冲突。如果能意识到冲突不可避免要产生,那么当冲突发生时,人们就不会互相指责或者试图逃避,也就能心平气和地去解决冲突。

(三)如何化解人际冲突

当我们与人发生矛盾的时候,需要化解矛盾和提升化解矛盾的能力,这也是成长的机会。

(1)找到问题关键所在。矛盾产生的时候,会让人感到不安、不快,有的人选择逃避,有的人选择对抗,这都是消极的处理方式,只会让矛盾越来越深,而不能解决矛盾。而冷静地把事情梳理一遍,找到问题所在,才是解决冲突的第一步。

(2) 深入沟通。认真分析事情的过程,与对方进行真诚的沟通,看对方是什么诉求,鼓励对方做出回应。聆听对方的诉求和愿望。找出事情的原委和解决问题的关键点,这是解决问题的前提。

(3) 积极地解决问题,达成一致的行动计划。遇到问题的时候,我们要态度积极,不要选择逃避,也不要选择对抗。要积极地找问题的关键点,寻找解决问题的正确途径。要怀抱积极的态度把焦点放到未来而非过去的问题上。

(4) 照顾对方的自尊。不在公开场合批评指责他人,尽量多描述对方的行为,而不要进行人身攻击。

◎ 心灵解码

人际关系综合诊断量表

指导语:本量表共28个问题,对每个问题做"是"(打√)或"否"(打×)的回答。请认真完成。

1. 关于自己的烦恼有口难言。　　　　　　　　　　　　　　　　　(　)
2. 和生人见面时感觉不自然。　　　　　　　　　　　　　　　　　(　)
3. 过分地羡慕和妒忌别人。　　　　　　　　　　　　　　　　　　(　)
4. 与异性交往太少。　　　　　　　　　　　　　　　　　　　　　(　)
5. 对连续不断的会谈感到困难。　　　　　　　　　　　　　　　　(　)
6. 在社交场合感到紧张。　　　　　　　　　　　　　　　　　　　(　)
7. 时常伤害别人。　　　　　　　　　　　　　　　　　　　　　　(　)
8. 与异性来往感觉不自然。　　　　　　　　　　　　　　　　　　(　)
9. 与一大群朋友在一起,常感到孤寂或失落。　　　　　　　　　　(　)
10. 极易受窘。　　　　　　　　　　　　　　　　　　　　　　　(　)
11. 与别人不能和睦相处。　　　　　　　　　　　　　　　　　　(　)
12. 不知道与异性相处时如何适可而止。　　　　　　　　　　　　(　)
13. 不熟悉的人倾诉生平遭遇以求同情时,自己常感觉不自在。　　(　)
14. 担心别人对自己有什么坏印象。　　　　　　　　　　　　　　(　)
15. 总是尽力使别人赏识自己。　　　　　　　　　　　　　　　　(　)
16. 暗自思慕异性。　　　　　　　　　　　　　　　　　　　　　(　)
17. 时常避免表达自己的感受。　　　　　　　　　　　　　　　　(　)
18. 对自己的仪表(容貌)缺乏信心。　　　　　　　　　　　　　　(　)
19. 讨厌某人或被某人所讨厌。　　　　　　　　　　　　　　　　(　)

20. 瞧不起异性。　　　　　　　　　　　　　　　　　　　　（　）
21. 不能专注地倾听。　　　　　　　　　　　　　　　　　（　）
22. 自己的烦恼无人可申诉。　　　　　　　　　　　　　　（　）
23. 受别人排斥与冷漠。　　　　　　　　　　　　　　　　（　）
24. 被异性瞧不起。　　　　　　　　　　　　　　　　　　（　）
25. 不能广泛地听取各种意见。　　　　　　　　　　　　　（　）
26. 常因受伤害而暗自伤心。　　　　　　　　　　　　　　（　）
27. 常被别人谈论、愚弄。　　　　　　　　　　　　　　　（　）
28. 与异性交往时不知如何更好地相处。　　　　　　　　　（　）

【评分说明】

打"√"的给1分,打"×"的给0分。

记 分 表

Ⅰ	题目	1	5	9	13	17	21	25	小计
	分数								
Ⅱ	题目	2	6	10	14	18	22	26	小计
	分数								
Ⅲ	题目	3	7	11	15	19	23	27	小计
	分数								
Ⅳ	题目	4	8	12	16	20	24	28	小计
	分数								
总分									

【结果分析】

如果你得到的总分在0~8分之间,那么说明你在与朋友相处上的困扰较少。你善于交谈,性格比较开朗,能主动关心别人,你对周围的朋友都比较好,愿意和他们在一起,他们也都喜欢你,你们相处得不错。而且,你能够从与朋友相处中得到乐趣。你的生活是比较充实而且丰富多彩的。你与异性朋友也相处得比较好。一句话:你不存在或较少存在交友方面的困扰,你善于与朋友相处,人缘很好,能获得别人的好感与赞同。

如果你得到的总分在9~14分之间,那么,你与朋友相处时存在一定程度的困扰。你的人缘很一般。换句话说,你和朋友的关系并不牢固,时好时坏,经常处在一种起伏波动之中。

如果你得到的总分在15~28分之间,那就表明你在同朋友相处方面的困扰较严重。分数超过20分,则表明你的人际关系困扰程度很严重,而且在心理上出现了较为明显的障碍。你可能不善于交谈,也可能是一个性格孤僻的人,不开朗,或者有明显的自高自大、讨人嫌的行为。

以上是从总体上评述你的人际关系。下面将根据你在每一横栏上的小计分数,具体指出你与朋友相处时的困扰及可资参考的纠正方法。

记分表中Ⅰ横栏上的小计分数,表明你在交谈方面的行为困扰程度。

如果你的得分在6分以上,说明你不善于交谈,只有在极需要的情况下才同别人交谈;你总是难以表达自己的感受,无论你的感受是愉快还是烦恼;你不是个很好的倾听者,往往无法专心听别人说话或只对单独的话题感兴趣。

如果得分在3~5分之间,说明你的交谈能力一般,你会诉说自己的感受,但不能讲得条理清晰;你努力使自己成为一个好的倾听者,但还是做得不够。如果你与对方不太熟悉,一开始你往往表现得拘谨与沉默,不大愿意跟对方交谈。但这种局面一般不会持续很久。经过一段时间的接触与锻炼,你可能会主动与同学搭话,同时这一切来得自然而非造作,这表明你的健谈能力已经大为改观,在这方面的困扰也会逐渐消除。

如果你的得分在0~2分之间,说明你有较高的交谈能力和技巧,善于利用恰当的谈话方式来交流思想感情,因此在与别人建立友情方面,你往往能比别人获得更多的成功。这些优势不仅为你的学习与生活创造了良好的心境,而且常常有助于你成为伙伴中的领袖人物。

记分表中Ⅱ横栏上的小计分数,表示你在交际方面的困扰程度。

如果你的得分在6分以上,表明你在社交活动与交友方面存在着较大的行为困扰。比如,在正常集体活动与社交场合,你比大多数伙伴更为拘谨;在有陌生人或老师存在的场合,你往往感到更加紧张,这会扰乱你的思绪;你往往过多地考虑自己的形象而使自己处于越来越被动、越来越孤独的境地。总之,交际与交友方面的严重困扰,会使你陷入"感情危机"和孤独困窘的状态。

如果你的得分在3~5分之间,则往往表明你在被动地寻找被人喜欢的突破口。你不喜欢独自一个人待着,你需要和朋友在一起,但你又不太善于创造条件并积极主动地寻找知心朋友,而且,你心有余悸,害怕主动行为后的"冷"体验。

如果得分低于3分,则表明你对人较为真诚和热情,你的人际关系较和谐,在这方面,你不存在较明显持久的行为困扰。

记分表中Ⅲ横栏的小计分数,表示你在待人接物方面的困扰程度。

如果你的得分在6分以上,则往往表明你缺乏待人接物的机智与技巧。在实际的人际关系中,你也许常有意无意地伤害别人,或者你过分地羡慕别人以致在内心妒忌别人。因此,其他一些同学可能回报你冷漠、排斥,甚至是愚弄。

如果你的得分在3~5分之间,则往往表明你是个多侧面的人,你也许可以算是一个较圆滑的人。对待不同的人,你有不同的态度,而不同的人对你也有不同的评价。你讨厌某人或被某人所讨厌,但你却极喜欢另一个人或被另一个人所喜欢。你的朋友关系在某些方面是和谐的、良好的,在某些方面却是紧张的、恶劣的。因此,你的情绪很不稳定,内心极不平衡,常常处于矛盾状态中。

如果你的得分在0~2分之间,表明你较尊重别人,敢于承担责任,对环境的适应性强。你常常以你的真诚、宽容、责任心强等个性获得别人的好感与赞同。

记分表中Ⅳ横栏的小计分数表示你跟异性朋友交往的困扰程度。

如果你的得分在5分以上,说明你在与异性交往的过程中存在较为严重的困扰。也许你存在着过分思慕异性的情况或对异性持有偏见,这两种态度都有各自的片面之处。也许你会因不知如何把握好与异性同学交往的分寸而陷入困扰之中。

如果你的得分是3~4分,表明你受到与异性同学交往的行为困扰程度一般,有时可能会觉得与异性同学交往是一件愉快的事,有时又会认为这种交往似乎是一种负担,你不懂得如何与异性交往最适宜。

如果你的得分是0~2分,表明你懂得如何正确处理与异性朋友之间的关系。对异性同学持公正的态度,能大大方方地与他(她)们交往,并且在与异性交往过程中,得到了许多从同性朋友那里不能得到的东西,增加了对异性的了解,也丰富了自己的个性。你可能是一个较受欢迎的人,无论是同学朋友还是异性朋友,多数人都较喜欢和赞赏你。

◎ 领悟行动

活动:信任背摔

操作步骤:

1. 台上学员伸直胳膊,掌心朝外,双手交叉,十指交叉握紧,从胸前翻出,注意双手紧贴胸口,两臂肘弯出向里收紧。

2. 台下保护组成员成弓步站立,两手向前平伸,手心向前,指尖向外,胳膊肘弯曲,准备做保护动作。

3. 教练用扁带将台上学员的手捆绑,学员头向下勾,腰挺直,两脚并拢,大腿不要发力登板,不要抬小腿,笔直倒下。

4. 沟通。台上学员倒下前,和下面的保护组成员有如下对话:

"准备好了吗?"

"准备好了。"

"我来了!"

"来吧!"

"1、2、3,倒。"

5. 放人方式:当接住倒下的队友时,保护组成员将队友的脚放下,托住他的背向前,使队友直立起来。

注意事项:

此活动具有一定的危险性,须在专业人士的指导下进行。

◇ 反思:

1. 谈谈突破心理障碍瞬间的感受和挑战自我的意义。

2. 当你躺在队友的怀抱中时有什么感觉?有没有感觉彼此间的内心距离拉近了?

◎ 本章小结

人际交往,是指人们运用语言符号系统或非语言符号系统相互之间交流信息、沟通情感的过程。每个人都需要人际交往。良好的人际关系对于幸福生活具有重要意义。

大学生在人际交往中因为认知偏差、人格障碍的问题会出现心理问题。

寝室是大学生人际关系紧张的高危地带和主要矛盾的集散地。妒忌、猜疑等不良心理,贫富差距,个人不良生活习惯,狭隘的"依赖",过分投入恋爱,小团体主义等成为破坏寝室关系的主要因素。建立良好寝室关系是一门艺术。

人际沟通模式有五种类型:指责型、讨好型、超理智型、打岔型、一致性沟通型。人际沟通的技巧有寻找合适的沟通时机、寻找共同语言、学会倾听、表达共情、真诚赞美、表达谢意、懂得委婉、适度幽默、善用非语言的艺术等。

人际冲突是指人与人在互相交往和互动的过程中,因为种种原因产生意见分歧、争论、对抗,使得关系出现不同程度的紧张状态,是一种十分普遍的现象。化解冲突矛盾的能力很重要,具体包括找到问题关键所在,深入沟通,积极地解决问题,达成一致的行动计划,照顾对方的自尊。

◎ 课后作业

1. 你在人际交往中有何困惑?
2. 你满意自己人际关系的质量吗?你想在哪些方面提升技巧呢?

◎ 拓展阅读 7-1、7-2、7-3、7-4、7-5(请扫二维码获取内容)

感觉剥夺实验

倾听陷阱

表达共情的
7个关键步骤

如何克服人际交往中
害怕冲突的心态

破坏性的冲突
模式末日四骑士

第八章 08

大学生恋爱心理

◎ 案例导入

在古希腊繁荣的迈锡尼文明末期,富庶的特洛伊国的王子帕里斯发誓要娶世界上最美丽的女人为妻。在他游访斯巴达时,遇到了国王墨涅拉奥斯美丽的妻子海伦。帕里斯与海伦一见钟情,于是两人渡海私奔。国王墨涅拉奥斯知道后,暴跳如雷,发誓要将海伦夺回希腊。于是,特洛伊战争由此爆发。墨涅拉奥斯和他的兄长迈锡尼国王阿伽门农联合希腊各城邦,亲率大军讨伐特洛伊。战争持续了10年,双方死伤惨重,但特洛伊城仍久攻不下。希腊联军在雅典娜女神的指导下,派巧匠埃佩欧斯打造了一个巨大的空心木马,弃于城外。希腊人佯装败退,由打入特洛伊内部的希腊间谍西农将木马献给特洛伊国王。尽管有人提出警告——立即毁掉木马,可是众人还是抵挡不住木马的诱惑,把它当做战利品带回了城里。半夜,正当特洛伊人为胜利欢唱的时候,藏在木马内的希腊士兵偷偷打开城门,早已埋伏好的希腊士兵一拥而入,特洛伊全城立即陷入了血泊和烈焰之中。特洛伊国王及王子身亡,全城的男子被杀绝,妇女全部被掠走沦为奴隶,特洛伊城从此沦为废墟。而特洛伊战争中的木马计被广泛传诵,在著名的《荷马史诗》里也有着详细的记载。

◎ 头脑风暴

读完整个故事,你有什么启示?红颜真的是祸水吗?

◎ 心理探索

第一节　爱情与依恋

人类自诞生之日起就孜孜不倦地探索着爱情这一话题。爱情是永恒而又古老的课题,从古至今,人们一直在探寻着爱情的本质。《诗经》中"关关雎鸠,在河之洲。窈窕淑女,君子好逑"已经生动地描述了爱情中的异性互相吸引。但直到现在,人们仍未完全解开爱情的神秘面纱,但我们对爱情的了解随着现代研究的进展的确有了一些进步。

一、什么是爱情

美国人本主义心理学家卡尔·罗杰斯认为"爱是深深的理解和接受",美籍人本主义哲学家和精神分析心理学家埃里希·弗洛姆(E. Fromm)认为"爱是我们对所爱者生命与成长的主动关切,没有这种关切就没有爱",美国社会心理学家弗里茨·海德(F. Heider)认为"爱是深度的喜欢"。综合各种心理学的观点,我们认为爱情是指男女双方基于一定的社会关系和共同的生活理想,在内心中形成的双方互相接纳、相互需要、相互爱慕,并渴望对方成为自己终身伴侣的最强烈的、最专一的和最稳定的情感关系。我们可以从以下几个方面去理解爱情的特征:

第一,爱情具有自主性和互爱性。爱情是一种复杂、圣洁、崇高的感情活动,它是由两颗心弹拨出来的和弦,男女双方彼此互相倾慕,情投意合。真正的爱情是不可强求的,只能以当事人双方的互爱为前提,当事人既是爱者又是被爱者。在爱情发展中,男女双方必须始终处于平等互爱的地位。单恋虽然也是一种强烈的情感,但它却不是互爱意义上的爱情。

第二,爱情具有专一性和排他性。爱情是两颗心相撞发出的共鸣,男女一旦相爱,就会要求相互忠贞,并且排斥任何第三者亲近双方中的一方。伟大的教育家陶行知曾经很形象地说过:"爱情之酒甜而苦,两人喝是甘露,三人喝是酸醋,随便喝要中毒。"这话是很有道理的。

第三,爱情具有持久性和阶段性。爱情是一棵苍松而不是一枝昙花,不仅存在于婚前的整个恋爱过程之中,而且延续到婚后的夫妻生活和家庭生活中。爱情的持久性表现在爱情的不断深化、充实和提高上。恰如莎士比亚所说:真正的爱,非环境所能改变;真正的爱,非时间所能磨灭;真正的爱,给我们带来欢乐和生命。事实上,爱情的持久性正是建立和保持婚姻关系的基础。真正的爱情不会随着年岁的增长而减弱,但在人生的不同年龄阶段,爱情的表现会有所不同,具有阶段性。

第四,爱情具有社会性和道德性。爱情虽然是男女之间相互爱慕的私情,但具有丰富的社会内容。爱情的内涵、本质以及追求爱情的方式,必然要受到各种社会关系及社会因素的影响。爱情的道德性是指爱情中蕴涵着对对方的强烈的义务感和责任心。

二、爱情的三要素

爱情三角理论由美国心理学家斯滕伯格(R. J. Sternberg)提出,他认为爱情由三个基本成分组成:亲密、激情和承诺。

(一) 亲密(Intimacy)

亲密包括热情、理解、沟通、支持和分享等爱情关系中常见的特征,一般来说包含下面十个基本要素:渴望促进被爱者的幸福感,在必要时也希望对方能这么做;跟被爱者在一起时感到幸福;尊重对方;跟被爱者互相理解;与被爱者分享自我和自己的占有物;接受被爱者感情上的支持;给予被爱者感情上的支持;跟被爱者亲切沟通;尊重被爱者;珍重被爱者。

(二) 激情(Passion)

激情的主要特征为性的唤醒和欲望,是一种强烈地想要和对方结合的状态。简单来说,就是见了对方,会有一种怦然心动的感觉,和对方相处,有一种兴奋的体验。激情可以是积极的,也可以是消极的。

（三）承诺(Commitment)

承诺是指投身于爱情和努力维护爱情的决心。如果说亲密是情感性的，激情是驱动性的，那承诺就是认知性的。它分为短期承诺和长期承诺。短期承诺就是要做出一个爱不爱对方的决定。长期承诺则是做出维护爱情关系的长期的承诺。

由爱情的三种要素来看，我们可以将爱情分为八种类型：

（1）无爱式：亲密、激情和承诺三者都缺失，爱情就不存在。两个人可能仅仅是泛泛之交而不是朋友，彼此的关系是随意、肤浅和不受约束的。

（2）喜欢式：当亲密程度高，但激情和承诺都非常低时，两个人在一起时感觉很舒服，多表现为友谊。

（3）迷恋式：缺乏亲密或承诺，却有强烈的激情。认为对方有强烈的吸引力，但除此之外，对对方的了解不多，也没有想过将来，如初恋或一夜情。

（4）空洞式：只有承诺，缺乏亲密和激情。常见于激情燃尽的爱情关系中，既没有温情也没有激情，仅仅在一起过日子，如包办婚姻等，是纯粹为了结婚的爱情。

（5）浪漫式：有着强烈的亲密体验和激情体验，但缺乏承诺。崇尚过程，不在乎结果。

（6）伴侣式：亲密和承诺结合在一起所形成的爱，双方会努力维持深刻、长久的感情，这种爱情表现出亲近、沟通、分享以及对爱情关系的巨大投入。如长久而幸福的婚姻，两个人的激情已经逐渐消失。

（7）愚昧式：缺失亲密的激情和承诺也会产生愚蠢的爱情体验，这种爱情会发生在旋风般的求爱中，在压倒一切的激情基础上双方会闪电般被爱情击昏，但并不是很了解或者喜欢对方。

（8）完美爱情：同时具备三要素，但一般认为这种爱情存在时间较短，很难长久维持。

◆ **课堂讨论：**

学习了这个内容，持镜自照，你的爱情是哪个类型？

三、爱情的发展阶段

心理学家发现，虽然不同的人有不同的爱情故事，但从统计学来看，所有的爱情都会经历四个阶段：共存、反依赖、独立、共生。

第一阶段：共存

共存期就是爱情的热恋期。一段爱情开始的时候，都是浪漫而又充满激情的。两个人互相爱慕，情人眼里出西施，双方眼中都是对方让自己满意的地方，浓情蜜意，如胶似漆，恨不得天天黏在一起。这就是共存期。人们对爱情的所有期待和想象，在这个阶段被体现得淋漓尽致。因此，无数的人想尽办法都要让自己的爱情永远停留在这个时刻。只不过美好的想象总是敌不过现实，激情总会消退，爱情注定要进入下一阶段，这成了爱情最大的劫难。

第二阶段：反依赖

热恋期一过，两个人逐渐开始关注对方的缺点，这个过程感觉就像是重新认识一个人一样。曾经心中完美的形象逐渐开始有了人间烟火,两个人之间也就不再像之前那样陷入盲目的崇拜与依恋之中。这时候,恋爱中的其中一人想从依赖的状态中找寻一些自主的空间,也许只是想要做一些自己想做的事,但另一个人立马就会感受到被冷落,矛盾也就在这个时候显现。怀疑、否定、失落、自卑,这些负面的情绪随着两个人对于依恋关系的矛盾开始慢慢涌现,爱情的完美光环正在被侵蚀,当初期望有多大,现在的失望就有多大。很多情侣就是处理不好这个阶段的矛盾,使爱情之路就到此终结。

第三阶段:独立

如果爱情中的两个人顺利地从依赖关系中摆脱出来,下一步就是逐渐找回自我。爱情让人迷失,人们沉浸在爱情之中往往会忘记自我。所有的关注都在恋人身上,喜怒哀乐都取决于恋人,这并不是一种可以持续的状态。自我被忽视的时候,人就会变得软弱和多愁善感;只有重新找到自我,找回独立的人格,才能变得自信和从容。恋爱和独立并不冲突,当爱情发展到一定的阶段,两个人都会有回归自我的意愿;而给彼此独立的空间,满足自我的不断成长和超越,不仅不会伤害感情,相反,对爱情反而是一种保护。最好的爱情不是没有你不行,而是有你更精彩,爱你可以爱到忘我,但终有再想起自己的一天。

第四阶段:共生

圆满的爱情,最后都会走向共生。彼此都在不断地成长,彼此又在不断地促进,爱情发展到共生的阶段,就是你中有我、我中有你,亲密关系,莫过于此。

所爱的人相遇相恋是非常不容易的,不要轻言放弃。每一份恋爱都要经历一定的过程,也许在这个过程中会有伤心、委屈、不理解,但只要我们怀着积极的心态,认识到爱情发展不是一帆风顺的,要接纳关系的波折,终能找到适合自己的恋人,执子之手,与子偕老。

四、什么是依恋

依恋理论首先由英国精神病学家约翰·鲍尔比(John Bowlby)提出。1944 年他进行了一项关于 44 名少年小偷的研究,首次激发了他研究母子关系的兴趣。随后,他开展了一系列"母亲剥夺"的研究,并指出:在个人生活的最初几年里,延长在公共机构内照料的时间或经常变换主要养育者,对人格发展有不良影响。1969 年,鲍尔比关于依恋的三部重要著作的第一部问世,它阐述了婴儿与照顾者之间的联系,该观点具有划时代的意义:依恋并非来自母亲的喂食行为及人类的性驱力,它是生命系统的一部分。虽然它在整个生命过程中都存在,但在儿童早期最明显,儿童只有把父母作为安全基地才能有效地探索其周围环境。假如婴儿不寻求并维持与照顾者的亲近关系,这无助的人类婴儿就会死亡。

自 20 世纪 60 年代鲍尔比对依恋进行精细研究开始直到现在,依恋研究已经历了三个阶段的发展:第一个阶段从 20 世纪 60 年代至 70 年代中叶,这是依恋概念的提出和理论构架建立阶段;第二个阶段从 20 世纪 70 年代中叶至 80 年代中叶,在这一阶段,由于测量工具的发展,对依恋的研究成为西方儿童社会化过程研究中最活跃的领域,深化了依恋本身的研究,并且同时开始进行了跨文化研究;第三个阶段从 20 世纪 80 年代后期至现在,这是对依恋的心理机制进行深入研究的阶段,如开展婴儿期以外不同年龄段儿童的纵向研究,依恋与别的心理过程的相互关系和依恋的神经心理机制的横向研究,依恋在发展精神病理学中的研究以及依恋的跨文化研究等。

依恋理论在 1980 年代后期由辛迪·哈赞(Cindy Hazan)和菲利普·谢弗(Phillip Shaver)扩展到成人的浪漫关系。在成年人中,这些大致对应于婴儿分类中的安全型,不安全型中的焦虑-矛盾型和回避型。

安全型:我发现与别人亲密并不难,并能安心地依赖别人和让别人依赖我。我不担心被别人抛弃,也不担心别人与我关系太亲密。这样的人在人群中约占 60%。

焦虑-矛盾型:我发现别人不乐意像我希望的那样与我亲密。我经常担心自己的伴侣并不真爱我或不想与我在一起。我想与伴侣关系非常亲密,而这有时会吓跑别人。这样的人在人群中约占 20%。

回避型:与别人亲密令我感到有些不舒服;我发现自己很难完全相信和依靠他们。当别人与我太亲密时我会紧张,如果别人想与我更加亲密一点,我会感到不自在。这样的人在人群中约占 20%。

在恋爱关系中,一个安全依恋的成年人能出色地解决冲突,有灵活的心理,是有效的沟通者,能避免操纵,贴近而又不惧怕被套住,能很快宽恕,将性和情感亲密视为一体,能积极地影响双方的关系,并照顾他的伴侣。总而言之,他是很好的伴侣,他能很好地对待自己的配偶,因为他不惧怕付出积极的心。依恋牢固的成年人认为"有很多潜在的伴侣会响应他们的需求",如果遇到不满足其需求的人,他们通常会很快失去兴趣。在比较安全—安全和安全—各种依恋风格关系的研究中,积极的关系功能没有波动。但是,在非安全型依恋类型的两个合作伙伴的任何组合中,这些关系都显示出高水平的负面关系功能。这项研究表明,在一段浪漫的恋爱关系中,一个安全可靠的伴侣才能保持健康稳定的情感关系。

焦虑-矛盾型依恋的成年人从伴侣那里寻求高水平的亲密、认可和反应能力,变得过于依赖。他们往往不那么信任别人,对自己和伴侣的看法也不太积极,并且可能表现出很高的情感表达、担忧和冲动。由于缺乏准备,焦虑-矛盾型依恋的成人将对预期分离或与他们的依恋分离反应过度。

回避型依恋的成年人渴望高度的独立性,常常看起来完全避免依恋。他们认为自己是自给自足的,对依恋感毫不在意,不需要亲密的关系。他们倾向于通过与经常没有好的见解的伴侣保持距离来压抑自己的感情,处理冲突。成人缺乏与周围人建立亲密关系并保持情感亲密的兴趣。他们对他人非常不信任,但同时又拥有积极的自我模式,他们更愿意投资于自己的自我技能。由于他们的不信任,他们不能说服其他人提供情感上的支持。他们试图通过不成比例地投资于自己的能力或成就来建立高水平的自尊。这些成年人基于自己的个人成就和能力,而不是寻求别人的接纳和接受,而保持对自我的积极看法。这些成年人会明确拒绝或降低情感依恋的重要性,并在感觉好像变得太亲密时被动地避免恋爱。他们努力实现自力更生和独立。当谈到别人对自己的看法时,他们很冷漠。疏忽回避也可以解释为附件系统防御性激活以避免潜在拒绝的结果,或者是真正忽略人际亲密关系的结果;是基于他们的个人成就和能力,而不是寻找和感受到别人的认可。这些成年人会明确拒绝情感依恋或降低情感依恋的重要性,并在感觉好像变得太亲密时被动地避免恋爱。他们倾向于不信任自己的伴侣,并认为自己不配。像回避型依恋的成年人一样,回避恐惧的成年人往往寻求更少的亲密感,从而压抑了自己的感情。

> ◇ 课堂思考:
> 你的依恋类型是什么样的?如何与非安全型依恋的人相处?

第二节 恋爱心理

在校大学生已经是成年人,他们在心理和生理上都处于较成熟的时期,渴望爱情。因此,恋爱已经成为大学中的普遍现象。但由于学生心理尚未完全发展成熟,他们虽感情丰富,但自控力尚弱。因此,他们可能会进入一些恋爱的误区。

一、大学生恋爱产生的动因

(一)生理因素

大学生处于青年期,生殖系统成熟,性激素分泌影响生理平衡,对异性特别敏感。同时,大学生正值青春发育成熟期,性意识增强,心理渴望与异性交朋友,恋爱意识强烈。

(二)心理需求

生理成熟是恋爱的基础,但心理需要是恋爱的本质特征。亲密关系对每个人来说都是不可或缺的。即使是羁留荒岛的鲁滨孙,也要培养出一个忠实的仆人"星期五"来满足他的人际交往需要,完全不与自己关系密切的人交流往来所带来的孤独,是一般人很难忍受的。亲密关系发展的顶点就是爱情。心理学家沙利文指出,亲密关系和性冲动最终结合成人类的情爱。

归属需要是人的社会性需要之一,心理学家马斯洛认为归属感是在人的安全需要之后的精神层面的高一层次的需要。恋爱关系是一种亲密关系极强的关系。在恋爱中,恋人能感觉到自己属于另一个人和被另一个人爱抚关心的温暖。两人共同分享所有的东西,如财产、情感、秘密等。恋爱能满足归属感的需要。

(三)环境因素

大学校园氛围相对宽松自由,学生对课余时间的支配有较大的自主权。对于大学生的恋爱行为,老师、家长和学校所持的态度也比较宽容,大学生异性之间的接触也不再像中学时那样会引起周围同学的广泛关注。相对宽松自由的环境为大学生自由地释放自己心中的感情创造了条件。

因此,大学生的恋爱意识和行为是生理、心理、环境三因素的相互作用下自然而然产生的。对于大学生来说,如何驾驭爱情是他们应该认真思考的问题。

二、大学生恋爱的心理特点

（一）爱情至上

有些同学把爱情放在第一位，认为"没有爱情，活着就没有啥意思"，整天沉溺于卿卿我我之中，对周围的一切事物都漠然处之。这样的恋爱在过程中往往产生很多的消极影响：有的学生会分散精力、浪费时间、成绩下降；有的学生眼中只有"两人"世界，他们脱离集体，正常的同学交往也受影响。这类学生一旦失恋以后就悲观厌世，精神萎靡，认为从此生活没有了意义，学习没有了动力。

（二）恋爱动机不纯

恋爱动机实际上是来源于恋爱的需求，其最终指向了恋爱目的。当前，新时期大学生恋爱动机不纯主要表现在以下几个方面：

（1）从众效应。所谓从众效应就是人们常说的羊群效应，一个人在生活、学习的过程中因为受到周围人群的影响，出现了怀疑自己以往的判断是否正确的心理变化。一些大学生在看到周围同学在自己面前秀恩爱，内心也会产生恋爱的冲动。通过对相关调查资料的分析发现，有25%以上的大学生之所以谈恋爱就是因为看到别的同学出双入对，自己不甘人后不想成为孤家寡人。

（2）贪慕虚荣。一些大学生心里有这样的想法：有恋爱对象是一件值得在同学面前骄傲和炫耀且可以向他人证明自己能力的事情；反之，如果没有恋爱对象的话，那么就会被认为是自己缺少魅力。

（3）功利心态。功利心态主要表现在恋爱对象选择的标准上，一些学生经常将金钱的多少、权力的大小作为衡量恋人的标准，忽略了对方的品德、责任意识。

（三）注重恋爱过程，轻视恋爱结果

在一项名为"大学期间谈恋爱的主要目的"的调查中发现：28.3%的大学生选择"体验爱情的幸福"，37.6%选择"充实大学阶段的生活"，仅有11%选择"将来结婚成家"。由此可见，大学生注重恋爱的过程，而不注重恋爱的结果。因此，大学生的恋爱常常强调的是爱的"现在进行时"，把恋爱与婚姻相分离，不考虑爱的"将来完成时"；谈恋爱不以婚姻为目的，常常只是寻求感情寄托，恋爱成功率很低；"不在乎天长地久，只在乎曾经拥有""毕业就分手"等观念在大学生中逐渐被接受。

（四）恋爱行为开放，传统道德意识淡薄

自改革开放以来，人们思想观念愈发开放，"00后"大学生是在我国全面开放时代的大环境下成长起来的，他们更容易受西方文化观念和社会风气的影响，因而导致他们的传统道德意识较为淡薄，具体体现为性观念逐渐开放，对婚前性行为包容度显著提升。在一项针对"00后"大学生的问卷调查中，在回答"你对大学生同居或婚前性行为的看法"时，认为可以接受的有708人，占调查人数的70.6%；不赞成的有185人，占18.4%；认为无所谓的有110人，占11%。

(五) 爱情承受能力较弱

部分学生因遭遇了"感情危机",对爱情失去信心,放弃了对爱情的追求。因失恋而失志、失德者,虽属少数,但他们的影响很大。

三、大学生恋爱的困惑

爱情不是人生的目标,而是人生中的一种体验。在爱情中,每个人扮演的角色不同,与异性的相互关系不同,各自的体验也不相同。例如,有的人会产生单相思,有的人会体验到失恋的痛苦,有的人会品尝到爱的甘露,也有人会品味到爱的苦涩。

(一) 单相思与爱情错觉

单相思是指异性关系中的一方倾心于另一方,却得不到对方回应的单方面的"爱情"。爱情错觉则是指在异性间的接触往来关系中,一方错误地认为对方对自己"有意",或者把双方正常的交往和友谊误认为是爱情的来临。

爱情错觉是单相思的另一种形式,它常会使当事人想入非非、自作多情。

单相思与爱情错觉都是恋爱心理的一种认知和情感的失误。单相思使某些学生陷入痛苦的境地,使他们处于空虚、烦恼,甚至绝望之中。单相思处理不好对以后的恋爱婚姻生活都有消极的影响,因此,陷入单相思的大学生要及早止步另做选择。要想克服单相思和爱情错觉,首先必须正确理解爱情的深刻含义,其次要用理智驾驭情感,尊重对方的选择,不可感情用事。

(二) 失恋

失恋带来的悲伤、痛苦、绝望、忧郁、焦虑、虚无等情绪会使当事人受到伤害。失恋是人生中最严重的心理挫折之一。失恋所引发的消极情绪若不及时化解,会导致身心疾病。

(三) 多角恋

所谓多角恋是一个人同时被两个或两个以上异性追求或自己同时追求两个或两个以上异性并建立了爱情关系。多角恋是爱情纠纷的主要原因之一,其实质上是比单相思更为复杂、更为严重的异常现象。在同异性恋爱时一些大学生因心理不够成熟有时被多个异性动人之处吸引而动心同时与几个人相恋。因此,多角恋潜伏着极大的危险性,多角恋的人一旦失去理智,就会给对方和社会带来恶果。

(四) 培养健康的恋爱观

1. 提倡志同道合的爱情

在恋人的选择上最重要的条件应该是志同道合——在思想品德、事业理想和生活情趣等方面大体一致。志同道合的爱情应该是理想、道德、义务、事业和性爱的有机结合。

一般情况下,异性感情的发展是沿着熟人—朋友—好朋友—知己—恋人这一路线发展的。当一个男性成为一个女性心中任何人都不能代替的角色时,爱情就可能降临。在分享快乐和痛苦、共同成长的过程中,爱情就会产生和发展。

2. 摆正爱情与学业的关系

大学生应该把学业放在首位，摆正爱情与学业的关系，不能把宝贵的时间都用于谈情说爱而放松了学习，因为学业是大学生价值感的主要支柱。当女大学生把爱情视为生命的唯一时，爱情就是一株温室中的花朵，娇弱美丽却经不起任何的打击。当爱情成为女性唯一的存在价值时，她本人就会失去人格的独立和魅力，也很容易失去被爱的理由。

3. 懂得爱情是相互理解，是相互信任，是责任和奉献

理解对方是为个人和对方营造一种轻松和快乐的氛围，没有人追逐爱情只是为了被约束；相互信任是自信的表现，自己都不相信自己爱的人，很难收获对方的信任和爱。责任和奉献则意味着个人道德的修养，它是获得崇高的爱情的基础。

第三节　拥有爱的能力

一、培养爱的能力

爱情是甜蜜的、美好的。生活中人们追求爱情、赞美爱情、渴望爱情，然而要获得爱情首先必须具备爱的能力，而爱的能力又必须经过培养才能具备。人首先应了解爱、懂得爱，具备了爱的能力，才可能让爱的美好愉悦自己的心灵、丰富自己的思想，和所爱的人共同享受生活的甜蜜。爱的能力，具体来说包括表达爱的能力、接受爱的能力、拒绝爱的能力、承受恋爱挫折能力和发展爱的能力。

二、接受爱的能力

一个人心中有了爱，在理智分析之后，要敢于表达、善于表达，这是一种爱的能力。一个没有爱心的人是个自私自利的人。一个人面对别人的施爱，能及时准确地对爱作出判断，并作出接受、谢绝或再观察的选择，这也是一种爱的能力。缺乏这种能力的人，或是匆忙行事，或是无从把握。大学生要具有接受爱的能力，就应懂得爱是什么，有健康的恋爱价值观，知道自己喜欢什么、需要什么、适合什么；应对自己、对他人、对万事保持敏感和热情；应主动关心他人，爱护他人。

三、拒绝爱的能力

面对自己不愿或不适合接受的爱时，应有勇气加以拒绝。拒绝爱要注意两个方面：一是在并不希望得到的爱情到来时，要果断、勇敢地说"不"，因为爱情来不得半点勉强和将就。如果优柔寡断或屈服于对方的穷追不舍而勉强接受，发展下去对双方都是不利的。二是要掌握恰当的拒绝方式。虽然每个人都有拒绝爱的权利，但是珍重每一份真挚的感情是对他

人的尊重,也是一种自重,同时是对一个人道德情操的检验。若处理方法简单轻率,不顾情面,甚至恶语相加,结果很可能会使对方的感情和自尊心受到伤害。这样的做法是很不妥当的。

四、建立和维持亲密关系的能力

(一)学会爱自己

自爱是给予爱的前提,只有先学会爱自己,内心才能充满爱,才可以给别人爱,才可能真正去爱别人。此外,每一个人都是一个独立的个体,只有学会自爱,才能在爱情中保持独立与完整。

(二)学会接纳对方

爱一个人就要学会接纳她(他)本来的样子,包容她(他)的非原则性错误,体谅她(他)的难处,理解她(他)的苦衷。

(三)了解对方的情感需求

男生和女生的情感需求截然不同,因此,大学生在恋爱过程中应注意了解对方的情感需求,以提高沟通质量。一般来说,男生的三大情感需求是能力被肯定、才华被欣赏、努力被感激,女生的三大情感需求是时常被关怀、需要被肯定、想法被尊重。

(四)提高恋爱挫折承受能力

一般来说提高恋爱挫折承受能力的方式之一是学习对挫折的"问题定向性应付",即通过增强理智感、分析原因、寻找解决问题的方法和途径来应付挫折。大学生应该认识到爱情虽然是生活的重要组成部分,但并不是生活的全部。当爱情受挫后,大学生要用理智来驾驭感情,让自己逐渐摆脱烦恼和痛苦的思绪,在新的追求中确认和实现自己的价值,即在爱情受挫后,应该冷静、客观地分析一下原因,进而总结经验教训,提高自己的心理承受力和思想水平。莫里哀曾说过:"爱情是一位伟大的导师,教我们重新做人。"能战胜挫折的人,才能获得成功。

提高恋爱挫折承受能力的方式之二是学习对挫折的"情绪定向性应付",即通过适当的情绪调节和转移来减轻痛苦,如应用合理化效应、让情感升华等防卫机制。所谓合理化效应即"酸葡萄效应",指对某些不能改变的挫折在认知上给予调整,将挫折归为对方的不是。正如狐狸得不到葡萄吃,就说"反正葡萄是酸的",言下之意是反正那葡萄不能吃,即使跳得够高摘到也还是"不能吃"。这样,狐狸也就心安理得地走开,去寻找别的食物。升华是对因恋爱挫折所产生的愤怒、仇恨、敌意、自责或悔恨等消极情绪,都作一种积极的处理,将它们作为一种高尚的表达。歌德因为得不到其初恋情人绿蒂的感情回报,而一度陷入了感情的危机,但他后来因此而写下了《少年维特的烦恼》一书,用文学创作来表达其受到挫折的情感,使自己的情绪得以升华。

一个人对失恋的应对方式反映了这个人的心理成熟水平和恋爱观。若一个人能够理智地从失恋中解脱出来,往往会使自己变得成熟起来。

（五）亲密关系恐惧及原因

◇ 案例分析：失去爱的能力的小 A

小 A 性格内向，不善社交，常常一个人看电影，一个人吃火锅，并且很喜欢独来独往的生活。小 A 说："我不知道如何表达自己的爱，也不懂得如何接受对方的爱。有时闺蜜的一个拥抱会令我觉得别扭；聚会时的热情会让我手足无措。"小 A 大一军训时，曾短暂交往过一个男朋友，但她连伴侣主动的亲吻也会回避，亲密关系仿佛出现了无法逾越的阻隔。自己也疑惑苦笑，并自嘲"我失去了爱的能力"。

实际上，这些现象都可以定义为亲密关系恐惧（Fear of intimacy）

亲密关系不仅仅是一些浪漫的行为，在亲密关系里，我们会主动地把自己的所有暴露给对方，同时也渴望对方的接纳。而恋人在分享的过程中，能体验亲密联系的快乐、幸福和安全感。广泛的心理学研究证实，虽然人们可以主动排斥亲密的生活，但这样的生活会影响自己的心理成长。亲密感缺失或是柏拉图式爱情更有可能引起焦虑症，甚至有一些研究将缺乏亲密感与较短的寿命联系起来。有研究表示，缺乏亲密关系的人比正常人死亡率高出 2～3 倍。

1. 亲密关系恐惧是什么？

在西方文化中，大约 17% 的成年人表示自己不关心亲密关系。在充满压力的都市生活中，淡化亲密关系似乎变成了社会常态。在日常生活中，作为一个情感的主动者，你试图接近你所爱的人时，你可能无法理解对方的回避、拒绝。如果你是一个回避者，你可能会为他人的感情表达感到困惑——"这些人对我有什么要求"。有亲密关系恐惧的人不是不关心和另一个人建立联系。他们只是想不惜一切代价避免自己受伤害，所以经常深陷矛盾：一边害怕失去他们最喜欢的人，一边又担心被亲密关系控制，失去自己自由的身份。他们最常描述自己存在的两个问题是"我很害怕和人确立恋爱关系"以及"我朋友很多，却没有能和我说内心话的人"。亲密恐惧者看似习惯独来独往，喜欢自己一个人在房间，在孤独中自由自在，实际上是对亲密关系无能为力。

亲密恐惧者表面上看起来清心寡欲，不需要爱，实则内心世界复杂纠结：自己总感觉自己不值得被爱，因此故意用冷静或冷漠的行为创造情感距离，害怕别人越了解自己，就对自己越失望；避免亲密的关系，是因为觉得自己最终会被拒绝。亲密恐惧者渴望自己获得亲密伴侣，但最终却得不到一个交心的朋友；在热恋的时候怀疑这段关系；当伴侣表现出情感上与自己亲近的迹象时，会怀疑其对自己有所利用；不愿意承诺关系，因为自己也不知道这段关系会走到何方；不断"测试"伴侣，看他们是否会离开，然而即使伴侣通过了测试，仍然会害怕他们会放弃自己；不断选择"错误的"人或与他们建立关系，因为他知道这段关系不用为未来负责。

2. 亲密关系恐惧的原因

关系心理分析师科恩·普拉弗（Cohen Praver）将亲密关系恐惧解释为，来自我们的童年,我们从父母那里学到的人际关系知识。我们父母的关系可以为我们在成年期的亲密关系行为埋下种子。如果你看到父母经常吵架,有婚外情或离婚,你可能面对情感问题会三思而后行,为自己的亲密关系增添很多焦虑。特别是如果家庭关系以痛苦和苦难结束,许多人会希望自己的生活永远不要像父母一样。有时家庭成员间界限太过于混淆不清,成员彼此过度涉入(最常见的就是父母对子女的过度干涉,会阻碍子女的自主性与独立性的发展),会形成一种纠缠关系家庭(Enmeshment family)。Enmeshment(暂译为"纠缠关系")是家庭治疗术语,用于描述一种不健康的关系:一个人依赖另一个人来满足他们所有的情感需求。比方说,当一个十几岁的女儿变得焦虑和沮丧时,她的妈妈也会变得焦虑和沮丧。同理,当妈妈陷入困境时,女儿无法将她的情感体验与母亲的情感体验分开,即她们彼此之间没有明确的个人界限,没有界限来确保自主性和独立性。有些父母无法将自己与孩子分开,让孩子以自己的想法和愿望成长。父母和孩子之间的纠缠会导致他们过度参与彼此的生活,从而使孩子难以在成长中独立并对自己的选择负责。当孩子长大成年后,面对自己的亲密伴侣的亲密行为时,他们会认为这是伴侣企图去控制自己。对于陷入亲密恐惧的人来说,失去自我身份的恐惧可能是一切恐惧的根源。

一直待在父母怀抱里的孩子是不会成长的,正常状态下孩子会与父母保持一定的距离。同时孩子需要在父母离开时体会到忧虑,而在他们回来时觉得获得保护和安慰。父母如何在这些情况下做出反应,对孩子成年之后的人际关系处理会产生重要的影响。按照这种线索,我们可以总结亲密关系恐惧的两种童年模式。

一种模式是父母拒绝儿童的需要,甚至认为儿童童年时的索取行为是一种羞耻。比方说,我们经常听到父母对孩子说"男孩子哭什么!""你再哭我也不会同意"等。这种父母的照顾行为表现得非常不宽容,他们会认为儿童是在挑战他们的耐心。如果这种关系中的孩子向自己的父母表达自己生气或沮丧,父母可能会做出严厉的反应,并责备孩子,因为父母认为这是不体面的,是不尊重他们的。这种模式经常导致正在发育的孩子错误地崇拜父母,以至于每次与父母见面都会使孩子紧张不安,从而缺乏对人际关系的信任,情绪容易波动,成年后在人际关系上表现得极端冷漠。

另一种模式是父母对儿童的关心照顾过度。比方说,所谓的"直升机妈妈",她们一直盘旋在孩子"上空",有时很有用,有时很烦人,她们一直围绕在儿女周围,而且会发出噪声。这样的父母帮儿女把路铺平,确保儿女在通往成功的道路上一马平川。不要以为儿童不会觉察父母的过度反应,儿童会在不断地学习中认为自己只是被父母利用的角色。孩子们逐渐会学会避免向父母寻求关注、安慰和支持。这类孩子在父母回来时,虽向其寻求接触,但同时又会表现出反抗,甚至愤怒。成年后,这样的孩子仍然会比较缺乏安全感,他们渴望建立亲密关系,但又害怕会在亲密关系中受伤,担心对方并不是真的爱自己,最终他们处理亲密问题的唯一方法就是不去体验情感。亲密恐惧者可能会认为社交关系是无关紧要的。当大家在一起聊天时,亲密恐惧者会想:"我不关心他们的想法!"因此,自己在社交场合沉默不语。亲密关系恐惧者已经学会忽视人际关系交流,所以也很难觉察到他人的情感暗示。亲密恐惧者会在情感上失色,像许多色盲的人一样,其很可能认为自己感受到的就是社交关系的真实,没有意识也没有能力准确地感知他人的情绪。如果你想要和亲密恐惧者建立亲密联系,就要明白他们在情感上总是逃避,并且回应很木讷,你可能会遭到强烈的拒绝和反抗。那么,如何克服亲密关系恐惧呢?

3. 克服亲密关系恐惧的方法

如果你是亲密关系恐惧者,你不太可能认为自己人际关系有问题。亲密关系恐惧者自己往往无法将现阶段的亲密关系恐惧问题与自己早期的创伤联系起来,因为创伤总是被我们的防御机制压抑到潜意识中。如果想克服亲密关系恐惧,可以采取以下策略:

首先是要对自己当前行为有认知。在亲密关系中,你总是可以成功地否认和回避,最终你可能得出结论:我和别人的深度交往总是失败,也许我就是个注定孤独的人。你需要做的是练习阅读其他人的情绪,然后与信任的人核实,弄明白自己的问题。当其他人对你表达负面情绪时,坚持倾听,不作反驳。你可能会不由自主地想要反击、否定和回避,但请强迫自己不要这样做。你要向对方展示你仍然可以理解他们,并且不要说"不对,是这样……""但是……"来反击对方的内容。你首先要做的就是理解自己、理解他人。

克服亲密关系恐惧需要一个具体的生活目标。比方说,如果你不知道你真正想要什么样的伴侣,或者你不知道想要与伴侣一起完成什么,那么这样的亲密关系是松散的,这样会使你想放弃这段关系。所以,花一些时间来想象你理想的生活情况:你将以什么为生?你将如何度过你的时间?你将在哪里生活?至关重要的是,你将和谁一起生活?要牢固树立亲密关系的目标。

学会标记和传达你的情感。不要说你的想法,如"这样错了,应该这样",而要说出你的感受,如"这次谈话让我感到非常焦虑"。有亲密关系恐惧问题人,有很多的负面情绪,有很多明显不合理的表现,我们可以通过这种标记发觉具体的不合理的地方,并对其一一进行纠正和认知重塑。

如果你的伴侣有亲密关系恐惧,你可以做以下事情帮助他/她:

如果你在亲密关系中需要很多浪漫的活动,你要明白现阶段你的伴侣很难做到。当他/她沉默甚至是故意躲开你时,你要明白他/她是在焦虑并试图压抑自己的情绪。其他人很容易说出口的话,他/她却很难说出口。因此,你只能不断摸索并理解他/她。请记住,虽然他/她嘴上不说,但亲密关系恐惧者会经常性地感受到强烈而痛苦的负面情绪。如果他/她突然在谈话时退出,变得坐立难安,那就让他/她回到自己空间,找一个另外的日子继续你们的谈话。

如果亲密关系恐惧者要离开,那么不要追逐。那样他们会更决绝地甩开你。给这个人足够的空间,他们会在独立空间里处理问题。在他们独立思考的时候,他们也一定会想念你。当然,在这段时间里你也会感到焦虑不安,但你必须学会自我调节,因为再次见面你们的关系又会更上层楼。

学会与他/她沟通。如果得到允许你可以轻松地触摸对方,告知你的感受和想法。这种沟通方式可以提供一种情感镜像,让对方模仿你,帮助亲密关系恐惧者获得更多的个人意识。

每个人都有优点,亲密关系恐惧者往往具有冷静的魅力和成就导向,他们会在工作中表现出色,并且会成为团队中很好的执行人。如果你珍惜并认真对待这段关系,为亲密关系恐惧者提供真诚、无条件的积极关注,融化他们的回避和恐惧,那么你们是极其幸运的,最终你们会得到一段安全包容的关系。正如克里斯多福·孟所言:"寻找真挚永恒的亲密关系,其实就是寻找自我。"

◎ 思政课堂

"纸短情长,吻你万千"
——周恩来与邓颖超50年的浪漫爱情

"春天到了,百花竞放,西花厅的海棠花又盛开了,看花的主人已经走了,走了十二年了,离开了我们,他不再回来了。

"你不是喜欢海棠花吗?解放初期,你偶然看到这个海棠花盛开的院落,就爱上了海棠花,也就爱上了这个院落,选定这个院落,到这个盛开着海棠花的院落来居住。你住了二十六年了,我比你住得还长,现在已经是三十八年了。"

上面这段文字出自当时已84岁高龄的邓颖超之手。1988年4月,中南海西花厅海棠盛开之际,邓颖超睹花思人,写了这篇散文,题为《从西花厅海棠花忆起》,怀念逝去12年的周恩来。他们在五四运动中相识于天津,并不是一见钟情,却在一生的相伴中逐渐积淀成深沉的爱。

"情长纸短,吻你万千"这句话出自周恩来、邓颖超夫妇的往来书信。那个年代没有鲜花、钻戒,有硝烟、烽火、革命和他们用信纸传递的爱情。1923年,邓颖超突然收到周恩来从法国寄来的一张明信片,在这张印有李卜克内西和卢森堡画像的明信片上,周恩来写道:"希望我们两个人将来,也像他们两个人一样,一同上断头台。"邓颖超非常明确地答复了周恩来:"我们思想相通,心心相印,愿相依相伴,共同为共产主义理想奋斗终生!"

(资料来源:https://baijiahao.baidu.com/s?id=17158528770525091718_wfr=spider&for=pc,2021年11月8日)

◎ 心灵解码

爱情信任标尺

说明:请判断你是否同意下面这些说法并做出选择。在最符合你情况的方格内打"√"。注意:如果你和伴侣不住一起或者没有孩子(无论分居还是住在一起),在回答相关主题时,请假设你这样做,你的伴侣会有何反应。

题目	很同意	同意	中立	不同意	很不同意
1. 我感到被伴侣保护					
2. 我的伴侣对我忠诚					
3. 我的伴侣在经济上支持我					

(续表)

题目	很同意	同意	中立	不同意	很不同意
4. 在伴侣身边我有时会感到不适					
5. 我不认为伴侣和他人存在亲密关系					
6. 从现在开始,我的伴侣不会和除我以外的人生育孩子					
7. 我的伴侣全心全意地爱着我们的孩子,或者至少尊重我自己的孩子					
8. 我相信大多数人是可信的					
9. 我的伴侣让我有安全感					
10. 我知道我的伴侣永远都是我非常亲密的朋友					
11. 我的伴侣会尽到共同抚养孩子的义务					
12. 关键时刻,我可以指望我的伴侣为我和家庭作出牺牲					
13. 我的伴侣会做家务					
14. 我的伴侣为提高家庭经济安全而努力工作					
15. 我的伴侣不尊重我					
16. 我的伴侣让我觉得自己性感撩人					
17. 我的伴侣在做决定时总是考虑我的感受					
18. 我知道我的伴侣会在我生病时照顾我					
19. 当我们相处不融洽时,我的伴侣会和我协作处理我们之间的关系					
20. 我的伴侣会给我情绪上的陪伴					
21. 我的伴侣不过度饮酒和使用药物					
22. 我的伴侣会对我作浪漫的表示					
23. 我的伴侣对我的家人很照顾					
24. 伤心或愤怒时,我可以信任伴侣对我说的话					
25. 我的伴侣轻视或者羞辱我					
26. 我的伴侣总是先想到别人,而不是我					
27. 我的伴侣会和我一起工作,在经济方面共同进退					
28. 我在婚恋关系中有权力和影响力					
29. 我的伴侣会向他人展示他(她)有多珍惜我					
30. 我的伴侣帮我照顾孩子					
31. 我就是不能完全信任我的伴侣					
32. 我的伴侣信守承诺					
33. 我的伴侣是个品行端正的人					
34. 我的伴侣会做他(她)答应做的事					
35. 我的伴侣会背叛我的信任					
36. 我的伴侣对我深情款款					

(续表)

题目	很同意	同意	中立	不同意	很不同意
37. 在争论时,我可以相信我的伴侣是真的在听我说话					
38. 我的伴侣能够分享我的梦想,并以此为荣					
39. 我害怕我的伴侣出轨					
40. 我的伴侣的言谈举止都反映了我们共同的价值观					
41. 我的伴侣经常和我做爱					
42. 我不能依靠伴侣和我一起建立或维持家庭的感觉					

分数计算:

题目4、15、25、26、31和39用下面的规则计算分数并相加:

很同意—1;同意—2;中立—3;不同意—4;很不同意—5

剩下的题目按照下面的规则计分:

很同意—5;同意—4;中立—3;不同意—2;很不同意—1

将上面两个分数相加,计算出你们的信任标尺总分。

结果分析:

这个分数意味着什么?

0～52分:你对伴侣和婚恋关系的信任度较低。不是所有的伴侣都要永远在一起的,即使是那些受到信任危机困扰的伴侣,如果双方在整个过程中勇于承担自己的义务,也是可以走出危机的。

53～105分:你们之间的信任属于中等水平。你对伴侣忠诚,但并不确定。你可以通过书中的练习来巩固你们的关系。尽管最佳方式是你们一起完成练习,但即使是你独自完成的,这些练习也会对你们的关系有所裨益。当你们中的一个人更加清楚自己的需求和渴望时,你们就会更加关注这些方面,也更容易做出积极的转变。如果你们的信任标尺没有进步,反思一下你们两人是否都把婚恋关系放到了首要位置。如果你们的信任标尺提高了,这充分说明你们彼此更加心灵相通、幸福快乐,你们之间的关系也更令人满意。

106～210分:你对伴侣深信不疑。这样坚定的基础增加了你们白头偕老的可能性。如果你处在这一分数区间的下游,你们仍然有必要就关系问题好好谈谈。如果你的信任水平非常高,这本书仍然对你有用。想想你们在一起读书,这本身就是一件浪漫的事,还会让你们更加确信对彼此的爱,而且会教你如何维持现状。

◎ 领悟行动

主题:爱的五种语言

活动内容:分组开展头脑风暴竞赛,把自己所知道的能够在伴侣间表达情意、传递关怀、促进沟通、增进感情的方式方法陈述出来,各组统计后,派代表发言,再依次把这些内容归入以下六组爱的语言：

1. 肯定的言词：
2. 精心的时刻：
3. 接受/赠予的礼物：
4. 服务的行动：
5. 身体的接触：
6. 其他：

◎ 本章小结

爱情是指男女双方基于一定的社会关系和共同的生活理想，在内心中形成的双方互相接纳、相互需要、相互爱慕，并渴望对方成为自己终身伴侣的最强烈的、最专一和最稳定的情感关系。爱情由三个基本成分组成：激情、亲密和承诺。爱情都会经历四个阶段：共存、反依赖、独立、共生。

依恋是指婴儿和其照顾者（一般为母亲）之间存在的一种特殊的感情关系，它不仅能提高婴儿生存的可能性，而且建构了婴儿终生适应的特点。成人依恋是儿童依恋的重复和再现。成人依恋大致可以分为安全型、不安全型，而不安全型又可分为焦虑-矛盾型和回避型。

大学生恋爱产生的动因包括心理、生理、环境因素。大学生恋爱的心理特点有爱情至上，恋爱动机不纯，轻视恋爱结果，恋爱观念开放，传统道德淡化，爱情承受能力较弱等。

爱的能力，具体来说包括表达爱的能力、接受爱的能力、拒绝爱的能力，承受恋爱挫折的能力和发展爱的能力。

儿童期父母拒绝儿童的需求以及父母对儿童的关心照顾过度都会造成其成年后对亲密关系的恐惧。克服亲密关系恐惧的方法包括：标记和传达情感，要有一个具体的情感目标，要常常反思自己的行为和认知。

◎ 课后作业

1. 查阅相关资料，了解恋爱心理的心理效应。
2. 反思自己的依恋类型，以及在其他亲密关系中的表现。反思自己的依恋类型与过去成长经历，以及父母的养育方式之间的关系是什么？
3. 做一个小范围调查：大学生如何度过失恋期？有哪些可以借鉴的经验？

◎ 拓展阅读 8-1、8-2、8-3、8-4（请扫二维码获取内容）

激情经历 3 个阶段

测一测爱情与喜欢量表

10 个维持亲密关系的策略

爱情与友情的界限

第九章 09

大学生的性与性别多元

◎ **案例导入**

在互联网信息多元化的发展背景下,各式各样的审美文化随之衍生。"娘炮文化"审美即其中之一,其主要是指一个男性的行为举止、说话的声音与语气过于女性化,男性涂上红彤彤的口红、化上浓厚的妆、翘着兰花指、说话捏着嗓子,矫揉造作,这就是当下演艺圈某些"小鲜肉""偶像""爱豆"的做派。在"娘炮文化"的盛行下,艺人之间也掀起了一股"谁的腰最细""谁的腿最细""谁的脸蛋小"等审美炒作之风。2021年9月初,中央宣传部会同有关部门集中开展文娱领域综合治理工作,要求广播电视机构和网络视听平台不得播出偶像养成类节目,不得播出明星子女参加的综艺娱乐及真人秀节目,同时坚决杜绝"娘炮"等畸形审美。

◎ **头脑风暴**

1. 你如何看待"娘炮文化"呢?
2. 自古以来,中国人崇尚阳刚之气,具有尚武精神。在汉代,汉武帝发动对匈奴的全面反击,大将军卫青、霍去病万里长驱,给予匈奴毁灭性重创。到今天,在网络、报纸、电视屏幕上,出现了越来越多的"小鲜肉",这些帅气、年轻的男性,虽已过18岁,却仍自称"男孩"。你怎么看待中国人的审美变迁?

◎ **心理探索**

第一节 人类的性

一、什么是性

性(Sex)这个词,是从拉丁语"Sexus"一词演变而来的,已经存在了几千年,但要想对之做出准确、能获得公认的描述和解释并非易事。"性是什么?就是最高的性研究的权威也不敢轻易下一个定义。"这句话道出了性问题的复杂性。

性是什么?一谈到性,一些学生会表现得十分敏感或羞怯。这种敏感或羞怯隐藏着一种狭隘的认识,即性是一种单纯的性生理。这种认识是非常片面的。实际上,性具有丰富的内涵,既是一种生理现象也是一种心理现象和社会现象。它分别涉及了生理学、心理学和社会学的知识。

从生理学的角度说,性是人类最基本的生物学特征之一,性的需要就如人需要呼吸、饮食一样,是人的一种自然本能。

从心理学的角度说,性的基本意思是指与"性"有关的一切心理现象:它不仅包括性交、性爱抚等所有直接的性活动,还包括人们对于性的情感、态度、价值观和性方面的喜好等心理方面的表现;它不仅包括人们普遍认为的"正常"的性活动,也包括所有被认为"反常"和"不正常"的性行为。

从社会学的角度说,人是社会的人,性是人类得以繁衍、进化的基础,性活动则是人类社会生活的基本内容之一。无论何时何地,人类的性观念和性行为都是研究人类性现象和性行为及其相关社会学内容的一门严肃的科学,但在世界各国,不同的民族因社会制度和文化背景不同会造成性观念差异。

二、性的三种属性

人类的性具有生物学、心理学和社会学上的三种存在,因此,它就相应具有三种属性,即生物属性、心理属性和社会属性。

(一) 性的生物属性

性的生物属性是人类性活动的基础。从生物学角度上说,性是人类繁衍的基础,这是性的自然属性。和其他哺乳动物一样,人类从生物学上可分为雌雄两性,不同性别的个体具有不同的性细胞。进入青春期后,在性激素的作用下,对异性充满好奇,希望与异性接触交往,甚至有与异性结合的愿望,这都是很正常的。正是由于人类具有了这种性的生物属性,才有了男女的结合,人类才得以繁衍和进化。但是,性行为作为人类的一种本能,又不是孤立存在的,它又受到心理因素和社会因素的影响和制约,甚至这些因素有时还起到决定性的作用。

(二) 性的心理属性

人类的性心理属性与其他动物随着性发育成熟产生性欲而冲动行事是完全不同的。人类的性活动是个体的动机、态度、情绪、人格及行为的综合体现,是一种心理现象。对于人类,其性活动是有意识的,受到心理活动的支配和调节。性欲虽然是一种生理冲动,但人类不会一有了性冲动就要通过性行为来得以发泄和满足。性欲会促进男女间的交流,但异性间的交往更多的是为了心理的体验和感情的沟通。人类的性活动也有别于其他哺乳动物,人类的性活动首先产生于心理体验,性爱是性与爱的结合。人类的性行为除了发泄性欲,繁衍后代,更多的是为了获得愉悦的性体验和性享受,从而全面调节人类的快乐、生育和健康等。因此人类性活动时,必须顾及时间、地点等因素。如果性心理偏离了正常的范围,则可能产生心理压力,甚至导致性心理障碍或性功能障碍。

(三) 性的社会属性

性的社会属性是指在一定历史条件和社会关系中,人类性活动所表现出来的性角色形成、性的社会化、性观念、性习俗和性文化等,是人类性的本质属性。

人类的一切性活动与其所处的社会有密切关系。因此,人类的性活动具有社会属性,必须受到社会的制约。我们不能离开人的社会属性去单纯地理解人类性活动的生物属性。

总之,人类的性是生理、心理、社会因素共同形成的一个有机整体,三者相互联系、相互作用、相互影响,又相互制约。在这个整体的内部,生物属性是性活动的物质基础,是人性活动的前提,没有生物属性,心理属性和社会属性就无从谈起;心理属性一方面使人与动物区别开来,影响生物属性的表达,另一方面又促进社会属性的变化;社会属性制约着心理的发展,又控制着人类的本能行为。

三、性心理的发展阶段

性心理存在于个体发展的各个阶段,并且基于生理的成熟表现出明显的阶段性特征。对于性心理发展阶段的认识,有助于我们在不同的个体阶段正确地认识自己,减少不必要的认知冲突,促进个体健康发展。

弗洛伊德将人的性心理发展划分为5个阶段:口唇期(0~1.5岁);肛门期(1.5~3岁);性器期(3~6岁);潜伏期(6~青春期);生殖期(青春期后)。他既提出了划分心理发展阶段的标准,又具体规定了心理发展阶段的分期。

(一)口唇期

弗洛伊德认为力比多的发展是从嘴开始的。吮吸本能也能产生快感。

弗洛伊德又将口唇期分为两个时期:第一时期是0~6个月;第二时期是6~18个月。从出生到6个月,儿童的世界是"无对象的",他们还没有现实存在的人和物的概念,仅仅是渴望得到快乐、舒适的感觉,而没有认识到其他人与自己是分离而存在的。约在6个月的时候,儿童开始发展关于他人的概念。弗洛伊德认为,每个人都经历过口唇期的阶段,流露出较早阶段的快感和偏见。往后的发展阶段直至成人,出现的吮吸或咬东西(如咬铅笔等)时的愉快,或抽烟和饮酒的快乐,都是口唇快感的发展。

(二)肛门期

肛门期约1.5~3岁。在这一阶段,由于幼儿对粪便排泄时解除内急压力所得到的快感经验,因而对肛门的活动特别感兴趣,并因此获得满足。在这段时间里,父母为了养成子女良好的卫生习惯,多对幼儿的便溺行为订立规矩,加以训练。如果父母的要求能与幼儿自我控制的能力相配合,良好的习惯就可以因而建立,从而使幼儿长大后具有创造性与高效率性。如果父母训练过严,与儿童的控制能力发生冲突,则会导致所谓的肛门性格(Anal character):一种是肛门排放型性格(Anal-expulsive character),如表现为邋遢、浪费、无条理、放肆、凶暴等;另一种是肛门便秘型性格(Anal-retentive character),如过分干净、过分注意条理和小节、固执、小气、忍耐等。因此,弗洛伊德特别强调父母应注意儿童大小便的训练不宜过早、过严。

(三)性器期

性器期约在3~6岁。在这一阶段,儿童认识到了两性之间在解剖学上的差异和自己的性别,因此力比多集中投放在生殖器部分,性器官成了儿童获得性满足的重要部位,表现为喜欢抚摸和显露生殖器以及性幻想。这一阶段,儿童表现出对性的好奇,由此产生一些复杂的心理状况。开始时,男孩认为男性和女性的生殖口是一样的,当偶然发现女性的这种器官不一样时,他先是试图否认自己这种感觉的真实性,随后,男孩对存在的这种差异感到恐惧,若此时男孩在玩弄自己的生殖器时受到成人阉割的威胁,就会形成阉割焦虑(castration anxiety),即男孩在潜意识里时常有被切除掉性器官的恐惧。相反,这一时期的女孩会对自己缺少男孩那样的性器官而感觉受到损伤,对男孩有阳具一事,既羡慕又嫉妒,产生了所谓的阴茎嫉羡(或阳具嫉羡)(penis envy)。此外,在这一阶段,儿童的性爱对象也发生了转移。幼儿最初的性爱对象是自己身体的某一部位,此时则把力比多的兴奋向别人身上转移。由于母亲为幼儿提供了生理上的需要和满足,因而成为儿童最初的爱恋对象。在此基础上,特别是男孩,总想要独占母亲的爱,父亲则成为和自己争夺母亲的爱的一个对手。因而,男孩对父亲产生敌意,形成了恋母情结(Oedipus complex)。此时的女孩则对自己的父亲产生爱恋,母亲则被视为多余的人,而且总希望自己能取代母亲的位置。女孩子的这种恋父嫌母的倾向,弗洛伊德称之为恋父情结(Electra complex)。但作为竞争对象的父亲或母亲都十分强大,最终以男孩向父亲认同,女孩向母亲认同而使心理冲突得以解决。

(四)潜伏期

随着较强的抵御恋母情结或恋父情结的情感的建立,儿童进入潜伏期。弗洛伊德认为,儿童进入潜伏期,其性的发展便呈现一种停滞或退化的现象,可能完全缺乏,也可能不完全缺乏。这个时期,口唇期、肛门期的感觉,性器期的恋母情结或恋父情结的各种记忆都逐渐被遗忘,被压抑的性感差不多一扫而光,因此,潜伏期是一个相当平静的时期。

(五)生殖期

经过暂时的潜伏期,青春期的风暴就来到了,从年龄上讲,女孩约从11岁,男孩约从13岁开始进入生殖期。按照弗洛伊德及其女儿安娜·弗洛伊德(Anna Freud)的观点:青春期的发展,个体的最重要的任务是要从父母那里摆脱自己;同时,到了生殖期,个体容易产生性的冲动,也容易产生抵触成人的情绪和冲动。

第二节 大学生性心理健康

一、性心理健康标准

1974年,世界卫生组织(WHO)在一次关于性问题的研究会上,对性健康的概念作了如下论述:所谓健康的性(Sexual health),它融合了有关性的生理面、情绪面、知识面及社会面,可以此提升人格发展,人际沟通和爱,等等。由此可见,性心理健康是指个体具有正常的性欲望,能够正确认识性的有关问题,并且具有较强的性适应能力,能和异性进行恰当的交往,在免受性问题困扰的同时,还能增进和完善自身人格,促进自身身心健康的发展。

根据性心理健康的内涵,个体的性心理健康应该符合以下标准:

(1) 能够正确认识自我,愉快地接纳自己的性别。能够正视自己性生理的发育、性心理的变化,会自觉地把自己融于社会这个大背景,能客观地评价自己和他人,并乐于承担相应的性别角色。

(2) 具有正常的性欲望。性欲是能够获得性爱和性生活的重要条件。因此,具有正常的性心理首先就得具有性欲望,一个人如果没有性欲望,就不会有和谐的性生活,性心理健康就无从谈起。

(3) 个体性心理特点和性行为符合相应的性心理发展年龄特征。在生命发展的不同阶段,人的心理发展表现出不同的特征,性心理的发展也同样呈现出阶段性的特点。如果一个人的性心理与大多数同龄人格格不入,其就不具有健康的性心理。

(4) 具有较强的性适应能力。性适应能力的获得是一个漫长的、复杂的过程,它是伴随着个体的性生理从不成熟到成熟的过程而逐渐建立的。它表现为个体自我同一性的建立;能够正确对待性生理成熟所带来的一系列身心变化;在出现性冲动后,能够正确地释放、控制、调节,使之符合社会规范的要求等等。

(5) 能和人保持和谐的人际关系。随着性生理和性心理的发展与成熟,希望与人交往,并能保持良好的关系,是个体自然而正常的要求。性心理健康的个体,能够在日常的学习生活中,与人进行自然的、符合社会规范要求的交往,在彼此的交往过程中,能保持独立而完整的人格,有自知之明,不卑不亢,能做到相互尊重、相互信任。

(6) 性行为能增进社会风尚的文明。性心理健康的人具有一定的性知识和性道德修养,能自觉分辨性文化的精华与糟粕、淫秽与纯洁、庸俗与高雅、谬误与真理,自觉抵制腐朽没落性文化的侵蚀。

二、大学生性心理发展特点

(一) 性心理的本能性和神秘性

大学生的性心理主要还是生理发育成熟带来的本能反应,缺乏责任、承诺、安全等深刻的社会内容。此外,随着社会观念的多元化发展,人们传统的性道德观念已发生了巨大改变,再加上影视、书籍、网络对性的传播,大学生对性不再感到陌生,但是仍然缺少正确和科学的认识,所以对大学生来说,性还具神秘感和朦胧感。

(二) 性意识的强烈性和表现上的文饰性

随着性意识的增强,大学生对性的关注程度也明显增强。他们十分重视自己在异性心目中的形象。十分看重来自异性的评价,并常按照异性的要求和希望进行自我评价、塑造自我形象。但同时他们又不希望自己内心的秘密被他人察觉,因此会在行为上表现得拘谨、羞涩或冷漠,具有明显的文饰性。

(三) 性冲动与性压抑并存

大学生正处于个体性欲最旺盛的时期,渴望与异性交往,但由于性心理发展还不成熟且自控力较弱,因此他们的性心理容易受到不正确的性爱观和性道德观的影响,从而发生性过失行为,甚至性犯罪行为。与此相反,有些大学生因性欲得不到合理地疏导和释放,导致过分性压抑,从而产生了各种各样的性心理障碍,如过度手淫、偷窥、恋物癖等。

(四) 性心理的性别差异性

大学生的性心理由于性别不同而存在明显的差异。在对异性感情的流露上,男生一般表现得比较外显和热烈,而女生则往往表现得含蓄和内敛;在内心体验上,男生更多的是新奇、喜悦和神秘,而女生则常较为敏感、羞涩和不知所措;在表达方式上,男生通常比较主动,而女生则表现得较为被动。此外,在性冲动方面,男生的性冲动易被性视觉刺激唤起,而女生则易在听觉和触觉的刺激下引起性兴奋。

三、大学生性困惑及其调适

(一) 性焦虑

这里所说的性焦虑主要是个体指对自己形体、性角色和性功能的焦虑。如果认为自己第二性征的重点的体像不如己意,而且很难改变时,就会出现烦恼和焦虑。如果男生觉得自己矮小、瘦弱,就可能感到自卑;而女生若觉得自己过胖,长相平平,就可能出现苦恼。此外,大学生还为是否与性角色相吻合而忧虑。比如,一些女生觉得自己不够温柔、细心;一些男生常感到自己缺乏男子汉的气质,还有一些男生担心自己的性功能是否正常,尤其是看到某些书刊上谈到性功能障碍时,便会疑神疑鬼。上述的焦虑一般可通过性教育和性咨询得到解决。

(二) 性冲动的困扰

性冲动是男女大学生生理、心理的正常反应,是在性激素作用下和外界刺激下产生的,并不是不纯洁、不道德或可耻的,但不少大学生难以接受自己的性欲、性冲动,对此感到羞愧、自责、苦恼、厌恶和恐惧。一方面是性的自然冲动,另一方面是对性冲动的否定:不少大学生常因这样一种矛盾而不安、困惑。

(三) 性梦

性梦是指在睡眠中出现的带有各种性内容色彩的景象,青春期的男女一般都会有这种体验。弗洛伊德认为:"梦是一种受压抑的愿望经过变形的满足。"一个人有了性的欲望和冲动,如果客观现实不允许其实现这种欲望,就必须加以克制。这种欲望和冲动虽在意识层面被压抑了下去,却可能在潜意识中显露出来,于是便可在梦境中得到实现。性梦可以缓和累积的张力,有利于性器官功能的完善和成熟。因此,性梦是正常的生理心理现象,是一种不由行为人自控的潜意识的性行为,故又称为非意志性的性行为。因此,视性梦为卑鄙下流,进而感到羞耻、自卑,甚至不安,是完全没有必要的。

尽管性梦是正常的心理、生理现象,但若性梦频繁则要寻找原因,例如劳累过度、性自慰过频过强烈、心理上的兴奋、情绪上的激发(睡前饮酒)等。至于许多男生在性梦中常出现梦遗,这是正常的生理现象。

(四) 性幻想

性幻想,又称性爱的白日梦,是指在白天清醒状态下想象与异性发生性行为。其心理活动的基础是性,主要通过联想异性的形象,特别是异性的性特征、性表现外露的部分、一些性情景在已有的性经验基础上编织出符合自己性审美的性爱对象而产生。这是青春期常见的一种自慰行为,是一种正常的、普遍的性心理反应。性梦的产生是无意识的,性幻想的产生则不是完全无意识的。青春期的性幻想是性冲动的一种发泄方式,适当的性幻想有利于释放压抑的性行为。但是,如果性幻想过于频繁且沉溺其中,以至于影响正常的学习和休息,甚至把幻想当成现实,那就会成了病态。病态属于不健康状态,应加以调节和克服。

(五) 性自慰

性自慰在我国称为"手淫",是指通过自我抚弄(用手或其他器具、物体)或其他方式刺激性器官,缓解性欲望、疏泄性冲动以获得快感,从而产生性兴奋或性高潮的一种行为方式。

手淫是人到了青春期后产生了性要求和一时不能满足此要求的矛盾的产物。只要自然的性活动受到限制,手淫就很容易出现。当有了社会性的性行为,就可能抛弃这种方式。研究表明,性自慰时所产生的生理变化,相当于性交时的生理变化,它是消除性饥渴和性烦恼的一种手段。手淫在大学生中是比较普遍的现象。《2019—2020年全国大学生性与生殖健康调查报告》显示,超过86.53%的男生会有手淫,而近一半的女生从来没有。因手淫而产生心理压力的大学生也占有一定比例。据调查,产生心理压力的主要原因在于对手淫的错误认识。这种错误认识给手淫者带来了巨大的心理压力,使他们在每次手淫前后总是伴随高度的精神紧张、恐惧、焦虑、羞愧和耻辱,甚至罪恶感。事实上,国际上已广泛接受的新观念是:"手的性自慰既不是不正常的,也不是对身体有害的行为。"当然,长期频繁的手淫,会引起大脑高级神经功能和性神经反射的紊乱,自然会影响人的身心健康。

(六) 婚前性行为

《2019—2020年全国大学生性与生殖健康调查报告》显示。在全体调查者中,有64.58%的同学,可以接受婚前性行为,其中有75.14%的男生可以接受婚前性行为,55.03%的女生可以接受婚前性行为。男生接受程度比女生接受程度要高得多。11.46%的学生则不能接受婚前性行为。大学生处在性生理已经成熟而性心理尚未成熟的特定时期,有着强烈的性生理感受和性心理体验,且伴有性冲动。大学生在恋爱的过程中,由于性的吸引和双方的情感的逐步加深,会无所顾忌地在公共场合、众目睽睽之下出现接吻、搂抱、抚摸等边缘性性行为,进而发展到"偷吃禁果",发生婚前性行为。

大学生在恋爱过程中,要用理智制约情感,切忌为了想套住对方或因尝试心理而发生婚前性行为。正如莎士比亚的名言:"爱和炭相同,烧起来得想办法叫它冷却,不然会把一颗心烧焦。"只有用理智驾驭感情,把握住自己,才能获得真正的爱情。

第三节 性别多元与性别平等

一、性别的概念

在这个世界上,人类的性别只有男性和女性吗?你有想过自己是男还是女吗?你觉得自己够"男人"或者够"女人"吗?如果没有任何社会压力,你会如何发展或认同自己的性别?如果你可以创造性别,你会创造哪一种?你喜欢自己的性别吗?

我们对自己的性别的了解可能并不如我们想象的那么多。要认识性别,首先要认识性别划分的依据,即性征。性征是指区别男女两性在生物学上差异的特征,综合生物学、心理学和社会学意义上的性别特征通常可以将两性特征分为第一性征、第二性征和第三性征。

第一性征是指男女两性生理构造方面的特征,是判断人体生理性别的基础指标。

第二性征是男女在青春期出现的一系列生理特征。青春期后,一般而言,男性的第二性征,主要标志是:体格高大,一般比女性个子高;肌肉发达,肩宽体壮;喉结突出,声音雄壮;体表常有多而浓密的汗毛,长胡须;乳房不发育等。女性的第二性征主要标志是:体格较男性矮小,身材苗条;皮下脂肪多而显得丰满;皮肤细嫩,汗毛细小;骨盆宽大,臀部大;乳腺发达,乳房大;月经初潮;喉结不突出,嗓音细润如水。伴随着第二性征的出现,社会因素对个人性别心理的影响更加明显。有些青少年会因自己身体发育过迟或过早而觉得羞愧;有的男生因为开嗓较晚,仍然保持着童声;有的女生乳房发育早于同伴。他们可能会因为这些明显的生理差异而招致同伴的取笑,倘若缺少相关的知识和年长者的宽慰教导,这些少男少女极易产生心理压力。

第三性征是指男女在心理上的鲜明区别。家庭、文化、社会对于男性和女性所扮演的角色总有特定期望、要求和评价。生理上表现为男、女的个体是否从内心深处认同社会、文化的期待和设定呢?对于自己的生理性别,一个人可能会喜爱和接纳,也可能会厌弃和排斥,这取决于一个人的"性别认同"。性别认同既包括以生理性别为依据的认同,也包括以心理性别为依据的认同,前者是对自己生理属性的确认;后者则是根据社会文化对男性、女性的期望而选择相应的态度、价值观和行为风格,并发展性格方面的男女特征,即所谓的男子气和女子气。第三性征是以第一、二性征为基础的,强调基于两性角色的行为举止及其社会意义。

有些人不认同自己的性器官所界定的性别,觉得自己应当属于异性,在很大程度上有异性的心理、行为或者气质特征。他们会觉得做异性比较自在,而且全部或者部分时间是以异性角色生活,这些人被称为跨性别者。

一些变性者则是证明生理性别和心理性别同时存在的最佳案例。他们的生理性别和心理性别有冲突,他们强烈感觉自己在心理上是异性成员,他们希望改变生理性别(体形、生殖器)使之符合他们的心理性别。

二、性别特质

(一) 男性特质与女性特质

在一定程度上,每个人都是其所处文化背景的产物。人的行为取决于早期的经历、生命过程、习得方式、所处文化的期望、道德的约束、实践的机会以及环境的需求,而与人的性别并无关系。

性别角色化是个体学习在那些特定社会中被人们所期待的行为(规范和角色)的过程,它从原生家庭就开始了。问问自己,我从父母那里学到了哪些关于性别角色的内容?这对于我今天作为一个男人或女人有什么影响?我父母的性别角色观点又是如何受到他们所处文化内容的影响?

男孩子总是很刻板地被要求积极主动、强硬彪悍、咄咄逼人、敢于竞争、能掌控一切、不感情用事、独立自强和具有领袖气质。社会普遍认为男孩子不应该表现出孤独、无助和恐惧,因此他们总觉得自己没有达到人们的期望。这使得他们的情感不断被湮没,最终变得像社会期望的那样理智和刚硬,但这一过程导致的最终结果就是他们对自己情感的束缚。

与男性一样,女性在社会上也饱受性别角色定位之苦。许多女性担心,如果她们过于热衷追求成功,就会被别人认为缺少女人味,或者被怀疑在成功的路上不是依靠个人的努力。不少女性为了遵守人们为女性制定的清规戒律,付出了沉重的代价。最典型的就是,即使女性在事业上取得了成功,她也必须承担起照料子女和丈夫的责任。

当代女性正越来越多地对以前那些根深蒂固的观念进行质疑,同时也拒绝接受继续遵从传统性别角色带给她们的巨大压力。她们开始从事以前女性不可能从事的工作,越来越多的女性享受工作的权利,并且要求同工同酬。女性已将工作放在优先考虑的位置,并对那些传统意义上的男性职位发起挑战。对许多职业女性来讲,工作是第一位的,其次才是婚姻。许多女性选择延迟结婚和生养孩子,直至她们有了稳定的事业,有些女性甚至决定不生孩子,当然更多的女性还是努力在生孩子和工作之间寻求一种平衡。

过去单身女性迫于压力只能选择婚姻,但现在大量大龄单身女性已经能够被接受了,她们一般都能将自己的生活安排得很好,她们通常对自己的单身生活很满意。越来越多的女性开始在政府和企业中担任领导职务,也有越来越多的女性主动选择结束僵死或者受虐的婚姻关系。在夫妇两人都工作的婚姻中,由过去一方承担责任的模式变成由双方共同承担责任的模式。

(二) 双重性别特质

要想了解双重性别特质,首先应该明白,两种性别的生理特征和习得的行为特点在两种性别角色的形成过程中都起了一定的作用。具有双重性格特质的人能够根据环境的需要,以灵活的方式调整自己的行为表现,他们不会受到固有性别角色的刻板印象的束缚。他们的能力很广泛,因此他们往往既能理解人、充满爱心和体贴,又非常独立、自我依靠和坚定。这样一个人既可以是有同情心的倾听者,又可以是强有力的领导,同时还可以是颇具自信的管理者。

(三) 超越性别角色

超越性别角色意味着对于男性和女性僵硬刻板的性别角色的跨界界定。它体现出一种个性的综合，以便在各种不同的环境中能够灵活应变。

性别角色超越的观念旨在建议人们跨过性别角色的障碍，重新认识自我和他人，这样才能成为一个完全的人。只有跨越性别界限，我们才能只考虑所面对的每个个体，并根据他们的实际情况来评价他们、接纳他们。

◎ 思政课堂

屠呦呦——女孩也可以成为优秀的科学家

我国药学家屠呦呦获得诺贝尔生理学或医学奖的事件的引起社会各界广泛的关注和热议。有人关注到她没有博士学位、没有留洋背景、没有院士头衔的"三无"科学家身份，极大鼓舞了众多的"多无"科技工作者继续努力奋战。而成长、发展、生活在中国，屠呦呦的生命过程的方方面面不可能不受到中国传统性别观念的影响。"男尊女卑""男主外女主内""女性学文男性学理""女孩大了智力就赶不上男性了""生儿育女耽误工作"等等观念及其建立在此基础上的社会制度，严重损害了女性自主选择的发展权。屠呦呦此次获得全球科学界公认的最高荣誉，不仅让中国在诺贝尔生理学或医学奖上实现了零的突破，也向国人和全世界展示了女性科学家的实力。

在通往科学研究"塔尖"的职业道路上，女性的身影越来越少。担任中国女科技工作者协会会长的王志珍院士披露，根据此前中科院的一项调研，本科生、硕士研究生中的男女比例是1∶1，而博士研究生中女生的比例不到40%。随着研究层级的上升，女性的比例越来越少，女教授占比大概是8%~10%，而在"973"、"863"计划首席专家、院士这个层级女性比例就更少了，只有5%左右。这种差别与分化并不是因为女性智商低或是能力差导致的。

由于男性和女性身体结构的差异，生育是女性必须面对的特殊阶段，因而男性相比较而言更容易保持科研工作的持续性和专注力。男权社会文化、制度和家庭的影响，往往是女性坚持理想、走上广阔的科学舞台和实现自我的障碍。她们常常会纠结一个问题："如何在家庭和科学事业间取得平衡？"女性在临近婚嫁年龄时会面临学业与婚姻的矛盾，建立家庭之后又将面临事业和家庭的矛盾。传统性别观念对男女两性的劳动分工使得女性家庭角色与其个人发展是矛盾的，而男性是一致的。因此女性在科研工作中面临更多的艰难：一方面要相信自己的实力和智慧在科研领域并不比男性差；另一方面要尽力和谐平衡家庭关系，承担好家庭角色。科学与家庭不是非此即彼、互不相容的关系。

从屠呦呦获诺奖事件中我们也可以感受到，越来越多的人已经开始慢慢打破已有的性别刻板印象，有意识地关注和避免性别歧视在各个领域的发生。因此我们看到，在1995年第四次世界妇女大会召开20多年后的今天，社会各界有越来越多的力量接受并主动维护和推动性别公平。

三、性别差异

(一) 性别刻板印象

性别刻板印象是指针对某一性别的性格特征、外貌、行为、角色的普遍看法或成见。性别刻板印象能够方便人们判断、预测与对方相关的事情,但更多是会限制不同性别人士的发展、职业生涯追求和对生活做出选择。性别刻板印象也是女性和性少数群体健康权、教育权、婚姻和家庭关系、工作、言论自由、行动自由、政治参与和代表权等一系列权利遭侵犯的因素之一。

性别刻板印象的表现形式主要体现在穿着、外貌、行为、性格、家庭和职业选择上,造成的影响会贯穿人生各阶段。性别刻板印象还会影响人的自我评价,影响对性少数群体的评价。

性别刻板印象是性别矩阵(又称"异性恋矩阵")的重要一环。表9-1为性别矩阵主要内容的体现。

表9-1 性别矩阵

生理性别	社会性别(性别认同和性别刻板印象)	性倾向
男	阳刚	女
女	阴柔	男

性别矩阵出自美国后结构主义学者朱迪斯·巴特勒(Judith Butler)的著作《性别麻烦:女性主义与身份的颠覆》,是指异性恋霸权社会预设了生理性别、社会性别和性欲之间有因果关系,对于生理性别的划分是一种基于"常规"的男女二元法,人们的行为也根据他们的生理性别而有了"规范"。在这样一个矩阵里,生理上是女性的人被期待做一些符合"女性气质"的事,而生理上是男性的人则被期待拥有"男性气质"。因此就产生了"女性(生理)=阴柔,男性(生理)=阳刚"的性别刻板印象,同时他们之间的关系被"异性恋"所联结,使得"异性恋"成为一种强制制度而存在。当个体的性别认同、性别表达或性倾向不符合性别矩阵,会被视为"越轨",挑战了性别刻板印象,可能会因此遭到歧视和暴力。

性别刻板印象也影响针对性少数群体的评价,如认为男同性恋者都比较女性化、"精致",女同性恋者都比较男性化、是"假小子"等。性少数群体内部也受到性别刻板印象影响,如具有明显阳刚气质的男同性恋鄙视具有阴柔气质的男同性恋,具有男性气质的女同性恋会被排斥,而这些又都会衍生出歧视和暴力。性别刻板印象阻碍了人们对于个体多元化的认知,因此我们需要觉察性别刻板印象在日常生活中是如何影响着我们的言行举止的。

(二) 性别刻板印象的伤害

我们并不是天生就符合性别刻板印象的,也不必一旦不符合就觉得像犯了错误,就要焦虑,就一定重新回到刻板印象的轨道上来,就一定要按照刻板印象来塑造标准的男人和女人。比如,刻板印象认为男孩子小时候的玩具应该是玩具车、玩具枪、机器人,如果一个男孩子想玩洋娃娃、过家家就会被大人制止。大家甚至会觉得一个男孩子想学舞蹈是不正常的,想打篮球才是正常的。不少女孩子在念书的时候都听过这样一种说法:女生适合学文,男生适合学理。这也是一种典型的性别刻板印象。

我们需要呼吁的是:拒绝把男女两性的气质截然对立起来,强调男女这两种性别特征的非自然化和非稳定化,每个人,无论是男是女,都是独特的个体,我们不应该用一个固定的模子去塑造男人和女人。在当今世界,性别刻板印象已经显得越来越过时,打破性别刻板印象的现象大量涌现。我们应当克服传统的中性化焦虑,为社会性别气质规范的多元化感到欢欣鼓舞,不要按照那一套僵硬的性别刻板印象去约束、去规训或者去塑造自己的个性和人生。

(三) 多元性别

在异性恋占主导的社会中,很多人难以理解或者接纳其他的性取向。但无论是何种性取向,我们都需要更多的彼此尊重。

1. 性取向的多元化

日常生活中我们提到的恋爱和婚姻,往往是指发生在男女之间的异性恋,但性取向的多元化早已是一个不争的社会事实。性取向是指一个人在身体、情感、性以及浪漫关系方面被一种或者两种性别所吸引的特点。根据被吸引的对象,人的性取向可分为异性恋(heterosexuality)、女同性恋(lesbian)、男同性恋(gay)、双性恋(bisexual)。人们常用后三个英文单词的首字母,再加上跨性别者(transgender)的英文首字母,组成"LGBT"一词来指代性少数群体。

至于性取向到底怎么形成,目前仍是众说纷纭。相对于研究者对原因的探讨,性少数群体更关注的是自己在社会中将要承受的压力。

2. 同性恋

在过去很长一段时间里,因成因的不确定性以及人数上的相对小众性,人们常常将诸如同性恋等一系列有异于社会主流规范的性取向定义为性障碍或性变态。随着医学、心理学和性学的发展,人们对"性障碍"和"性变态"的认识也开始转变。美国精神医学会与美国心理学会在20世纪70年代就开始不再将同性恋看成一种精神疾病。人们不再认为同性恋是由发育不良或者内心扭曲造成的,而将其视为一种正常行为。1994年,世界卫生组织出版的《国际疾病与相关健康问题统计分类(第10版)》(*International Statistical Classification of Diseases and Related Health Problems*, 10th Revision, ICD-10),将同性恋从精神病诊断名册中除名。2001年,中华医学会出版的《中国精神障碍分类与诊断标准(第3版)》(*Chinese Classification and Diagnostic Criteria of Mental Disorders*, 3rd Revision, CCMD-3)也将同性恋删除,不再把同性恋划为病态。

美国心理学会对以下问题已经达成基本一致:同性伴侣关系与异性伴侣关系运转的方式大抵相同,性取向与个体能否成为富有爱心、善于养育的父母并没有必然关系。从社会氛围上来讲,人们对同性恋的认识和态度一直在向积极的方向发展变化。

在关系方面,同性恋者和异性恋者所面临的问题差不多,但除此之外,他们还要应对各种偏见、歧视甚至敌意。

从家庭角度来讲,让父母接纳子女的同性恋倾向可能比较困难。许多同性恋者经常挣扎于是否要将自己的性取向告知身边重要的人,比如父母、中意的对象等。他们比较担心的是自己的性取向会引发亲人的担忧或者疏远。因此同性恋者除了要面对一般的亲密关系问题,还要面对社会舆论和沟通中的压力。

3. 性安全

①性骚扰与性侵害

如果一方在违背另一方意志的情况下,通过欺骗、利诱、威胁或者强迫的方式与对方发生性接触,就构成了有害的性行为。不论受害者是否知道,在施暴者的逼迫或暴力下而被迫与其发生性行为,这种非经双方一致同意的性行为皆可称为性侵害,因此性侵害涉及对受害者有意或无意的身体接触及可能的伤害。

性骚扰可以视作程度相对较轻的性侵害,是个体(特别是女性)在校园、职场社群甚至自己的家庭中所受到的性侵害行为。性骚扰包含诸如轻微的口头猥亵、碰触或抚摸身体、强迫亲吻、色情展示等严重程度不一的行为。

性骚扰往往体现了一种权力滥用,是高权力者对低权力者实施的一种侵害行为。它意味着受害者和施暴者之间地位的不平等,也就是存在上下从属、优势弱势的关系,比如上下级、师生、医生患者之间等等。伴有权力滥用的性侵的受害者往往更难发声,因为施暴者通常是他们熟悉且拥有某种权力的人,甚至施暴者会用爱来模糊这一切。严重的性侵害包含强暴和性虐待等。不少研究者都认同施暴者的性伤害行为常伴有攻击行为、愤怒和权力威胁等,性只是其需求和感觉的一种表达方式。

②性侵害的预防

遭受性侵害的个体往往会在情绪、生活、两性关系等诸多方面受到影响。有学者归纳了性骚扰受害者可能出现的一些症状:在情绪上,常会忧郁、沮丧、害怕与焦虑;丧失自信心,常有无力感、无助感和脆弱感;不愿工作,无法集中注意力,对工作、职务产生莫名的不满和疏离感;易与家人发生龃龉,与其他同事有隔离感,对两性关系的态度与行为有所改变;睡眠与饮食发生改变,可能导致酗酒与药物成瘾等依赖行为。此时,受害人需要积极寻求心理上和法律上的专业帮助。

遭受强暴的受害者则有可能产生强暴创伤综合征(Rape Trauma Syndrome, RTS),指的就是那些因强暴而引起的情感变化,而这些反应基本和创伤后应激障碍相同,创伤后应激障碍是在非常规压力事件后出现的一种严重焦虑障碍,以焦虑和逃避行为为特征症状。具体表现为:受害者脑中反复出现被侵害的画面;长期或持续性地极力回避与性有关的事情;知道自己有过一段可怕的过去,但是无法想起;时常做噩梦并感到恐惧;觉得自己随时处在危险之中,需要时常保持警觉。

性侵害会带来破坏性的结果,那么个人该采取怎样的行动以免受伤害呢?首先,态度明确地反对任何性骚扰。一旦情况恶化,及时寻求帮助。其次,远离那些将性行为看成利益交换的对象。他们在内心里不太可能重视对方的利益。再者,远离不健康的交往环境。酒精和毒品都会让人的意识行为发生改变,导致举止失当。最后,对待自己的亲密伴侣,也要预先、坦率地沟通,澄清自己的行为界限和底线。

③性传播疾病与安全性行为

世界卫生组织把通过性交和类似行为传染的疾病统称为性传播疾病(Sexually Transmitted Disease,STD),其是指要通过性接触或经由患病的产道出生而感染的疾病。较常见的性病有淋病、梅毒、非淋菌性尿道炎、艾滋病、滴虫病等。感染性病后若不能及时发现并彻底治疗,人体健康将会受到多方面的损害,最直接的病症就是不孕不育。此外,有些性病还会损害许多其他身体部位,比如心脏、脑等人体的重要器官,有着潜在的严重后果。

艾滋病,全称是获得性免疫缺陷综合征(Acquired Immunodeficiency Syndrome, AIDS),为性传播疾病的一种,其危害性引起了全球各界的广泛重视。它的传播包括三个要素:一是传染源,人类免疫缺陷病毒(Human Immunodeficiency Virus,HIV)的人是本病唯一传染源;二是传播途径。主要有性接触传播、经血液和血制品传播、母婴传播;三是易感人群,易感人群对HIV普遍易感。根据《2015年中国艾滋病防治进展报告》,我国的艾滋病疫情主要呈现以下几个特点:一是全国艾滋病疫情保持流行态势,在部分地区和人群流行较高;二是存活艾滋病病毒感染者和病人持续增加,艾滋病在不同人群中的流行趋势呈现较大差异;三是艾滋病病人人数明显上升;四是经性传播为主要传播途径,男性同性传播增加明显。

不同地区、不同时期STD流行特点存在很大差异,其影响因素包括生物学因素、人们的性行为(如无保护的性行为)、医疗服务、社会等方面。具体来讲包括:

第一,个人因素。具体有有:自我防卫知识,对传播疾病的了解情况;个人卫生习惯,比如在不清洁的游泳池游泳、使用污染过的毛巾等;性行为和性观念,是否有多个性伴侣,以及避孕套的使用情况;个人就诊情况,目前来看公立医院是STD患者的主要流向。

第二,医疗卫生因素。涉及卫生资源的可获得性,在就诊时,许多医生只能对患者疾病本身进行治疗,不能在诊治同时提供防治知识的咨询服务。

第三,家庭因素。包括家庭经济因素和家人的支持情况。

第四,社会文化因素。随着性多元化倾向的发展以及对不同生活方式的追求,婚姻不稳定、一个人有多个性伴侣等现象增加,这也导致了高危性行为的增多。

HIV阳性的人群经常处于沮丧、焦虑、愤怒和恐惧中,一个人如被确诊感染,除了个人要承受巨大的压力外,往往会受到周围人乃至家人的排斥甚至责骂。目前,艾滋病几乎无法治愈,因此,我们能做的就是积极预防,降低个人暴露于病原中的可能性。

◎ **心灵解码**

贝姆性别角色量表(BSRI)

指导语:请你根据自身的情况,逐条在从1(从不或几乎不正确)到7(总是或几乎总是正确)的尺度上给自己打分,在相应的方格内打"√"。

项目	1	2	3	4	5	6	7
1. 自我信赖							
2. 柔顺							
3. 乐于助人							
4. 维护自己的信念							
5. 快活的							
6. 忧郁的							
7. 独立的							
8. 害羞的							
9. 诚心诚意							
10. 活跃的							
11. 情意绵绵							
12. 夸耀的							
13. 武断的							
14. 值得赞赏的							
15. 幸福的							
16. 个性坚强的							
17. 忠诚的							
18. 不可捉摸的							
19. 强劲有力的							
20. 女性的							
21. 可信赖的							
22. 善于分析的							
23. 表示同情的							
24. 嫉妒的							
25. 具有领导能力的							
26. 对他人的需求敏感							
27. 诚实的							
28. 乐于冒险							
29. 有理解力的							
30. 守口如瓶							
31. 易于作出决策的							
32. 有同情心的							
33. 忠厚老实							
34. 自足的							
35. 乐于安抚受伤的感情							
36. 自高自大							
37. 有支配力的							

(续表)

项目	1	2	3	4	5	6	7
38. 谈吐柔和的							
39. 值得喜欢的							
40. 男性的							
41. 温和的							
42. 庄严的							
43. 愿意表明立场的							
44. 温柔							
45. 友好的							
46. 具有侵犯性							
47. 轻信的							
48. 无能的							
49. 像个领导							
50. 幼稚的							
51. 适应性强的							
52. 个人主义的							
53. 不讲粗俗话的							
54. 冷漠无情							
55. 具有竞争心的							
56. 热爱孩子的							
57. 老练得体的							
58. 雄心勃勃							
59. 温文尔雅							
60. 保守							

男性化对应 1,4,7,13,16,19,22,25,28,31,43,46,55,58,将这些项目总分除以 14;女性化对应 11,14,17,23,26,29,32,35,41,44,56,59,将这些项目总分除以 12。

如果男性化量表得分和女性化量表得分都大于 4 的话就是双性化,只有男性化量表高于 4 分就是男性化,只有女性化量表高于 4 分就是女性化,两个分值都低于 4 分就是未分化。

◎ 领悟行动

活动主题:跟着自己走

说明:我们的父母以及周围的人总是告诉我们男生、女生应该有哪些表现才是合格的,如男生要勇敢不能哭,女生要温柔不粗暴……,这就是不同性别对应的性别角色,而这些性别角色就成了社会大众对男女生的性别刻板印象。

步骤：教师拿出生活中常使用的物品的图片，如手提袋、铅笔盒、护士服、奶瓶、染发剂、衣物、口红等让学生挑选。

请学生分享挑选的原因或原则、想法，同时觉察自己和他人的异同。

◎ 本章小结

性是人类最基本的生物学特征之一，性的需要就如人需要呼吸、饮食一样，是人的一种自然本能。人类的性具有生物学、心理学和社会学上的三种存在，因此，它就相应具有三种性属性，即生物属性、心理属性和社会属性。性心理存在于个体发展的各个阶段，并且基于生理的成熟表现出明显的阶段性特征。对于性心理发展阶段的认识，有助于我们在不同的个体阶段正确地认识自己，减少不必要的认知冲突。

大学生因为处于特殊的年龄段，在大学求学生涯中面临各式各样的性困惑。

性别是自我认同的一个重要部分，规范和指导着我们的行为，在与别人交往的时候我们会向别人传递自己的性别特征，同样也会接收到对方的性别特征。性别划分的依据是性征。性征是指区别男女两性的在生物学上差异的特征。综合生物学、心理学和社会学的意义上的性别特征，通常可以将两性特征分为第一性征、第二性征和第三性征。人们通过家庭的教育、学校的训练和社会的影响间的相互作用确定自己的性别角色，同时也形成了关于性别的刻板印象，最终按照社会所期待的方式表现出符合他（她）自身性别的行为特点。但是目前双性化人格越来越普遍，我们不应该因为性别而限制自己的人格发展，同时拥有男性和女性优点的个体往往拥有更好的适应能力。

性别刻板印象是指人们对男性和女性在行为、个性等方面的特征进行归纳、概括和总结后，形成的相关信念和假设。它虽能节省我们认知事物的时间和精力，让我们很好地符合文化的期待，但同时也限制了我们的可能性。对于这些被灌输的观念，我们不一定要照单全收，而是应该全面地审视自己，积极地确定自己的个性化标准。

◎ 课后作业

1. 做一个小范围调查，了解你身边的人对同性恋的态度。
2. 请回忆一下自己在求学经历中是否遇到校园性别暴力，你是如何度过这个困难时刻的。
3. 观看电影《盲山》，谈谈你的感受。

◎ 拓展阅读 9-1、9-2、9-3、9-4、9-5（请扫二维码获取内容）

大学生如何对待自己的性冲动

五种典型的刻板印象

什么是身体自信这和心理自信一样重要

性侵害的5种类型

怎样能让性侵后的二次伤害最小化

第十章

10

网络与心理健康

◎ 案例导入

2020年11月10日某交通大学力学与工程学院网站发布消息,该学院已经处理多起退学事件,其中两名已退学同学的情况如下:

1. 彭佳琪(化名),男,工程力学专业。该生入学后便沉迷游戏,几乎不去上课,不参加考试,学习态度极其松懈,经学院老师、家长多次劝说仍无效,历经休学、延长学年,仍不努力,因超过最长年限(6年)未修满学分,学校对其进行退学处理,现在广州打工。

2. 马长城(化名),男,工程力学专业。该生从大一开始,逐渐沉迷网络游戏,产生厌学心理,学习态度出现问题,经常不去上课、不参加考试,学习成绩严重下滑。经学院与学生本人和家人沟通联系后,该生于2018年12月15日休学,于2019年08月26日复学。学院多次与学生面谈沟通,但复学后学生情况并未完全好转,仍常去网吧上网,沉迷虚拟世界,不去上课,学习存在问题。2021年初学院副书记、辅导员老师采取各种办法帮助学生,成功使该生重获信心,其学习情况明显好转,能按时按质完成课程要求。但由于该生前期积累未修学分过多,无法在最长年限内修完毕业所需学分,导致其内心崩溃,之后又沉迷于网络游戏。经多方协调,该生自行申请退学,现已被学生家长送到网瘾戒断中心。

◎ 头脑风暴

你认为自己存在上述问题吗?你身边有同学有这样的情况吗?如果有,你可以做些什么帮助到对方呢?

◎ 心理探索

第一节 网络与网络成瘾

一、网络的普及是时代的脚步

互联网的出现是人类社会发展的重大飞跃,网络的普及和使用大大提高了生产效率和信息传播速度。因而,网络使用是时代的必然趋势,网络也是人类不可放弃的有效工具。

二、由网络带来的问题

网络的出现给人们的生活、工作方式和认知方式都带来了巨大的冲击。网络携带了巨大量级的信息,但各类信息鱼龙混杂、良莠不齐,因此网络在促进社会发展的同时,也给人们带来了一系列问题。

首先,网络发展带领人们进入了信息大爆炸的时代。人们对信息的吸收量呈几何级增长,但是面对如此大量的信息,人类的思维模式还远远没有调整到可以接受如此大量信息的阶段,由此就会造成一系列的自我强迫和紧张,即信息焦虑,从而影响身心健康。

其次,网络的使用给教育领域带来了极大的冲击。青少年、当代大学生由于心智尚未成熟,对网络的把控能力不足,因而会导致学生沉迷于网络或手机成瘾等一系列网络成瘾问题,继而衍生出一系列心理问题、行为问题,甚至是社会问题,给教育和社会带来了不可估量的影响。

三、网络成瘾的界定

成瘾这一概念最初来自药物成瘾(如毒品、酒精),后来被引用到赌博成瘾、游戏成瘾等行为成瘾中。所谓成瘾是指患者对某种物质或行为产生无法替代的心理依赖。

网络成瘾是指由于过度地使用互联网导致的一种慢性的或周期性的着迷状态,并在心理或行为上产生难以抗拒的渴望、再度使用网络的欲望,同时会出现想要增加网络使用时间的想法。一旦不能如愿,就会出现不同程度的躯体不适、耐受性提高、戒断反应等症状。网络成瘾者对上网带来的快感会一直有一种心理上和生理上的依赖。

四、网络成瘾的表现

由于人格特质、成瘾程度不一,不同网络成瘾个体的成瘾症状具有鲜明的个性特征,但这些个性特征从根本上来说受控于网瘾的共性特征,即具有普遍意义的核心症状。

(一)耐受性

耐受性是指随着连续多次地使用网络,网络成瘾者的大脑对于相关刺激的感觉阈值不断上升,敏感度不断下降,为了达到与先前同样的物悦享受和高峰体验,个体必须延长上网时间或提高上网内容的刺激强度。因此,耐受性表征的是上网时间的延长、强度的增加。

(二)戒断反应

戒断反应是指网络成瘾者一旦停止或减少上网行为后出现的以上网冲动和渴求为特征的心理和生理症候群,包括坐立不安、失眠、情绪波动、焦虑、烦躁、双手颤抖、食欲缺乏、注意力分散、神情呆滞等症状。这与戒烟导致的戒断反应有些类似。戒烟是一个十分煎熬的过程,戒烟者会出现头痛、无力、烦躁、注意力难以集中等身心反应。戒断反应可能会致使网络成瘾者丧失理性,严重者甚至可能会采取自残或攻击手段,这会极大地危害个人健康及家庭和社会安全。

预防戒断反应的方法：应该逐步递减上网时间和强度，不可一步到位。同时，应采用能够使网络成瘾者获得同样愉悦感且有益于身心健康的替代活动项目，如球类运动、跳舞、音乐、绘画。

（三）复发性

复发性是指网络成瘾者的网瘾症状在一段时间内已经明显减轻或被较好控制后，仍然可能会因为受某种内部诱因或外部推力（如情绪问题、应激事件）的单独或共同作用而反复发作。因此，网瘾的戒断不仅只是针对症状，更应该考虑人格的全面整合，以及自我力量的不断增强。

（四）躯体症状

网络成瘾者由于经常长时间不间断上网，大脑神经中枢持续处于高度兴奋状态，引起肾上腺素水平异常增高、交感神经过度兴奋、血压升高、神经内分泌紊乱等症状，从而使机体各个系统和器官产生一系列复杂的生理和生物化学变化。这些变化，尤其是自主神经功能紊乱、体内激素水平失衡，会使机体免疫功能下降，进而诱发多种慢性疾病。

（五）心理障碍和精神症状

1. 情感表现及行为活动异常

情感表现及行为活动异常主要表现为情感反应激烈和情感淡漠僵化两种形式。

网络成瘾者表达情感以及与人主动交流的能力相对较低，具体表现如下：

一些成瘾者表现为情绪极易失控，只是微弱的刺激就会诱发其强烈的情感爆发，作出冲动、毁物等激烈反应，甚至萌生攻击性或自杀的意念和行为。

另一些成瘾者则强化低自尊倾向，自我评价能力不断下降。具体表现为对外界刺激缺乏相应的情感变化，面部表情呆滞，缺少内心体验，麻木不仁，对周边一切生活事件都不闻不问，甚至发展到对亲人也冷漠无情。

2. 认知改变

认知改变表现为注意力分散、自知力不完整、思维迟缓，偶尔还可能会出现短暂的幻觉、妄想等症状。

（六）社会功能缺失

网络成瘾者的社会功能缺失一般理解为在他的习惯环境中的社会生活方面出现紊乱和种种不适应。网络成瘾会使个体孤僻、不合群、胆小沉默、不爱交往，甚至乖戾，从而导致其社会活动兴趣减弱、进取心缺乏、意志薄弱，继而引发亲子关系冲突、人际交往障碍等问题。此外，网络成瘾还会同时导致吸烟、饮酒、药物滥用等其他成瘾行为的发生。

五、网络成瘾的评估

符合下述 9 项标准（其中，前 5 个标准是诊断网络成瘾症必需的），且病程持续时间 3 个月以上。

(1) 上网的想法占据了患者的整个思想与行为,表现为强烈的心理渴求与依赖;
(2) 为了获得满足感不断地增加上网的时间和投入程度,表现为耐受性增强;
(3) 停止或减少上网会产生消极的情绪体验,如情绪低落、烦躁不安、焦虑和易激惹,出现戒断反应;
(4) 上网导致睡眠节律紊乱、倦怠、颤抖、视力衰退、头痛头晕、食欲缺乏的躯体症状;
(5) 社会功能受损,如辍学、失业、人际关系冲突;
(6) 将上网视为缓解痛苦的唯一方法;
(7) 想控制、减少或者停止上网的努力一再失败;
(8) 对他人隐瞒自己迷恋网络的程度;
(9) 因为使用网络而放弃其他活动和爱好。

第二节 网络成瘾的发生机制

网络成瘾并非由单方面因素导致,而是内外因素交互作用的结果。因此,对网络成瘾的认知也应当透过现象、深入本质,应全面科学地来审视这个问题。

一、网络成瘾的神经心理链模型

成瘾行为都具备一个发生过程的循环性,了解这种循环的要素和规律是认识和解决问题的关键。通过大量理论和实证研究,我国学者陶然等人提出了"网络成瘾的神经心理链"模型。

(一) 网络成瘾神经心理链的各环节要素

1. 原始驱动力

原始驱动力是指个体趋利避害的本能,个体为了寻求及时行乐而不顾一切。因此,原始驱动力代表了上网行为的各种动机和冲动。

本我是人原始的力量源泉,有即刻要求满足的冲动倾向,处于潜意识的最深层,遵循的是"享乐原则"。

2. 欣快体验

欣快体验是指个体由于网络活动刺激中枢神经而产生的快乐和满足状态。它驱使个体不断上网,以扩大欣快体验。一旦网络成瘾行为形成,这一欣快体验会很快进入麻木而具有强迫性的状态。

艾布拉姆森等人的研究显示:"手机控"会更多地激活与大脑奖赏中枢密切相关的中脑腹侧被盖区(VTA)、杏仁核等脑区,激活边缘中脑多巴胺(dopamine)系统,促进多巴胺释放,使个体体验到"愉悦感"。

这表明人与网络的相互作用会激发人类"追逐愉悦"的本能。互联网的开放性、虚拟性、隐匿性、丰富性、便捷性、刺激性等系列特点激活了人的基本欲望,满足了人的原始本能,为本我实现、能量宣泄、焦虑缓解、感觉寻求、大脑中枢获得奖赏与满足提供了直接条件。当把互联网作为一个逃避挫折、宣泄能量、实现本我的场所时,个体会难以自控地沉迷网络。可见,追根溯源,本能的激活才是网络成瘾的根本原因,也是网络成瘾不易戒断及容易复发的根源,换句话说,个体内在的本能的激发是网络成瘾形成的关键环节。

3. 耐受性

耐受性是指个体由于反复使用网络,感觉阈值增高,敏感度下降,为了达到与先前同样的快乐体验,个体必须增加网络在线时间和网络内容的刺激程度。高耐受性是网络成瘾的触发点,也是网络欣快体验的强化结果。

4. 戒断反应

戒断反应是指个体因为停止或减少上网行为而产生的生理、心理的症候群,突出表现为烦躁不安、失眠、情绪不稳定、容易激惹。

5. 消极应对

消极应对是指个体受到挫折、失败或接受外界不良影响后而产生的被动顺应环境的行为。它包括不良的问题归因、认知的曲解,以及形成的压抑、逃避、攻击等负性行为。

6. 复合驱动力(雪崩效应)

复合驱动力是指个体在原始驱动力的基础上,由耐受性、戒断反应导致的消极体验以及个体本身的消极应对方式构成的复合动力。

从行为心理学视角来看,网络依赖或网络成瘾是一种后天习得的行为。它的形成过程可以理解为:尝试—快感获得—正性强化、挫折—逃避困境—负性强化,这构成了网络成瘾自动循环的神经心理链。

(二) 网络成瘾的神经心理链的循环

1. 网络成瘾始于原始驱动力

网络成瘾始于原始驱动力,例如:有人上网、沉溺于智能手机是为了释放因学习不良体验、挫败感、恋爱失意、朋友失和等产生的负性情绪;有人是为了在网上获取信息,满足自己的好奇心和猎奇欲;有人上网是为了寻求人际支持、建立人际联结,以摆脱孤独,满足情感诉求。

成瘾的前提条件,即从这项活动中体会到快感和满足。不仅网络成瘾,各种行为成瘾的基本触媒条件都类似,即当事人在人际关系中有创伤(可能来自不健康的父母关系或成长环境),在与他人建立直接和谐的人际关系上有困难,或周围没有有效可用的心理支持存在;在现实生活中持续挫败(这个主要是看当事人自身标准,并不一定是真正意义上的失败)或遭遇严重的难以面对的创伤性事件(比如暴力事件、至亲过世);当事人急切追求更好的主观感受,并且在成瘾行为(如沉溺于智能手机、酗酒、性)中快速获得了积极的主观感受(不取决于是否客观上、长期上积极,只取决于当事人当下的、主观的感觉如何)。

以网游举例,很多成瘾者在现实中没有很好的亲人、朋友,但这种与人沟通的感觉却能在虚拟世界中找到,比如组队打怪的战友情。他可能生活中其他地方找不到这种打怪成就感,甚至可能现实生活比较令人沮丧。人自然都会寻找让自己感觉好的东西,总不会想天天面对让人郁闷的东西。长期下来,玩游戏就可能成了当事人面对人际孤独和生活郁闷时,保持心理平衡的主要手段。

2. 因欣快体验自主强化形成习惯

个体由于已经在网上获得了种种快乐体验和情绪释放的经验,所以会在以后烦恼压抑时,本能地去寻求网上的快乐体验,并不断地如此反复强化,慢慢形成习惯。

3. 边际递减效应导致耐受性的提升

经过一段时间的对网络的反复使用后,个体的神经心理开始出现变化:趋向性的心理依赖与躯体依赖交互作用,导致耐受性的产生,对原先的上网时间变得不敏感、不满足,需要增加上网时间和投入更多的精力,才能够突破兴奋感觉阈限。

4. 戒断反应的出现

若个体停止或减少网络行为,则会出现戒断反应。依据神经心理学理论,神经系统会对习惯性上网产生的愉悦、满足、亢奋等欣快感觉刻板记录,这些感觉会进入内隐式记忆系统,呈现无意识心理条件反射。

从神经生理学视角来看,上网行为有可能会激活致瘾源,使突触前神经细胞的多巴胺释放增加,以及突触后神经细胞的兴奋性提高。而停止或减少该行为后,个人会因为这种情境记忆被暂时抑制而出现神经系统机能和心理功能部分失调。具体表现为失眠、食欲下降、情绪抑郁、躁狂、注意力涣散、思维迟钝、冷漠、攻击、自残等负性躯体症状及心理和行为特征。

在这种境况下,现实生活给个体带来的种种压力将会更加突出。若个体采取的是消极应对方式,则会更加困惑、茫然,会频繁地返回这个能给个体带来许多"安慰"的"家"。网络成了个体暂时逃避问题、麻痹自我的避难所,使个体深陷其中难以自拔。这样,久而久之,将形成恶性循环,最终导致网络成瘾。

二、网络成瘾的生理学机制

(一)"快乐中枢"的特性

网络成瘾的生理因素取向认为人脑中存在"快乐中枢"系统。在上网时,上网者感兴趣的网络内容会对其大脑进行化学反应式的刺激,从而使大脑释放出多巴胺或谷氨酸等兴奋性神经递质。此类递质可以被大脑的"奖赏中枢"(主要位于边缘中脑腹侧被盖区和杏仁核等区域)接受,进而使人产生快感。如果这种刺激是经常性的,大脑会强化自身的这种化学反应,从而产生成瘾行为。

(二)额叶功能差异

生物神经学认为:网络成瘾有共同的发病基础——额叶功能相对低下,存在冲动控制缺陷。在通常情况下,个体会根据自身内在的动机(冲动)来调节自己的行为,同时脑内还存有抑制机制(如大脑释放的抑制性神经递质)来控制自己的行为。抑制反应是一个对"刺激-反应"联系进行主动调节的过程,这种抑制机制使人能够根据环境做出快速反应,调节"刺激-犒赏-反应"之间的联系,使人从一个旧的联系转换到一个新的联系,并抑制不适当的联系,以利于个体适应环境。这种抑制反应主要由额叶负责完成。当额叶功能异常时,这种抑制反应就会出现异常,导致机体从选择性注意到"刺激-反应"联系都出现异常,使该类个体对"网络"强化因子更加重视,面对其他正常犒赏更加忽视,同时使他们对认识上的冲动(上网的愿望)和上网行为的冲动的控制能力下降。因此,他们会更倾向于选择网络来得到即刻的满足,而不顾及过度上网的不良后果,从而导致网络成瘾。久而久之,机体的神经内分泌系统可能会产生成瘾特征性改变,以便逐渐适应成瘾行为。

(三) 额叶功能减弱

随着脑影像技术的进步,近年来有关网络成瘾的脑功能核磁共振成像研究开始逐渐引起学者的重视。曹枫林等人的研究发现网络成瘾与冲动控制能力下降有关。在完成冲动控制任务时,网络成瘾者的额叶、边缘叶的激活区域大于对照组,其他多处区域被激活。这表明,网络成瘾者的额叶功能下降,需要动用其他多个补偿机制。

(四) 中脑腹侧被盖区、杏仁核等脑区的激活

艾布拉姆森等人2009年的研究显示,"手机控"会更多地激活与大脑奖赏中枢密切相关的中脑腹侧被盖区、边缘系统和杏仁核等脑区,促进多巴胺释放,使个体体验到"愉悦感"。这表明"手机控"会激发人类"追逐愉悦"的本能。罗伯茨(Roberts)等人于2014年指出,对手机和即时信息过分依赖的背后是物质主义与易冲动性在作祟,其本质是缺乏自我控制能力。该观点得到了认知神经科学研究的证实。例如,陈瑞、管民、娄江华等人2017年的研究发现,与对照组相比,"手机控"双侧海马与双侧额中回的功能连接显著降低。海马涉及学习、记忆和情绪管理等多种脑功能,额中回是认知控制的高级中枢,对皮层及皮层下结构具有"自上而下"的自我控制功能,这提示"手机控"的神经机制是缺乏自我控制能力。

三、网络成瘾的心理学机制

精神分析取向的心理学家认为,网络满足了人格中"本我"的诉求,遵循"享乐原则"。

行为主义取向认为,人脑中超过三分之一的结构属于强化系统。网络带来的欣快体验有效强化了上网行为。

人本主义取向认为,依据人的需求层次模型,网络在不同层面用不同方式满足了人的需求。例如:(1)网络满足了人对性的需求,网络中存在大量的与性相关的图像、视频、信息以及各种可能的性资源。(2)网络满足了人对社交的需求,在匿名、相对自由的网络社交情境下,人们可以更自由地社交。(3)网络可以使上网者得到在现实生活中得不到的尊重。(4)上网者可以在虚拟的网络活动中,取得一定的自我认可和满足,来代偿现实生活中较难实现的自我实现需求。

综上,网络成瘾的心理机制可以概括为:本能的呼唤,人"及时行乐"的表现,以及不成熟的精神防御机制的积累。这种心理机制的生理基础涉及大脑中枢神经奖赏机制。大脑奖赏通路在上网过程中被激活、强化、固化,大脑的部分神经通路被塑造,使得过度网络使用行为成为难以割舍的习惯。

第三节 网络成瘾的危害

网络成瘾是一种严重影响当代大学生生理、社会和心理功能的"社会病"。综合来看,网络成瘾的危害包括四个方面:身体机能下降,体质恶化,甚至猝死;心理功能受损,性格歪曲,行为失调;社会适应能力下降,道德缺失,犯罪增加;消极步入歧途,人生观、价值观扭曲。

具体来说,网络成瘾可对大学生的学习、生活等各个方面产生消极影响。

一、网络成瘾的生理危害

因过度使用网络使得个体上网时间过长,生物钟紊乱,长久保持固定姿势,缺乏休息和锻炼,从而出现多种躯体不适症状,给个体带来生理危害。

具体来说包括:

(1) 眼睛损伤、视力下降:眼睛长时间注视电脑或手机屏幕会使视网膜上的感光物质(视红质)消耗过多,导致个体视力下降、眼痛、怕光、暗适应能力降低,以及眼底黄斑受损。

(2) "键盘手""鼠标手"手部腱鞘炎等出现:长时间、高频率使用手机者会下意识出现手机玩游戏、滑动屏幕、打字的姿势,有手部关节问题,出现手部关节疼痛。

(3) 慢性肌肉劳损,使肌肉处于亚健康状态或疾病状态。

(4) 脊柱疾病。

(5) 心肺功能下降。

(6) 静脉病变。

(7) 泌尿生殖系统危害。

(8) 消化系统疾病。

(9) 睡眠障碍。

(10) 发生"斑秃"。

(11) 手机辐射危害。

(12) 自主神经功能紊乱。

(13) 体内激素水平失衡。

(14) 免疫功能降低。

(15) 其他危害:记忆力减退、交感神经功能失调、老年痴呆的风险增加等。

二、网络成瘾的心理危害

（一）认知障碍

研究发现，网络成瘾者往往表现出不同程度的思维障碍、注意障碍、记忆障碍或定向力障碍等不同形式的认知障碍。

具体表现为思维迟缓、贫乏或散漫，认知障碍会阻碍思维平衡，抑制全面多元思维的发展。

（二）情感障碍

情绪情感的丰富协调是作为人的重要特征，也是人区别于动物的标志。网络成瘾导致个体不同程度地出现情感低落、焦虑、情感脆弱、情绪不稳、情感淡漠、易激惹、矛盾情感等一系列情感障碍。这与网络成瘾者的"逃避心理"有着密切的关系。个体为寻求现实压力的解脱而沉溺于网络，从而长期与现实生活疏离、割裂，导致人变得偏执、注意狭窄、思维贫乏，从而出现情感障碍。

（三）意志行为障碍

为了达到预定目的，经过努力、克服困难而采取的一系列自觉行动称为意志或意志活动。其中，有动机、有目的的行动谓之行为。

据研究，部分网络成瘾者可能存在的意志行为障碍类型包括意志减弱/缺乏、矛盾意向、精神运动性兴奋（如躁狂状态）、精神运动性抑制（如缄默症）、刻板动作、持续动作、重复动作等。意志减弱/缺乏主要针对网络成瘾者对于正常的学习、工作或生活而言，由于过度沉迷于网络导致其不能正常学习、工作和生活规律紊乱，缺乏奋斗意志。网络成瘾者可能会因为过于专注某项网络活动（如网络游戏），引起精神运动性兴奋（如躁狂状态）以及与游戏操作有关的刻板动作、持续动作或重复动作。

（四）自我意识障碍

自我意识是指一个人对自己的存在状态和所思所为的看法和态度，例如"我觉得我脾气很坏""我认为我很诚实""我相信我很能干"，这些关于自己对自己的情感性格、能力以及对人际关系的认识都属于自我意识范畴。

自我意识障碍是指一个人自我意识受到不同程度的影响，以至于其对自身当前客观状态不能正确认识，包括不能感知自身的存在，不知道现在的"我"与既往的"我"的区别，不能意识到自身是一个单一的、独立的个体，不能正确地控制自我。总之，自我意识障碍者不能正确认识自己的人格特点。

有研究显示，部分网络成瘾者表现为双重/多重人格、"虚拟人格"和自制力缺乏。双重人格是指同一个人在不同的时间内产生两种完全不同的内心体验，表现出两种不同的性格，也就是两种不同的人格在同一个人身上先后交替出现。当一种人格占优势时，另一种人格特质就被完全排除在他的意识之外。当同一个人先后表现出两种以上的人格特质时被称为多重人格。不少学者研究发现：网络成瘾者尤其是学生群体中的网络成瘾者的人际交往能力大多存在缺陷；长期沉迷于网络容易使他们形成双重或多重人格。

网络成瘾者长期沉迷于虚拟的网络世界，其生活方式、行为方式也受到网络世界的影响。其逐渐迷恋和适应好奇、新颖、刺激且富有挑战性的虚拟环境，对现实世界中的事物则可能会失去兴趣，从而逐渐失去现实中已经形成的真实人格特质，转而可能会形成与网络虚拟世界相适应的缄默、孤僻、紧张、自恋、缺乏责任感、角色倒错甚至欺诈等性格特质，进而导致网络"虚拟人格"的形成。

自知力又称"领悟力"或"内省力"，是指将患者对自己精神状态的认识和判断能力，可作为判定病情轻重和疾病好转程度的重要指标。自知力缺乏是重性精神病特有的表现，而自知力完整是精神病痊愈的重要指标之一。少数网络成瘾患者可能存在自知力缺乏的情况，具体表现为患者并不认为自己存在网络成瘾问题，仍然我行我素、执迷不悟。

（五）精神心理疾病

国内外多项研究已经证明，大学生对网络和手机的过度使用，导致他们孤独症和抑郁症的发病率增加。同时，网络成瘾还容易引发焦虑症、社交恐怖症等精神心理疾病。

三、网络成瘾的社会功能危害

（一）网络成瘾对学习的负面影响

互联网对学生来说是一把"双刃剑"。互联网能够帮助学生快捷地获取各门学科的知识，为他们提供各种学习辅助手段，有助于学生自主学习和进行研究性学习。从这些特性来看，互联网学习模式更适合于大学生、研究生。然而，大量调查显示，许多学生并非主要将互联网用于学习，而是用于网络游戏、资讯获取、社交、娱乐。这不但影响学习，而且容易让他们网络成瘾。网络成瘾可分为轻度、中度和重度3个等级。网络成瘾程度越严重，对学生学习的影响程度也越深。

网络成瘾影响学习的可能途径：

(1) 网络成瘾→学习兴趣和动机下降→厌学→缺课、旷课→退学。

(2) 网络成瘾→挤占了学习时间→无法按时完成学习任务，跟不上进度→学习成绩下降。

(3) 网络成瘾→大脑被网络上的内容和情节占据→精神不易集中，无法专注于学习→学习效果差。

(4) 网络成瘾→创新力（包括记忆力、注意力、想象力和洞察力）弱化，逻辑思维能力和分析综合能力退化，创新能力的发展受阻→影响学习效果。

其机理是，互联网的呈现形式是以形象思维为主的，是浅层认知加工的连续呈现，并且是局部呈现，不利于统观及归纳综合，从而阻碍学生创新能力和逻辑思维能力的发展。

(5) 网络成瘾→体育锻炼不足，体质下降→学习效率和应试能力下降。

体育锻炼有益于提高认知力和学业成就。美国加利福尼亚州的一项研究表明，学校中有体育课的学生在数学和阅读考试中的成绩比那些没有体育课的学生成绩要好。美国北得克萨斯大学运动心理学中心主管特伦特·皮特里和其他研究人员以得克萨斯州5所中学的1200多名学生为对象,探寻了强健身体与考试高分之间的关联。在计入年龄、性别、家庭收入、自尊心强弱等因素后,他们发现,无论男生女生,心肺功能更强健的孩子在数学和阅读测试中成绩更好。"孩子身体越强健,考试分数越高。"皮特里说,"我们虽然无法百分百地确认强健体魄能够带来更好的学术表现,但我们能说的是,两者之间有着强烈、可预见性关联。"

也就是说,网络成瘾使学生困于坐躺而减少了体育锻炼,从而导致体育锻炼不足。体育锻炼有利于个体的认知力和学业成就,而网络成瘾会导致学习效率和应试能力下降。

(二)网络文化垃圾对大学生三观的消极影响

网络资源虽然极其丰富,但是网上虚假信息、文化垃圾却屡见不鲜,大学生的身心还处于不完全成熟阶段,这种不良的网络环境,对一些大学生容易产生不良影响。在网上虚拟的环境中,容易出现责任心不强、冒名顶替、肆意破坏、粗言恶语等问题,以及感情、心理健康、人际关系及个人安全等方面的问题,比如,一些组织或个人可能怀着特定的目的,制造言论、传播非法信息或诽谤中伤他人或误导青年学生。

(三)网络游戏沉迷及网络对大学生人际关系的影响

在我们现实生活中,有些大学生对自己的现状不甚满意。有的大学生心比天高,整天夸夸其谈,总想超越他人,成为一名受人敬仰的人;而网络游戏之所以以独特的魅力吸引着很多大学生的一个很重要的原因是他们在追求心理满足。他们认为在虚拟世界中获取成功的机会远远高于现实生活。很多沉迷于网络游戏的大学生是因为在现实生活中受挫或达不到自己的理想,因此选择用网络游戏来满足自己的心理需求。他们一旦从网络游戏中得到快乐,就难以从中走出来。在这种虚幻的环境中,大学生依赖网络的情绪越来越强,上网成瘾已不再是不可思议的事,他们每天花大量时间泡在网上,长久下来,不但花费了大量金钱,还荒废了学业,摧残了精神,甚至导致心理畸形发展,心理变态。教育工作者应对大学生玩网络游戏上瘾这种情况加强重视。

(四)网络问题对校园文化的影响

丰富多彩的文体活动是大学生生活的重要组成部分。大学生的学习任务繁重,没有良好的情绪和健康的体质是不能完成学习任务的。沉溺于网上游戏或聊天以后,大学生将会利用一切可以利用甚至不可利用的时间上网。人的时间和精力是有限的,从这一点来看,他们不可能再给以往的业余爱好让路。迷恋互联网以后,他们对现实的各种活动,如打球、下棋、看电影以及班级里的各种活动都不感兴趣,认为这些活动没有什么意义,网络已成为能够代替一切活动的一种新嗜好。

当前是信息化的时代,网络对当代教育的冲击很大,它对大学生的影响也是不言而喻的,不少大学生因为网络成瘾而被学校退学。了解网络成瘾的原因及危害,对大学生具有重要意义,也有助于培养大学生健康上网的行为习惯。

四、网络成瘾对大脑结构的损伤

越来越多的研究显示,网络成瘾不但会影响个体的生理、心理和社会三维健康,还会导致其大脑的结构受损。一项研究证实，沉迷于微信的网络成瘾者大脑结构发生了明显的改变，比如，前扣带回皮质（ACC）中的灰质容量减少，这种结构改变与强迫症、抑郁症和执行功能下降存在关联。

五、网络成瘾的社会危害

国内外研究证实，网络成瘾问题与青少年犯罪率有着很大的共变关系。在大学生群体中，一些学生沉迷网络诈骗、网络传销、网络赌博、网络色情，并从中获益从而触犯法律。

第四节 网络成瘾的影响因素

随着网络成瘾现象的日趋严重及其导致的各种危害日渐凸显，网络成瘾的预防和干预已成为政府和社会各界，尤其是心理学界、教育界和医学界的重要议题和任务。由于网络成瘾的形成受多方面因素的影响，是多种因素协同作用的涌现性产物，因此只有先从学理层面全面地厘清这些影响因素以及因素之间的交互作用，才有可能对症下药，找到有效的预防和干预措施。

简单看来，网络成瘾似乎只是某个个体自身的问题，但是因涉及网络成瘾的人数较多，而且各种网瘾者表征的多样性和特异性也说明了网络成瘾的诱发因素是多种多样的。这表明外部环境因素作为重要的客观原因在网络成瘾的形成和发展过程中起到了不容忽视的作用。

从发展心理学的微观个体视角和社会心理学的宏观群体视角出发，我们大致可以将网络成瘾的影响因素概括为自身因素和外界因素两大类。自身因素包括网络成瘾者的生理特性、心理特性和使用网络的动机三个方面；外界因素包括家庭环境因素、学校教育因素、社会环境因素和互联网自身因素四个方面。

一、网络的自身属性

许多研究表明，网络的某些特性能够促进甚至直接导致网络成瘾的形成与发展。

在网络世界中，一开始人们是被动的接受者，其接触网络的初衷是合理的，大多是出于对某种知识、技能和应用的需求。然而，网络信息纷繁复杂，不乏黄色、暴力、血腥的内容充斥其中，而网站又往往缺乏规范有序和严格的管理。此外，由于智能手机的普及，且并无对智能手机使用的有效的管理和监督手段，相关方面的法治建设也相对滞后和不完备。这些不足都为网络成瘾的形成提供了便利条件。

网络使用者应当自主地趋利避害，然而现实中并不存在理想的社会。网络媒体的误导、健康文明上网宣传不到位、社会期待过高导致的压力等因素均可能促使网络成瘾的发生。在传统文化模式下，人们接受的是来自社区、学校、家庭、传统媒体的正统教育，但是当网络日益盛行后，网络媒体的兴起和发展使得网络文化逐渐成为一种主流文化，人们接收的信息多半是从网上获得的。因此,不可避免的是,网络中的错误或虚假信息经常会对人们产生认知误导。而互联网是一种新兴产业,为了使其发展壮大以创造更大的商机与财富,人们对其带来的负面影响往往也会采取宽容的态度。

随着网络社会的崛起,网络越发以集文字、影像、声音于一体的独特魅力吸引着众多的大学生,成为网络成瘾的易感人群。具体来说,网络对大学生的吸引力主要表现在如下两个方面:

(一) 信息的丰富性

网络空间是一个丰富的百科全书式的信息世界,在这里,大学生几乎可以搜索到自己所需要的任何资料。这对他们而言,无疑是一个不可抵挡的诱惑。同时,这些信息内容新颖、包装新奇、查询便捷、更新及时,对具有较强猎奇心理的大学生具有强大的吸引力。因此,目前大学生普遍受到网络空间各种信息的冲击、挤压,甚至是湮没。当他们长时间浸泡在杂乱无章的信息中时,极易形成对信息的依赖和认知麻痹,出现"信息超载"现象。随着时间的推移,后继信息对他们的感受将不再有更多的意义,浏览网络的时间越长,感受性越低,浪费的时间也就越多,从而出现成瘾行为。

(二) 身份的匿名性

在网络社会里,每个参与者都可以隐匿自己的真实身份,以面具化的形式扮演各种角色、从事各种行为。网络的这种身份匿名性,使得大学生能够在一人一机的环境中不受传统社会熟人交往的约束,可以随心所欲地变换自己的身份,扮演不同的角色,体验不同的感受,享有自己在现实社会中渴望拥有但又无法获得的权利和自由。

二、大学生主体因素

在全国几亿网民中,青少年和青年所占比例超过75%,青少年人群的年龄特点决定了其自控能力与辨别是非的能力都相对较差,而社会能提供的娱乐休闲场所无法满足其成长的需求。

个体的狭义主体属性是指学生本人,学生是预防网络成瘾的责任主体。个体主体建立合理上网的认知和行为习惯的可能途径有二:一是自我觉醒或者实践"成瘾替换",如以运动成"瘾"替代消极的网瘾;二是依靠外源性干预主体的帮助。

只有当个体主体形成合理使用互联网的认知和习惯,并将其内化为人格特质时,才能够有效地免于网络成瘾。而社会、学校、社区、家庭等外源性干预主体的作用在于唤起个体主体的这种理性认知,促使其养成良好的生活方式和学习方式。

随着网络成瘾研究的逐步深入,人们已经认识到网络成瘾不仅仅与网络自身特性、社会环境等外界因素有关,更是与网络使用者在长期上网过程中产生了病态心理,又长期得不到纠正有关。

(一) 网络成瘾者的生理特性

科学家在研究诱导网络成瘾的生理因素时主要将注意力放在多巴胺和易感性这两个方面。

研究显示,长时间上网会导致大脑中多巴胺水平升高,这种物质会使机体出现短时间的高度兴奋,产生极大的愉悦感,以至于下网后患者会体会到极大的心理落差。

网络成瘾是由于长时间使用网络而引起的一系列以植物神经功能紊乱为主要症状的症候群,现代医学上称之为电脑病。生理理论认为人脑中有"快乐中枢",每当网络成瘾者上网时,大脑相关高级神经中枢持续处于高度兴奋状态,会对大脑进行化学反应式的刺激,并释放一种名为多巴胺的物质。多巴胺水平的升高,使肾上腺素水平在短时间内异常增高,交感神经过度兴奋,并使血压升高,然后则会令人更加颓废、消沉。这些劣性改变可伴随一系列复杂的生理和生物化学变化,尤其是植物神经功能紊乱、体内激素水平失衡、免疫功能降低。如果这种刺激是经常性的,大脑会强化自身的这种化学反应,进而产生成瘾行为。

(二) 网络成瘾者的心理因素

网络成瘾者的常见精神病理因素包括强迫、抑郁、焦虑、敌对和偏执;性格因素包括害羞、孤独、低自尊等人格特质;动机因素包括利用网络寻求心理满足、娱乐、社交、购物、色情等。

近期调查结果显示,年龄在 20～30 岁之间,受过良好教育的学生群体是网络成瘾的易感群体。大学生比其他群体更容易产生诸如网络成瘾等问题行为。这除了与网络的吸引力有关外,还与他们的心理特点有关联。大学生具有强烈的好奇心,关注新事物并且容易接受,这种求新求异的特点促使他们积极投身由网络架构的新奇、丰富、动感的社会空间;网络与大学生之间存在很多契合点,造成他们对它"一网情深",如大学生具有追求流行、赶时髦的特征,上网的时尚性符合他们追逐流行的心理;网络为他们提供了最好的心灵释放场所;大学生在认知能力上的局限以及较弱的自我控制能力也容易使他们走到网络成瘾的道路上去。

罗伯茨等人指出,对手机和即时信息过分依赖的背后是物质主义与易冲动性在作祟,其本质是缺乏自我控制能力。该观点得到了认知神经科学研究的证实。例如,陈瑞、管民、娄江华等人的研究发现,与对照组相比,"手机控"双侧海马与双侧额中回的功能连接显著降低。海马涉及学习、记忆和情绪管理等多种脑功能,额中回是认知控制的高级中枢,对皮层及皮层下结构具有"自上而下"的自我控制功能。这个研究结果提示"手机控"的神经机制缺乏自我控制能力。

(三) 不同的网络使用习惯

金伯利·扬(Young)研究发现,非网络成瘾者使用的网络功能以收集资料为主,而网络成瘾者最常使用的网络功能则是双向沟通功能为主。对非网络成瘾者来说,网络是一个资料库,并且可以用作私人或生意上沟通的工具;但对于网络成瘾者来说,网络则为他们提供了认识朋友、社交与交换意见的一个便捷场所。马丁-莫拉汉(J. Martin-Morahan)和舒马赫(P. Schumacher)的研究也显示,网络成瘾者比非网络成瘾者更常通过网络认识新朋友、寻求情感支持、与兴趣相投的人聊天、玩在线互动游戏。他们也常常通过互联网进行网络赌博或网络性爱,并且网络成瘾者会比非网络成瘾者使用更多种类的网络功能。谢勒(Schere)研究发现:网络成瘾者比非网络成瘾者更有可能使用互联网遇见新人、进行社会试验;相应地，他们面对面的社会交往行为就会减少。金伯利·扬也证实，网络成瘾者主要使用互联网进行社会交往活动，而不存在网络成瘾问题的人则倾向于使用互联网任务完成。

三、网络成瘾的外在因素

（一）家庭因素

国内外研究均显示，网络成瘾者与非网络成瘾者在父母教养方式方面的惩罚严厉、过度干涉、过度保护、拒绝否认等因素上有显著性差异。不良教养方式导致的各种问题同样是网络成瘾的重要原因。

国内外相关研究一致认为，不良的家庭环境，如家庭矛盾、家庭功能不良、亲子关系差、家庭成员犯罪、不健康上网行为、家庭暴力、对子女教养不当等因素均容易导致子女网络成瘾。

一些家庭对孩子放任自流、疏于沟通，亲子关系紧张，还有一些家庭则认为网络成瘾预防工作应由学校负责，这两类家庭的孩子都是网络成瘾的易感人群。此外，不少家长自身沉迷于网络，自律性差，无法为孩子做出积极的表率，这类家庭的孩子极其容易网络成瘾。有报道显示，父母与孩子共同沉迷于网络的依从性高达85%以上。

（二）社会因素

我国日趋高效率、高竞争、快节奏的社会环境对国民尤其是青少年群体提出了越来越高的要求，各种竞争压力越来越大。在这种压力感、紧张感、无助感和危机感日益逼人的社会环境下，自由、虚拟、轻松的网络世界便自然成为一些人首选的逃避场所和宣泄途径。

（三）学校教育因素

据研究，学校的教学评价体系不完善、课程设置不科学、教学方法和手段不合理、课外活动不丰富多彩等因素均可能导致青少年学生网络成瘾。

尽管教育改革连年不断，各种举措层出不穷，但国内教育体制在本质上仍然属于应试教育。在这种教育体制下，我国很多学校尤其是中学评价学生好坏的标准比较单一，分数依然是评价学生优劣的重要标准，甚至是唯一标准。部分学校为了追求升学率，一味地给学生填充知识而忽视了学生的性格特点及年龄局限性，导致学生对所受的教育与外部现实世界之间的矛盾迷惑不解，对为什么学习以及学习的重要性感到迷茫，从而出现厌学情绪和对道德观的疑虑，造成德育的漏洞。客观地说，这种现象在短期内还难以从根本上得到改变。

在应试教育体制下，一部分学生长期处于被忽视、被批评甚至被歧视的教育环境中，会不断地产生自卑、孤僻、焦虑等负性情绪。这种压抑的情绪若得不到及时的舒缓、宣泄，会迫使他们寻找其他的释放途径。在接触网络后，他们很容易被无拘无束、自由轻松的网络环境吸引。在网络世界里，他们可以随心所欲地释放内心的焦虑和压力，可以暂时逃避和忘却现实生活中的烦恼，长此以往，便会深深地陷入对网络的依赖中而不能自拔。

第五节 网络成瘾的干预

智能手机的普及和各类短视频、社交、游戏平台的泛滥,使得人们可以在任何时空上网接触自己感兴趣的内容。这意味着任何单一外源性干预主体均只能在有限的时段起到对个体主体网络成瘾的预防作用。全天候预防网络成瘾的唯一途径只能是建立多主体联动配合、协同干预的工作机制——网络成瘾的多元协同干预机制,即社会、学校、社区和家庭"四位一体"的协同干预体系。

网络成瘾的干预已取得一些进展,但仍处于探索和整合阶段。我国结合国内外多年研究提出了涉及多方面因素的综合干预模式。

该模式的依据是:网络成瘾是一种身心综合障碍,成瘾源是发病的内因,人格心理是发病的基础,外部条件是发病的条件。当个体出现成瘾躯体症状时,首先应该采用基于兴趣的成瘾替代或精神药物控制缓解的基础治疗;其次,借助心理调适、行为治疗来完善人格,树立良好动机和目标;最后,校方、家庭等应当营造帮助学生走出网络成瘾的外部条件。

对大学生而言,网络成瘾预防最有效的策略是主观上有摆脱手机、网络成瘾的强烈动机,结合学校、社会、家庭的支持性因素,充分发挥自己的主观能动性,科学有效地改善自身网络使用问题,才能真正全面消除网络成瘾综合症状,重塑健全的人格,增强对互联网时代的社会适应性。

下文将从不同的角度介绍对网络成瘾的干预。

一、可替代网络的其他奖赏活动

网络成瘾形成的内在动力在于心理本能的激活和驱使。网瘾戒断后网络仍然时刻诱惑着戒断者,只有找到可以充当本能满足的网络替代品,重建正常的心理本能,才能够有效地防治网络成瘾,降低戒断复发率。

培育、激发和维持成瘾患者的兴趣爱好(体育、旅游、摄影、书画、唱歌、跳舞等),基于"成瘾置换"的理念来干预网络成瘾,并践行基于兴趣爱好的健康生活方式,取代消极的、难以自拔的网络成瘾行为及其衍生的不良生活方式。替代的意义在于,它是对本能能量的疏导、转移和置换,而非压制,从而更顺应人性,更能长期有效。

以运动为例,基于本能激活的运动干预正是网络的理想替代品,它能够使戒断者的本能欲望获得合理控制和有效转移,避免其再度沉迷于网络,难以自拔。体育运动可以提升人体的身体素质,增强生理机能,产生多巴胺,缓解由学习、工作、生活带来的精神压力和身体疲劳,可以帮助网络成瘾者重塑健康的生活方式。同时,运动让大学生走出宿舍,从事室外活动,在体育活动中增多与他人的互动,在运动情境中满足情感、交际、尊重、自我实现等多方面的心理需要。据研究,运动时脑垂体可以分泌一种名为内啡肽的化学物质,该物质可以与成瘾物质对抗,让人产生愉快感、情绪高涨、精力充沛,从而抑制对网络的依从性。

二、认知的提升与改变

网络成瘾作为一种行为成瘾,与个体的心理、人格因素有着密切的关系。面对网络诱惑,个体人格(正确的认知、自制力、积极应对方式、自信心和角色责任意识)起着重要的制衡作用。因此,提升当代大学生对网络、网络使用、自身人格与网络成瘾的关系等方面的认识和理解,能够激发大学生的主观能动性,充分挖掘大学生自身克服网络成瘾的心理资源,从而从根本上有效解决网络使用过度问题。

"知信行"理论模式是一种旨在改变人类健康的认知行为模式,包括知识、信念、行动三个要素。人们对现实一般都采取积极的态度,对知识进行有根据的独立思考,逐步形成信念。由知识变成信念就能够支配人的行动。社会心理学家认为,信念的转变在知、信、行中是个关键。信念是人们对自己生活中应该遵循的原则和理想的信仰,它深刻而稳定,通常与感情、意志融合在一起支配人的行动。例如,有些经常锻炼的人,对体育锻炼的科学知识知道得并不多,却能够将不多的知识变成信念。因为这里有他在锻炼中付出的汗水和多种体验,所以他能够长期坚持下去,养成经常锻炼的习惯和良好的生活方式,从而有效地预防网络成瘾的发生发展。

三、心理治疗的协助

网络成瘾并不是简单的行为成瘾问题,其背后往往涉及个体在认知、动力、人格、家庭、社会适应方面的心理问题。

因此,立足于心理干预来防治网络成瘾是非常必要的。结合以运动为代表的兴趣代偿,必要的健康教育和心理疏导是防治网络成瘾有益的补充,可以有效地改善网络使用问题。

目前国内有许多已经相对成熟的针对网络成瘾的心理干预方法,例如高文斌、陈祉妍的"系统补偿综合心理治疗"范式,杨放如、郝伟的基于"焦点解决短期疗法"的心理社会综合干预,陶然、李邦合的"网络成瘾治疗单元"多学科合作和整合的医疗模式。

具体来说,克服网络成瘾问题需要从以下几个层面上进行改变:
(1)积极完善自我,培养成熟的品质和人格。
(2)强化目标管理和时间管理,提高上网效率。
(3)借助非网络途径,提升自尊自信,满足自身需要。
(4)培养广泛的、健康的兴趣爱好。

四、网络成瘾的多元协同干预

网络成瘾的成因复杂多元,家庭、社会、学校、个体在网络成瘾中的角色和作用各不相同。从网络成瘾的形成、发展、危害等各方面来看,唯有社会各界形成合力、协同干预,才能有效地预防和干预网络成瘾。

社会主体:加强网络安全监管,营造健康、卫生的网络环境。

学校主体：提升对网络成瘾的认识，积极给网络成瘾学生提供心理和资源支持，创造温暖、人性化、丰富、接纳、包容的校园心理生态环境。

家庭主体：提升对亲子关系、家庭教育的认识，改善与孩子的沟通方式，增强情感联结与信任，提供足够的陪伴、尊重与支持。

个体主体：避免外归因，担起主体责任；提升认知，建立健康的动机，提升自我控制能力和自我效能感；寻找对网络和手机的代偿活动，学会发现和利用克服网络成瘾的外在因素，积极改变自身的网络使用问题。

◎ 思政课堂

正确使用网络，做新时代优秀人才

一、网络是推进时代和教育进步的重要手段

最新的国家教育政策指示，网络是推进教学发展的重要手段，因此培养大学生良好的网络使用模式很重要。这就需要让广大学生多与一些好的网站进行链接，对其强化社会意识形态教育，使其多接受优秀文化教育。

学生要在学校和相关教育机构及人员的引导下提升上网的政治意识、责任意识、安全意识和自律意识。

二、加强网络道德

网络的隐蔽性、匿名性为大学生在现实生活中被约束的行为提供了发生可能，因而作为当代大学生应当提升自己的在网络上的思想道德水平，约束自身，做到不在网上散布虚假无聊消息、不侮辱诽谤他人、不非法窃取和滥用网络、不剽窃他人劳动成果、不攻击公共网站等。

◎ 心灵解码

网络成瘾测试量表

按照自己的真实感受，选择符合自己的选项。

项目	几乎从不	偶尔	有时候	经常	几乎都是
1. 实际上网的时间往往比预计的要长	1	2	3	4	5
2. 为了多上会儿网而忘记了其他需要做的事情	1	2	3	4	5
3. 宁可上网找乐子，也不愿与男/女朋友出去约会	1	2	3	4	5
4. 通过网络与在线网友结交认识	1	2	3	4	5
5. 身边有人埋怨你上网时间太长	1	2	3	4	5

(续表)

项目	几乎从不	偶尔	有时候	经常	几乎都是
6. 由于上网时间过长而影响成绩	1	2	3	4	5
7. 有事情需要立即做的时候仍会先查收邮件	1	2	3	4	5
8. 由于网络而耽误学业	1	2	3	4	5
9. 在他人询问自己上网干什么时会心存戒备或对此保密	1	2	3	4	5
10. 通过想象网络中令人感到美好欣慰的事物来排解或替代现实生活中令人感到烦恼的事物	1	2	3	4	5
11. 通过网络才能重拾自己心中所期盼的事物	1	2	3	4	5
12. 对没有网络的日子感到恐惧,觉得无聊、空虚	1	2	3	4	5
13. 上网时有人打扰了自己就会感到愤怒,会厉声指责,想要发火	1	2	3	4	5
14. 由于深夜上网而失眠	1	2	3	4	5
15. 即使离线或者不上网时依然会沉浸与回味着网络里的精彩世界	1	2	3	4	5
16. 上网时经常对自己说"就只再上一小会儿"	1	2	3	4	5
17. 曾试图减少上网的时间与次数,但以失败告终	1	2	3	4	5
18. 向他人隐瞒自己上网的时间	1	2	3	4	5
19. 宁可多花点时间上网,也不愿与人出去交流	1	2	3	4	5
20. 一下线就感到沮丧、情绪化,甚至是神经质,但一上网这些现象就荡然无存	1	2	3	4	5

解释：

正常使用:0~30 分。

轻度成瘾:31~49 分。

中度成瘾:50~79 分。

重度成瘾:80~100 分。

◎ 领悟行动

网络/手机成瘾互助治疗小组活动方案

(一) 讲解规则

建立起 8~12 人的网络或手机成瘾团体小组,签署有关信任、保密、理解等内容的团体公约。其目的是接下来让小组成员有安全感地分享自己的网络历程和感受。

（二）开始任务

活动一：实话实说，"一网情深"。小组成员分享自己的网络历程和感受。由指导老师拿着一个麦克风道具，模仿主持人对组员进行采访。问题集中在：第一次真正体会到依赖网络的经历，当时网络活动的内容，说明自己痴迷程度，父母亲及他人的态度，自己的认知，以及后续是否试图采取过自控措施及获得的成效等。老师事先宣布，节目结束后，会产生三项大奖，以引起组员的悬念。最后，由组员评选产生"最早触网者大奖""痴迷大比拼优胜者奖""自控金点子奖"并颁奖。

活动二：邀请一位网络使用模式非常健康的同学分享自己为什么不依赖于网络，并且介绍如何科学合理地管理和使用网络。

活动三：我的五样。为成员准备一张白纸、一支笔。让成员在白纸上写上自己心中感到最宝贵的五样东西，提醒他们是什么东西不重要，重要的是这东西在心中的分量，而且只能选五样。然后，分析网络是否让自己离自己最重要的五样东西越来越远。

（三）体验反馈

分享对这次活动的感受。

◎ 本章小结

网络成瘾是指由于过度使用网络，引发躯体症状、心理及行为问题。网络成瘾是由于人的本能、大脑奖赏系统系统的激活、心理问题的综合作用而形成的。它会导致一系列生理不适和慢性损伤疾病，影响个体心理健康和个人发展，对社会也造成了一定损害和危害。

导致网络成瘾的因素很多，包括网络的自身因素、个体心生理因素、社会因素等。对网络成瘾的干预需要充分发挥个体的主观能动性，并结合学校、社会、主体，采用多位一体的多元防治体系来改善、解决网络成瘾。

◎ 课后作业

统计一下自己的上网时间，包括总时长和各项活动的分时长；制定一个初阶的网络使用或手机使用管理方案，并给自己确定一下阶段性目标完成的奖励。

◎ 拓展阅读 10-1（请扫二维码获取内容）

何谓三观

第十一章 11

大学生幸福感的培养

◎ 案例导入

棒球王贝比·鲁斯(Babe Ruth)在他的棒球生涯中,一共击出了714记本垒打,被誉为历史上最卓越的棒球选手。最后一记本垒打为鲁斯的棒球职业生涯画上了一个完美的句点。

那时,闻名遐迩的鲁斯年龄已经偏大了,已不再像年轻时那般身手灵活了。在守备上由于他一再漏接,单单在一局中就让对方连下五城,而其中的三分都是由于他的失误所造成的。他在那场比赛中连续被三振出局两次,英雄似乎走上了末路。

当他就要第三度上场时,球赛已进入最后一局的下半局,勇士队两人出局两人在垒,刚好落后对方两分……当他举步维艰地迈向打击区时,观众们一阵阵的叫嚣声震耳欲聋,奚落的嘲笑与嘘声不绝于耳。此时,鲁斯已没有信心再打下去了,他缓步走回休息区,向教练要求换别人打。

但就在这一刻,一个男孩费力地跃过栏杆,泪流满面地展开双臂,抱住了心中的英雄。鲁斯亲切地抱起男孩,许久才放下,然后轻轻地拍拍他的头。

这时,球场沉浸在一片宁静中。鲁斯缓缓地走回球场,接着就击出那记最具意义的本垒打。

鲁斯为什么能在几近绝望的时候击出最具意义的本垒打?

因为那个小男孩鼓励的拥抱传递给他积极的情感,使他获得巨大的力量,从而能够勇敢地面对职业生涯上的瓶颈。很多时候,积极的力量甚至能使我们的生命找到更有意义的方向。

(资料来源:苏明明,《哈佛情商课》第二章)

◎ 头脑风暴

结合自身的经历,谈谈如何能让自己获得持续的幸福?

◎ 心理探索

对幸福的追求,大家可能都在路上。

人们普遍认为,幸福就是物质上不匮乏,情感精神上有寄托。

真正的幸福不是绝对没有负面情绪,而是经得起困难和挫折,虽有不快情绪,但能够很快从负面心境中恢复出来。

第一节 幸福感概述

一、对幸福的理解

美国心理学家本·沙哈尔(T. Ben-Shahar)认为幸福是快乐与意义的结合。真正快乐的人,会在自己觉得有意义的生活方式里享受生活的点点滴滴。这绝不仅限于生命里的某些时刻,而是人生的全过程。即使有时经历痛苦,人在总体上仍然可以是幸福的。快乐代表现在的美好时光,属于当前的利益;意义则来自目的,一种未来的利益。简言之,幸福就是快乐加意义。

快乐是一种情感体验。

情感,在我们所有的追求中扮演着一个关键的角色。很难想象一个缺乏情感的生命是什么样子。情感对于人来说有着不可替代的意义。情感把我们带入了渴望和欲望的世界,给了我们一种动机,促使我们行动。

但只有情感是远远不够的,如想幸福,就需要我们体验到积极情绪。因为快乐是满意生活的先决条件。心理学家纳撒尼尔·布兰登(Nathaniel Branden)曾说:快乐不是奢侈品,而是一种深层次的心理需要。

我们需要快乐,那幸福的人是不是一直快乐呢?答案是否定的。幸福的人同样会经历情绪上的起伏,经历生命中因失败或失去导致的悲伤。

事实上,期盼无时无刻的快乐只会带来失望和不满,并最终导致负面情绪的产生。虽然幸福的人也会经历各种负面情绪,但他们会在整体上保持一种积极的人生态度,尽管他们也会经历愤怒或内疚等负面情绪,但不会为之所控制。对他们而言,快乐是常态,而痛苦只是插曲。

那么人快乐了就能幸福吗?那些整天躺在沙滩上晒太阳的人,他们真的幸福吗?答案是不一定的。积极的情绪体验是幸福的必要但非充分条件。

所以对于幸福而言,仅有快乐是不够的,还需要有另一个重要的成分,那就是意义。

当前部分大学生对幸福概念的理解出现了偏差,存在着一些错误的幸福观,比如享乐主义幸福观、拜金主义幸福观、自由主义幸福观。在现实生活中不乏由此导致的一些令人惋惜的惨痛案例。那么,何为正确的幸福观?

二、幸福观的特征

在积极心理学的基础上,结合哲学、社会学的研究成果,我们认为正确的幸福观具有以下几个特征:

（一）主客观并存性

虽然幸福非常主观，但与物质、处境等仍然有一定的关系，脱离现实谈幸福是不人道不合理的。

（二）个体主体性

幸福不是命运的馈赠，不是自然而然到来的，幸福需要个人有意识地去寻找、感受、建构、求索、体会和调节。

（三）多元统一性

幸福是物质幸福与精神幸福的统一，是个人幸福与社会幸福的统一，是创造幸福与享受幸福的统一。

第二节 幸福感的心理机制

研究者发现，人类社会存在一个"幸福悖论"，即当物质经济发展到一定的程度时，人们的幸福水平并不一定会提高。实际上，这就是强调非物质因素在个体体验、感知幸福过程中的重要作用。其实，幸福感之所以体现出浓烈的个人主观色彩，其主要原因就在于幸福与否取决于个人。个人的主观因素非常重要。从现有文献来看，幸福感的心理机制取决于个体的主观因素，诸如需要的满足、认知、社会比较、动机、应对方式的选择和自我调控。

一、需要的满足

需要既是个体行为的内驱力，又是幸福的基本来源。按照人本主义心理学家马斯洛的观点去判断我们的生理需要、安全需要、归属与爱的需要、尊重需要、自我实现需要是否得到了满足。只要我们相应的需求得到了满足，就能够体验到幸福。

需要注意的是：首先，由于发展需求不同、关注点不同，不同的人在不同的阶段的需要是不同的，但是只要需要得到满足，就会获得幸福感。其次，需要的内容与形式是多样的，"需要"既可以是情感、物质，也可以是言语。最后，需要带来的幸福体验及其感知阈限会发生变化。比如，我们现在很想吃火锅，吃了火锅就会带来极大的满足感和幸福体验，但是如果天天吃火锅，恐怕带来的不是满足和快乐，而是厌倦和痛苦。

二、动机和期望

追求幸福的动机可以增强和提升幸福感。在追求幸福的过程中，对目标的追求和期望成为个人幸福感的重要来源。首先，目标的指向不同，幸福的来源就会不同。比如看重学习的人因成绩理想而幸福，看重感情的人因被人牵挂而幸福。其次，期望值不同，对幸福的获取难度也不同，一般期望越高越不容易幸福。

在实现目标的过程中,自我决定动机和自我潜能实现的过程都是人类幸福感的来源。自我决定是一种基本的、内在的自主决定倾向。正是这种倾向会引导人们产生自己感兴趣的、有益于能力发展的行为,并且使人们能够灵活地适应环境。心理学家沃特曼认为,幸福有两种:一是个人全身心地投入活动之中,意识到自己的潜能得以充分发挥。这是一种"个人表现"的幸福。二是在活动中体验到自己的生活或心理需求得到满足,个体体验到自我实现的"尽情享乐"状态。

三、认知

认知是我们获得幸福体验的中介因素。无论是坏事还是好事,都需要经过我们的认知加工并给予相应的评价后,才能带来积极、消极的反应或体验。在认知因素中,思维模式、归因方式和个人反思都对幸福感有着重要的影响。

(一) 看问题的思维模式

对于同样的一件事,看问题的角度不同,得到的体验或反应也就不同。最经典的例子就是杯子里面装着半杯水,你是认为"还有"半杯水,还是认为"只有"半杯水?这实际上就是积极关注思维和消极关注思维的体现。很显然,积极关注的思维模式更有利于幸福感的产生和保持。

(二) 归因方式

归因实际上就是解释造成当前结果的原因。不同的归因,带来的效果也是不一样的。如果将成功归结于自身的能力,我们体验到的就是自豪;如果将成功归结于自身的努力,我们体验到的就是满足;如果把成功归结于任务过于简单,我们体验到的就是自大;如果把成功归结于运气,我们体验到的就是侥幸。

(三) 人的反思

个人的反思有助于全面、辩证地看待问题和结果,降低消极情绪的强度,是个体主观幸福感免受破坏的重要保护屏障。

四、社会比较

社会比较是获得幸福感的重要机制。恰当的社会比较策略能够给我们带来积极的情绪体验。比如:当我们在进行横向比较的时候,多拿自己的优点和别人的缺点进行向下比较;当比较的结果是一样的时候,多找客观因素,少找主观因素;鼓励自己经常进行纵向的社会比较,多拿自己现在的状态和以前的状态进行比较。这些社会比较的策略都有助于增强和提升我们个人的幸福感。

遗憾的是,我们在进行社会比较的时候,很多时候是拿别人的优点和自己的缺点相比,更多地比较主观因素,忽视客观因素。鼓励适当向下的横向比较,这会让自己的心情舒畅;鼓励纵向比较,以过去自己的生活为标准,渐进的变化也可以带来幸福感。

五、应对方式的选择

不同的应对方式对增强和提升个体的幸福感具有不同的影响结果。例如"以问题为中心"的应对方式要比"以情绪为中心"的应对方式更容易体会到持续稳定的幸福。

然而,应对方式的选择不应当是刻板的,需要根据环境灵活地调整,选择应对方式(即应对灵活性)更为重要。

同一种应对方法,在这个情境中使用,减压效果显著,但是在另外一个场景中使用,减压效果未必明显。就像我们宣泄情绪,当压力过大,情绪感受强烈时,宣泄情绪的效果就会很明显,但是当我们需要采取具体的措施解决问题的时候,宣泄情绪不会带来任何明显的效果。

六、自我调控

任何人都不可能一成不变地维持满足、平静、顺利的状态,动荡与变化是生活的常态。因此,面对变化与波动,一个人的自我调控能力就发挥着不可或缺的作用。自我调控对幸福感的作用常体现在以下两个方面:

(一)延迟满足

延迟满足是指为了更大的目标、更大的享受,可以暂时克制自己当下的欲望,放弃眼前的诱惑。延迟满足主要依靠自我有意的抑制。在现实生活中我们不难发现,忍受眼前的诱惑,延迟一段时间之后再满足自己的需求,我们体验到的情绪要比及时获得而体验到的情绪更积极、更强烈。

(二)自我提升

自我提升是指追求积极自我形象和肯定自我的内驱力,以满足增强自尊、提高自我价值感、寻求积极自我认识的需要。特别是当我们在面对不利结果的时候,我们就会无意识地进行自我提升。自我提升有助于降低压力感受。

第三节 幸福感的影响因素

幸福掌握在我们自己的手里。按照积极心理学的研究结果以及柳博米尔斯基(Lyubomirsky)等人 2005 年提出的"持续幸福"模型,人类想要获得长期、持续的幸福感受,最重要的就是调动一切主观能动性,积极做出提升幸福感的行为。

积极心理学在探索如何增强和提升人类的幸福感时得出,提升幸福感的关键在于能否发挥我们的主观能动性,把握影响我们幸福感的主要影响因素。

基于已有的研究成果,与幸福感密切相关的影响因素如下文所述。

一、积极情绪与积极体验

常见的积极情绪有自豪、自信、同情、钦佩、敬畏、感激等。

从生理心理学角度来看,积极情绪、积极情感与奖赏系统密不可分。近年来,认知神经科学的研究证实与积极情绪加工密切相关的脑区有腹侧纹状体系统、眶额叶皮层和杏仁核。

从心理影响上看:积极情绪能瞬间拓宽注意范围和思维,提高思维的灵活性;帮助我们从正面挖掘事件的积极意义;能够增强个体的免疫力;有助于人际交往,展现人格魅力;有助于积极品质的塑造。

那么怎么来培养积极情绪呢？我们可以从以下几个方面入手:

(1) 积极接触正面的刺激,多接触美好的人与事物。
(2) 通过生理调节舒缓情绪,做必要的、恰当的放松。
(3) 通过认知调整获得好心情,即减少消极认知,调整认知模式。

常见的积极体验有平淡的快乐、全神贯注的流畅感、注意力集中的清晰感。要想获取这些体验需要我们学会去感受并享受平淡和细小的满足,认真地投入一件事,集中注意力在当下事物上,排除干扰。

二、积极的认知

认知决定我们的心态和情绪状态。对事件的认知影响着我们的情绪。更重要的是,认知与情绪体验是相互作用、相互影响的,并且认知与情绪体验呈现出一种螺旋式的影响效应。

如果对事件产生正面、积极的认知,那么就会产生积极、正面的情绪;积极的情绪反过来会进一步强化正面的认知。如此相互作用,就形成了一个良好的互动循环。

与之相反,如果对事件产生负面、消极的认知,就会产生消极、负面的情绪;消极的情绪体验则会反过来进一步强化对事件的负面认知。这就解释了为何认知会有如此强大的效果。因此,对待事物的心态,关键在于我们自己对这件事的认知。

同样一件事情,为什么有的人会认识到积极的一面,而有的人却不能？主要的原因在于人们在认识消极事件的时候,出现了不恰当的认知,比如:消极的应对效能信念、负面的认知评价、不恰当的认知归因、上行社会比较等。这些不恰当的认知因素遮住了我们看到幸福的眼睛。因此,塑造积极的认知首先需要澄清自己在认识特定事件过程中存在的不恰当认知因素,比如以偏概全、糟糕至极等认知偏差。

三、积极的人格

幸福感的高低与人的人格特质有关,积极的人格特质,比如气质性乐观、高心理复原力能够促进幸福感的形成。

(一) 气质性乐观

气质性乐观是对未来的积极预期和期望,认为好事情比坏事情更有可能发生,这是一种先天具有的乐观。在现实生活中,拥有气质性乐观的个体往往都普遍受欢迎。

(二) 高心理复原力

心理复原力是指个体在经历困境或创伤后仍然能恢复到良好适应状态的能力。心理复原力被视为稳定的心理素质。很多学者认为,坚韧性、心理一致感和乐观是心理复原力的构成要素。心理复原力的核心特征包括:以应激事件或困境的发生为前提;使得个体应激后出现了"积极适应";具有多方面的功能和影响。

四、积极的人际关系

人际关系的现状和质量对增强个人幸福感、构建和谐的家庭生活、推动事业的发展具有重要的意义。

(1) 人际关系反映了人的本质属性。

(2) 人际关系对中国人而言是非常重要的。

(3) 人际关系的质量影响着幸福感受。

构建积极人际关系的方法有:感恩、宽容、信任、利他、助人、表达与接受爱等。

五、积极的压力管理

人类并不是被动地对压力事件进行响应,而是通过认知主动地认识、应对压力事件。正是因为认知的作用,使得我们即便面对相同的压力事件,也可以做出不同的反应。

对压力的积极管理的第一步就是以积极认真的态度对待压力:第一,转换角度,关注积极的方面;第二,识别自身存在的不合理思维模式,破解认知困境;第三,识别扭曲的语言模式与认知,学会积极的自我暗示;第四,寻找到可以变通的应对资源或方式,来进行合理解释。

第二步是进行有效的应对:第一,做好时间管理和优先级安排;第二,寻求支持性资源、挖掘潜在资源;第三,对问题进行分析、拆解,定向解决问题。

六、积极的自我改变

学会接纳变化,因为变化是永恒的主题,幸福都需要改变。人人都有自我改变的潜力和资源。然而自我设限、惯性思维和行为、不确定带来的恐惧、非理性认知、功利心态、不恰当的应对方式会阻碍我们进行积极的改变。因而,我们需要了解并解决这些问题。

七、积极的组织与社会环境

家庭教育水平的提升、学校教育模式的改善、社会服务的提升、社会文化的优化,是从宏观上提升人们幸福感的重要方式,这需要多方乃至全社会的努力。

改变或调控这些因素,就有可能提升我们的幸福感。比如,可以通过感恩练习提升我们的人际关系,通过转换对压力的认识提高压力管理的效果。更重要的是,不少研究已经证实这些因素的增强均能提升个体的幸福感。

第四节　幸福感的培养

一、别让好胜心夺走了你的幸福感

哈佛大学威廉·詹姆斯（William James）教授认为，人性中最本质的属性是想得到别人的赞赏。但是，对好胜心的利用应适当。事实也的确如此。一个人不敢竞争自然不是什么好事，但物极必反，竞争心、好胜心太强，也可能得不偿失。

国内外多项调查结果证实，那些对生活不抱过高要求的人，往往最容易有幸福感。也就是说，他们并没有过强的好胜心，并不把出人头地当作幸福的指标，而他们的幸福感也正来自知足常乐。

太过争强好胜的人，很难停下来享受现有的成绩或生活，他们的目标一个接一个，即使拥有别人艳羡的生活也不能满足。这样的人，即使有了成功的光环，即使物质丰裕，也很难感到幸福。

好胜心强的人总有"压人一头"的想法，总想要展示自己。其实，这在职场或人际交往中，都是一个大忌，因为好胜心强的人往往是那些孤芳自赏、离群索居的人，他们很难融入某个圈子。所以，我们可以保持适度的好胜心，但千万不要去过度追求超越别人。为了不让过度的好胜心抢走你的幸福感，现在就来学着调整好自己的心态吧！

（一）知足常乐

心理学家认为，知足常乐并非要降低期望值，更不是自我麻痹，而是在为人处世中要保持一种平和心态。人生旅程中，困难与挫折是常态。拥有比较容易满足的平和心态，就不会把得失看得太重，也就不会给自己平添烦恼。

（二）放低姿态

放低姿态并非代表卑微，相反，懂得适时地放低姿态的人，反而更容易得到别人的尊重。所以，放低姿态，是想要幸福和成功的人必须具备的一种心理调节能力。懂得放低姿态的人拥有积极、乐观的心态和谦卑的气质，放低姿态后会得到更多的赞同力量。

（三）不要设置"假想敌"

生活中，不乏有人喜欢不自觉地为自己树立"假想敌"，认为某个人可能会对自己不利，然后处处防备，时时绷紧神经准备应战。这样的人不但不能和人友好相处，反而会因为过度的敏感和猜疑而让自己变得神经质，甚至偏激和不可理喻。这样导致的结果就是无限的自我消耗。

（四）切忌锋芒毕露

一个锋芒毕露的人，在展示自己才能的同时，也把自己置身于不妙的境地中。一个处处彰显自己锋芒的人,只会让人对你防范有加,诱发了他人的敌意和攻击性。所以,不管是在工作还是人际交往中,一定要遵循一个原则,那就是做事要适度低调,锋芒毕露往往会导致事与愿违的结果。

所以,让你的争强好胜之心,适可而止吧!保持一颗平常心,安心享受属于自己的幸福,才不辜负自己的生命。

二、赶走空虚,不要预支明天的烦恼

"空虚"是当代社会比较流行的一个词语,在日常生活中,我们经常会听到人们这样诉苦:"不知道自己到底在干什么,做什么都没有意义。""总是感觉空虚,生活没盼头!""空虚极了,做什么都提不起劲!"……言辞间对生活充满了厌倦,对未来充满了迷茫。当然,有的人是一时,有的人却是一生都在这样的情绪里蹉跎一生,空虚像阴影一样笼罩着他们的生活,使他们不见光,当然无从看到希望。那么,是什么原因导致空虚大行其道呢?追根究底,在于人们对自己的现状不满意、不满足,固有的心理平衡被打破了,所以难免要质疑生存的意义和活着的价值。因为经历的挫折使他们失去了信心,对未来抱着怀疑和恐惧态度,不能拥有阳光的心态去积极争取成功和幸福,所以他们在现行的失意中迷惘着、颓废着,甚至烦躁不安着,这就是心理学上所谓的"生存空虚感"。

哈佛大学的心理学家吉尔伯特(D. Gilbert)和柯林沃斯(M. Killingworth)发现,空虚的人最不快乐,而最快乐的是那些"活在当下"的人。他们表示,许多人花了46.9%的时间去胡思乱想,而这段时间是他们最不快乐的。哪怕是想着一些愉快的事情,也不及专注于做某一件事情时快乐。所以人们最享受、最满足的时刻,就是专注在一件事情上。这个时刻的人们,完全摆脱了空虚,充分享受着全神贯注的充实的快乐。那些把时间花在胡思乱想里的人,不能把能量都聚集在当下的这一刻,而是神游太虚,去设想多种不可预知的未来。正因为对未来的生活没有把握,才导致他们在这一刻失去了方向,百无聊赖,提前预支着明天的烦恼,在今天就为明天忧虑和哭泣。

古希腊学者库里希坡斯曾说:"过去与未来并不是'存在'的东西,而是'存在过'和'可能存在'的东西。唯一'存在'的是现在。"过去的和未来的,都不重要,重点在眼前——专注于当下,因为这才是真正的要点。

一个认真地活在当下的人,是没有时间去缅怀过去和畅想未来的,因为他懂得把握好今天,实现每一分钟的人生价值。而那些把时间耗费在胡思乱想上的人,失去了对生命意义的正确认识:要么无法消化昨天的经历,要么害怕应对明天的挑战。简单来说,就是他们对得失没有一定的承受力。这样的人,最容易被空虚侵袭。为了摆脱这种空虚给他们带来的不安,他们往往会选择一些消极甚至极端的方法,如抽烟酗酒、赌博网游、打架斗殴……以寻找宣泄的出口。长此以往,生活变得一团糟不说,人也颓废不堪了。所以,我们不能让空虚有机可乘,更不能让空虚肆意妄为,一定要赶走空虚,活在当下,让生活充实起来。

(一)明白生活的意义

每个人活在世上,都应该明白为什么而生活,知道自己在生活中的责任,这是人生在世的根本。当我们清楚了自身的角色和责任之后,才会积极主动地行动起来,才会使自己充满力量,也因此能避免空虚感的入侵。

(二) 一定要有理想

用中医的话来说,"治病先治本"。我们都明白,空虚感主要来源于对理想、信仰及追求的迷失,所以我们要根据自身情况,树立一个切实可行的人生目标,并朝着这个目标一步一步、踏踏实实地走下去。当你感觉离目标越来越近时,你便会充满无限的动力和干劲,自然也就没有时间瞻前顾后,让空虚缠上你了。

(三) 培养对生活的热情

我们总是说,生活是美好的,就看你以什么心态去面对它。一样的蓝天白云,一样的雨打风吹,谁能永远保持一颗积极的心态,谁就能笑到最后。那些中途走神或者知难而退的人,是无法领略终点的美好风光的。空虚这种负面情绪,在你笑着面对生活的时候,它反而对你无从下手。

(四) 认真的人最美

当你专心致志地做着今天的事,所有的正能量都聚集在这一刻,你生命的芳华,也在此时绽放。放弃对昨天和明天的消耗性思考,空虚也便失去了依附。所以,享受生命,最重要的是赶走空虚,活在当下,不要预支明天的烦恼。

三、感恩别人,幸福的是你自己

在《哈佛教授与女儿的对话》一书中,有这样一段对话:

女儿:"一句'谢谢'有那么重要吗?"教授:"常怀感恩之心,人就会变得善良、自信、快乐。"

毫无疑问,善良、自信和快乐,是我们多数人追求的目标,因为这是最能给我们带来幸福感的情绪体验。感恩意为慈悲、好心和感激。

在心理学中,感恩被视为一种积极情绪。幸福、自豪、希望、满意、积极的主观经历等能够诱发感恩情绪。

积极的情绪体验往往与需要的满足有关,感恩的情绪体验也源于对我们需要的满足,特别指向我们对于他人在需要满足中所起作用的觉察和感激。因此,感恩也是个体对自己因他人帮助而获得积极结果的一种知觉。

感恩是一种自觉性行为,它出自行为人的谦卑和爱心。一个懂得感恩的人,不但拥有无上的爱心,更懂得珍惜自己所拥有的东西。可生活中却有很多人总是抱怨命运的不公,总是觉得自己比别人拥有得少,这种人便是不懂感恩。一个人不懂得感恩已经拥有的,那么他很难获得更多。因为再多的拥有都不能让他满足和幸福,这样即使物质再丰富,他的思想永远是贫瘠的,他的幸福感也是低水平的。在这个看似不幸的事情中,感受到值得庆幸的地方,能够保护我们的内心免受创伤。所以,感恩别人,也是救赎自己。当心中总是充满爱和阳光,那么他/她一定是幸福的。感恩是人生的大智慧。怀抱感恩之心,才能持久地获得幸福感。这对于人的一生来说,何尝不是一种处世哲学。让我们来学会感恩,让幸福常驻心中。

(一) 让感激成为习惯

生活中,我们总是接受着别人大大小小的帮助。当别人帮助了我们,要真诚地说声"谢谢"。当感激成为一种习惯,你会发现自己是一个幸运的人,总有需要感恩的人。正因为如此,你的世界充满爱与恩赐,幸福也与你常相伴。

(二) 为你拥有的一切感恩

人生在世,身体健康,亲人平安,拥有学习和工作的机会,受人帮助或被人爱,都是人的福气。要懂得珍惜自己的拥有的一切,哪怕那是别人也有的稀松平常的东西我们也应珍惜、感恩。当你为你的拥有感到满足的时候,你又何尝不是幸福的呢?

(三) 不伤害别人,无偿地帮助别人

不伤害别人也是一种感恩,是对生命的尊重和敬畏。生命因为你的守护而充满了感动,这样积极的、阳光的心态,也会有意无意地感动你自己。同时,也要竭尽所能地帮助别人,因为帮助别人,就是对世界奉献了一份美好和真诚,也实现了自己的人生价值。当人生的意义得到升华,幸福感也一定是满满的。

(四) 感谢挫折,感谢磨难

人的一生,不可能一帆风顺,总会遇到一些波折。但是,正是这些经历,磨砺了我们的心志,让我们变得勇敢和坚强。所以,不要抱怨那些让你跌倒的或者走了弯路的遭遇,你应该感激磨难,感激它让你成长。当你养成了良好的心态去面对命运的挑战,还有什么可怕的呢?

感恩能够提升幸福感,具有广泛的社会适应性功能。给大家分享一个积蓄能量的好方法——记录感恩。

四、克服恐惧,积极地生活

人们有很多恐惧,大学生可能惧怕黑暗,惧怕考试,惧怕择业,惧怕公开演讲,甚至惧怕恋爱交友。在人的七种基本情绪之中,"惧"占了一席之地,这说明,人人都会生"惧",因此,并不可耻;但同时也说明,"惧"也只是人类的一种情绪变化,是比较客观的东西,是有办法减轻或克服的。

哈佛学者马尔登说:"人们的不安和多变的心理,是现代生活多发的现象。"他认为,恐惧是人生命情感中难解的症结之一。

恐惧的表现是多种多样的:嫉妒、愤怒、忧虑、怯懦、不安……它的每一面,都会让人生活在阴暗的角落,令人沮丧、颓废。恐惧是一种非常消极的心理暗示,它会让人把困难夸大,对人和事产生巨大的抗拒力,从而使人瞻前顾后,裹足不前,白白地错失良机。

一位心理学家为了让学生们了解这种消极的心理暗示给人带来的负面影响,便带他们去做了这样一个实验:他把学生们带到一个没有灯光的黑漆漆的屋子里,告诉他们屋子中央是一座窄窄的桥。然后他问学生们:"谁敢从这座桥上走过去呢?"没想到这些学生个个都不

服气,全都表示愿意过桥,最后也都真的顺利过了桥。然后,心理学家打开了门边的一盏小灯,尽管灯光非常昏暗,学生们还是看清楚了桥下是一个幽幽的水潭。大家暗自吸了口气,那水潭不知深浅,看起来诡异极了。这时,心理学家又问:"谁还敢从这座桥上走过?"有一些不服输的学生小心翼翼地顺利地过了桥。接着,心理学家再次打开一盏灯,稍亮的灯光让潭下的景象依稀可见。这下,所有的人都吓得面色惨白,因为他们看见水潭里有很多蛇游来游去。心理学家又问:"还有人敢从这座桥上走过去吗?"这一次,再也无人响应。心理学家便自己走上桥去,然后稳稳地下了桥。学生们都用崇拜的目光注视着他。心理学家什么也没说,打开了一盏最亮的灯。这时,学生们才清清楚楚地看到,在桥和水潭之间,隔着一个牢固的铁丝网。

最后,心理学家对学生们说:"现在,你们应该能体会到心灵的力量了吧?恐惧,其实来自我们的内心。从第一次的完全黑暗,到光亮一点点增强,我们的恐惧也随之增加,这就说明,可怕的不是过桥本身,而是我们给过桥附加的许多消极妄想。正是这些妄想,束缚了我们的勇敢,限制了我们的个人行为。所以,当我们面对困难的时候,首先要摆正自己的心态,不要被消极牵引。"

由此可见,恐惧带给人们最大的负面影响,就是它会蚕食一个人的意志力,使人们面对一点风吹草动就寝食难安,面对一点困难就消极怠慢,对生活充满不安,从而失去很多机会,无法享受美好结局带来的快乐。所以说,既然恐惧来自我们内心,是一种主观臆想,那么,我们何不凭借自身的意志力来克服它呢?

克服恐惧的关键在于人们自己内心对事物本身的科学认识,以及对内心正能量的合理激发。一个悲观的人,即使面对一点点小事,都会把它和死亡联系上,这是一种不健康的心理,也是一种脆弱的表现。恐惧心理,轻则让人变得疑惧、胆小、怯懦,重则影响学习、工作和婚姻,毁掉一个人的前途。所以说,我们一定要找到科学合理的方法来战胜和克服恐惧,让我们的人生迸发应有的美丽光辉。

(一) 学习科学知识

一位哈佛教授说:"意识清楚的人很少畏惧任何东西。"也有心理学家这样说过:"愚昧是产生恐惧的源泉,知识是医治恐惧的良药。"的确,在生活中,人们畏惧某事某物,往往是因为对之缺乏正确的认识,从而产生了抵触和排斥情绪。所以,注意积累常识,多学习科学知识,有助于我们消除恐惧。

(二) 勇于实践

接受惊惧不失为消除恐惧的一个好办法。生活中,我们不妨主动去接触和了解自己所惧怕的对象,在实践中认识它、适应它、习惯它,这样有助于消除对它的恐惧。比如有的人怕高、怕水、怕动物、怕和陌生人接触等,都可以通过在现实生活中慢慢地、一步一步地去靠近、去了解、去相处,来渐渐熟悉它,从而产生亲近感,不再畏惧。

(三) 转移注意力

当我们面对某一个恐惧对象时,不妨把恐惧的重心稍微转移一下,以缓解对它的恐惧。

比如,我们对在公众场合讲话充满了恐惧,害怕面对大众的目光,害怕别人对自己衣着形态以及表情不到位的挑剔,那么在演讲的时候,我们可以把注意力从别人的目光上转移到自己演讲的内容上面,注意自己内容的准确性和生动性。这样一来,我们全身心地把心思放在演讲这件事上,而不是听众的反应上,自己便会不那么紧张,就能放得开,演讲也就更容易成功了。

恐惧由心生,心可生自可灭。不要把困难想象化、夸大化,调动起自身的专注与觉察,调整心态,用科学的知识和清醒的头脑去审视它、分析它、客观公正地对待它,不让"恐惧"有机可乘,这样才能提高我们的生活质量。总之,以积极乐观的心态面对生活,让焦虑和恐惧都消失在阳光下吧!

五、宽容待人,天地自宽

子贡问曰:"有一言而可以终身行之者乎?"子曰:"其恕乎!己所不欲,勿施于人。"

哈佛教授杰西卡·斯特恩(Jessica Stern)也曾说过:"只有勇敢的人才懂得宽容,懦夫绝不会宽容,这不是他的本性。"

由此可见,宽容不仅是古人修身的法则,也是今人不可缺失的美德。那么,何谓宽容呢?有道是"有容德乃大,无欲心自闲"。从心理健康角度讲,宽容可以让人的心境趋于平和,从而有利于幸福感的产生。

从经济学的概念上来讲,宽容会让施与受的双方都从中获益,它会促成双方的共赢。宽容在我们的为人处世中,是极其重要的,就像血液供养我们的身体一样,它供养着我们的心理生态。

(一)理解宽容的价值

宽容是一种高贵的品质,更是一种博大的胸怀。有了宽容,就能"干戈化玉帛",仇恨的乌云也会被祥和之光驱逐,天空将变得一片澄澈。一个胸怀宽广、善于理解和包容他人的人,必定是个善良豁达、志趣高远的人。这样的人,更容易被人接受和喜爱,更容易走向成功。

(二)换位思考

面对别人的过错,我们首先应该想到"人非圣贤,孰能无过"。凡事站在别人的立场来思考,设身处地地为别人想一想,这样做的原因是什么。这样一来,你心中的怒气会消散很多,心态也会放平和,因为你在尝试着摆脱以自我为中心,试着去理解对方的苦衷。理解是沟通的桥梁,正是有了对别人所作所为的理解,你才会大度地原谅别人。

(三)宽容自己

宽容不应该只针对他人,也包括自己。一个连自己都无法包容的人,又何来对别人的忍让?我们应客观公正地看待自己,正视自己的缺点和错误,并不断地去克服和纠正它,而不是一味苛责,甚至厌憎自己,破罐子破摔。这种和自己较劲的举动都是缺乏理智、不可取的。宽容待人,从宽容自己开始。

六、理解幸福,才能邂逅幸福

幸福是什么?幸福在哪里?可能很多人都会有这样的想法:幸福似乎总在别人那里。其实,我们经常都会和幸福相遇,却因为没有认出它而与之擦肩而过了。比如:对于一个牙痛难忍的人来说,其实牙齿健康就是幸福,可是,他偏偏要在牙痛的时候,还因为自己的牙不整齐不洁白而怨声载道、耿耿于怀;对于一个流落街头、食不果腹的乞丐来说,其实有个安身的地方,有口热饭吃就是幸福,可是,他偏偏在饿着肚子四处躲雨的时候,还做着开豪车住豪宅的美梦……每个人的身边都有幸福的痕迹,很多人却视而不见,依然孤注一掷地寻觅着幸福的仙踪。哈佛大学的心理学家本·沙哈尔说:"幸福不仅仅是对某种需要的满足,而且是对某种需要的理解。"正因为每个人对幸福的定义不一样,幸福在每个人身上的体现也不一样,所以我们才要更用心地理解幸福,把握幸福。

对幸福,我们可以有成千上万种解释,但最正确的理解是,当你恰好拥有最需要最实用的东西的时候,你就是幸福的。而那些只是为了装饰我们生活的东西,诸如身份、地位,都不能给我们带来原始的满足感,反而会助长我们的虚荣心,使我们更不容易得到满足。我们总是抱怨得不到幸福,其实是因为我们把幸福神圣化、复杂化了,殊不知,幸福有着最简单的含义。既然幸福本就是如此简单一件事,每个人应该都或多或少具备了幸福的条件,也有最基本的感知幸福的能力,那么,如何才能在邂逅幸福的时候把它认出来,并牢牢抓住呢?这就需要大家加强自己的幸福敏感度了。现在,就让我们一起来学习一下如何提升自己的幸福感吧!

(一)不攀比,保持平和的心态

都说幸福是个比较级,其实幸福不应从比较中获得。要知道,比较产生差距,差距促使心理失衡,心理失衡的人肯定是不幸福的。所以,凡事不要总和别人对比,不要在攀比中变得自负或仇视别人。这都是构建个人幸福观和构筑和谐社会的一个大忌。所以,不要在别人的身上找自己的幸福,多听听自己内心的声音吧!

(二)科学地认识物质财富与幸福的关系

人们在一项对《福布斯》杂志公布的对富翁的调查中发现,和一般的民众比较起来,富翁的幸福感只是稍高了一点点而已;而在参与调查的49位超级富翁中,有80%的人认为钱既可以增加也可以减少幸福,有一位富翁甚至从来不记得自己是否幸福过,一位富翁感到苦恼,因为钱不能缓解由她孩子的问题给她所造成的痛苦。从这份调查中我们可以看出,金钱对人们心理的作用一直是被夸大的。所以说,我们要科学地认识物质财富的作用和意义,不要在拜金主义中失去最原始的幸福感知力。很多时候,幸福是可以与财富割裂开来的。

(三)建构一个有利于幸福的价值观

幸福的定义总是存在分歧:对于一些人来说,幸福取决于物质享受、功名利禄;而对于另一些人而言,幸福则在于真知的获得、道德的完善、艺术的享受和人性的关怀。这两种人的幸福是不同的:前者会越来越烦恼,后者会越来越幸福。因为物质的欲望往往是个无底洞,你很难停留在某一个点上,所以要一直向前,一直追赶;而精神的需要满足起来就要容易得多,只要你心态够平和。所以,从自己的内心出发,建立一个更容易获得幸福感的价值观,是你向幸福示好的妙招。

不要再抱怨幸福没有来过,那只是因为无知才错过了。当你懂得了幸福的含义,便不会再把内心最需要的东西忽略掉。只要知道,在自己最需要时得到了满足,那就是幸福的滋味。理解了幸福,才会邂逅幸福。

七、期望值太高,即使幸福也不明显

哈佛大学的吉尔伯特教授带领的团队,成立了专门研究人类幸福本质的"社会认知与情感实验室"。经过调查和究,吉尔伯特和同事们提出了"预测偏差理论",其中幸福的偏差论认为:人们总是习惯性地提示自己注重现在,可是在现实生活中,他们却时时刻刻想象着未来,这是由于天性使然。但事实上,人们想象中的未来,又会与实际情况有一些偏差。这就是幸福的"预测偏差"。例如,当我们热切渴望着某次升职成功,或者投资成功的时候,我们会以为,当我们的愿望成真,一定会幸福得喜极而泣,毕竟这是无比期待的事情。可是,等答案揭晓,当你发现事情真的如你预期的那样发生了的时候,你会在那瞬间放松、释怀,然后对自己说:"是啊,我早知道会成功的。"而幸福感并不如预期的那样强烈,更不会那么持久。这就说明,你对自己的幸福感,在预测上发生了偏差。究其原因,可以用吉尔伯特的观点来解释:为什么人类会拥有"幸福感"而动物却没有?那是因为人类可以预见未来。然而,"预测偏差"的存在直接影响了我们的幸福值,使我们要么高估要么低估,以至于缺失正常的幸福感。

适当地降低期望值,我们才不会因为希望落空而失望甚至绝望,也因为如此,才更容易体会到幸福。那么,如何才能适当地降低期望值,享受到应有的幸福感呢?

(一)正确、理智地评估未来以及形势

很多时候,我们对事物的过高期望,都是源于我们没能对它做出正确的、科学的评估。在我们期待某种事物或某个结局之前,一定要认真分析它的可行性以及它的实现环境。当我们确保它能正常运作之后,再来给出合理评估。而所做出的评估,不能超出以往的先例,也就是说,只有做出保守的评估,我们的期望才更有可能实现。

(二)调整心态,认识到过程比结果重要

我们对某个人或某件事产生失望情绪,大多是因为我们把结果看得太重。虽然凡事都是为了追求一个结果,但真正到了结束的时候,结果反而没那么重要了,因为它已经是既成事实,无法更改。而过程却不同,不管我们得到的是什么结果,我们都会在过程中有所得,而这些收获,远比形同标签一样的结果重要。只要我们想通了这一点,就不会为结果的好坏患得患失了,而幸福感也会更持久。

(三)设想一个最坏的结果

事实上,很多事只要我们尽心竭力地做了,一定会得到回报,即使达不到预期,也不会糟

糕到哪里去。在我们在等待结果的过程中,不妨降低心理预期,给自己划定一个最低的心理承受能力范围,也就是说做好迎接最坏结果的准备。当然,前面已经说过,只要肯努力,一定不会是最糟糕的。既然如此,那么,比糟糕好一点点的结局,我们是不是更容易接受呢?所以,当我们把期望值停留在这个最低的地方,一旦事情的结果比最坏的结果要好很多倍的时候,我们是不是会感觉到突如其来的幸福呢?

对万事万物心存期待,是一件正常且美好的事情。但是如果总是把期望值抬高,那么生活中一定有诸多落差,我们也会因落差而备受打击,对于原本看来值得庆贺的事,也无法体会到幸福感。最可怕的是,久而久之,这些落差会导致我们对期待失去热情,甚至害怕期待。而一个没有期待的人,生活毫无意义,更无幸福可言。所以,我们合理调整期望值,才有更多机会拥抱幸福。

八、心态健康,才能乐享幸福

在当今社会,幸福是一个平民化却又高不可攀的概念。幸福似乎随时随处可见,幸福似乎又那么遥不可及。很多人把幸福神圣化,认为它是精神世界的一种奢侈品。其实,幸福只是一种感觉,它不取决于人们的生活状态,而取决于人们的心态。

何谓心态?心理学上把心态解释为人内心的一种比较微弱而持久的情绪状态。心态具有弥漫性的特点,通常会影响人的整个精神面貌,使之在这段时间的所有活动都笼罩着同样的情绪色彩。一旦人的心态失衡,最先被扰乱的就是他生活和工作的平静,从而使他的办事效率和为人处世的态度受影响;而一个心态阳光健康的人,能用正能量驱逐干扰幸福的因素,从而乐享幸福的人生。心态对我们的学习、工作、生活以及健康都起着举足轻重的作用。我们幸福与否,取决于心态的健康程度。正如古罗马哲学家塞涅卡(L. A. Seneca)所说:"差不多任何一种处境——无论是好是坏——都受到我们对待处境的态度的影响。"

日本著名的管理大师安冈正笃也曾说过:"心态变则意识变,意识变则行为变,行为变则性格变,性格变则命运变。"也就是说心态决定了我们的命运。所以,看待万事万物的心态,直接决定了人生的质量,直接影响着幸福指数。所以,与其在人生的沉浮中大悲大喜,大哭大笑,倒不如静下心来,好好反思自己对待工作、生活及世事的心态,及时调适自己的心理,让心理回归健康与阳光。对此,哈佛大学的哈根教授特地制订了以下措施,帮助人们积极调适自己的心理状态。

(一) 培养积极进取的人生态度

心理健康的人,是热爱生活、热爱生命、珍惜拥有的人,他们对生活永远保持乐观态度,对人生充满希望和信任。无论做什么事情,他们都会怀着十二分的负责的态度去面对,然后全身心地投入进去,而不会去想象甚至担忧结果的好坏。对他们来说,每天都是充满希望的,任何的困难和挫折,最终都会被解决。正因如此,他们享受着过程中的快感,以及不辜负光阴的自豪感,而至于结局怎样,他们觉得,只要自己已尽心尽力,便没有什么遗憾的。

(二) 有较强的自我认知能力

世界上最难的事,莫过于认识自己。心态健康的人,一定是个自知的人。也就是说,他们能够正确评估自己的能力,能正确估算自己的价值,能客观地看待自己的长处和不足之处。所以,在做任何事情的时候,他们不会抱着超越自身能力和现实的预期,然后被结局的好坏牵制。所以他们凡事看得很开,也因此拥有了一个良好的心态。

(三)享有良好的人际关系

心理健康的人都具有以下特点:(1)心性乐观开朗,总是互相鼓励;(2)懂得尊重、理解他人,从不将自己的观点强加给他人;(3)宽容、正直,坦诚相待,富有同情心;(4)在与他人的交往中能够做到谦卑,能较虚心地向他人学习;(5)不与人发生正面冲突,遇事能通过理智、合理的方式解决;(6)有健全的人格。一个心理健康的人,其人格必定是健全的。人格主要包括气质、能力、性格、理想、信念、动机、兴趣、人生观等各方面。健全的人格即指这些因素都能平衡发展,具有健全人格的人能完整、协调、和谐地表现出具有自己特色的精神风貌。

人人都渴望幸福,人人都能得到幸福,关键就在于健康心态。有道是"莫畏浮云遮望眼",走出自我天地宽。在这纷繁复杂的人生旅途中,停下脚步,静下心来,调适好心态,再从容启程,相信你一定能走出一片崭新的天地。

九、理想与幸福感

"如果一个人不知道自己要驶向哪个码头,那么任何风都不会是顺风。"严格地讲,理想属于目标哲学的范畴。一个没有目标的人,很容易将自己的人生置于混乱的境地。因为他没有前进的动力和方向,所以难以充实,难以有成就感和幸福感。

曾有学者说:"人类最宝贵的财富是希望,希望减轻了我们的苦恼,为我们在享受当前的生活乐趣中描绘出未来人生的远景。"理想就是希望,理想就是那个召唤我们不断努力的目标。理想是最公平的,它不管你是贫穷还是富有,不管你是健康还是疾病,不管你是平民还是贵族,都给你同等的机会。

理想为一个人提供了改变命运的机会和实现生命价值的动力;理想也是一条最能带来幸福感的途径。

哈佛教授林赛认为,当我们考量要做什么时,我们需要考虑能否做到。但在确定理想时,则需"志存高远"。为自己制定一个远大的理想,是你成功的第一步。在我们制定理想、设立目标计划之前,我们首先一定要清楚,理想是基于现实的,我们制定的目标一定要是切实可行的。其次就是,实现目标的过程不可能是一帆风顺的,所以我们不能知难而退,要坚持不懈。这就如同我们在砌造自己的人生金字塔。依据哈佛心理学专家的理论,设立人生金字塔目标需以下步骤:

(一)第一层 总体目标

这包含你整个目标中要达到的若干具体目标。如果你能达到或接近这些目标,那么,你就是尽了全力实现自己定下的终极目标了。

(二)第二层 长期目标

为了实现你的总体目标,制定一个可行的长期目标是很重要的。因为没有长期目标,你就可能有短期的失败感。既然是长期目标,就需要较长的时间来完成它。至于时间的长短,要根据你总体目标的大小来决定。

(三)第三层 中期目标

中期目标是你为达到长期目标而定的目标。一般说来,实现这些目标的时间,比实现长期目标的时间要短,中期目标是为你实现长期目标铺路的。

(四)第四层 短期目标

这些是你为达到中期目标而定的目标。实现短期目标的时间稍短,短期目标既为你的中期目标打下基础,也会在实现目标的过程中给你不断地带来成功的鼓励。

(五)第五层 日常规划

这是为达到每个层次目标而定的每日、每周和每月的计划和任务,这些任务由分配时间的方式而定。完成日常规划,是完成总目标,实现理想的前提条件,但凡成功的人生,都是通过这样由低到高、由小到大、由平凡到伟大的金字塔的层层组合,一步步实现的。

如果没有理想,没有目标,你的幸福就无从谈起;如果只有理想,却不去实现,你也无法幸福;唯有拥有理想,并一步一步地努力去实现它,你的人生才是圆满和幸福的。所以,不要疏于经营自己的理想,一旦理想瘦了,你的幸福也无法丰满。

◎ 思政课堂

离幸福更近一步

一、有的放矢,明确价值观引领方向

在共青团中央、民政部、国家卫生计生委三个部门共同印发的《关于进一步做好青年婚恋工作的指导意见》中明确指出,要加强青年婚恋观、家庭观的教育和引导,突出价值引领,把服务青年需求与引领青年践行社会主义核心价值观结合起来,在帮助青年解决交友、择偶、婚姻实际问题的同时,强化青年对情感生活的尊重意识、诚信意识和责任意识。因此,结合当前青年大学生的特点,我们将对学生幸福感的培养集中在深化大学生对幸福的理解、建构积极的认知、树立健康的理想、进行积极自我管理和自我改变上,让大学生在成为一个对社会有用的人的基础上,也做一个幸福的人。

二、解决高发问题,提升幸福感

大学生非常关注的一个问题是:在大学生活中遇到矛盾如何解决?要抓住这个时机引导学生认识到,没有一个人,没有一种大学生活是一帆风顺的,大学生要提高自己抗挫折的能力,提高自己解决问题的能力,建立乐观积极、科学有效的思维方式和生活方式,从而给自己带来更多的积极体验。

◎ 心灵解码

主观幸福感量表

按照自己的真实感受,选择符合自己的选项。

	非常不符合	比较不符合	有点不符合	不确定	有点符合	比较符合	非常不符合
1. 在大部分方面,生活与我的理想状态很接近	1	2	3	4	5	6	7
2. 我的生活条件非常优越	1	2	3	4	5	6	7
3. 我对生活感到很满意	1	2	3	4	5	6	7
4. 目前为止,我已经得到了对我的生活来说非常重要的东西	1	2	3	4	5	6	7
5. 我的生活有目标有意义							
6. 我的社交关系富有支持性,对我有所助力	1	2	3	4	5	6	7
7. 我对日常活动既投入又有兴趣	1	2	3	4	5	6	7
8. 我积极为他人的快乐和福祉做出贡献	1	2	3	4	5	6	7
9. 我能胜任并能完成对我重要的那些事	1	2	3	4	5	6	7
10. 我是一个好人,并且过着好的生活	1	2	3	4	5	6	7
11. 我对我的未来感到乐观	1	2	3	4	5	6	7
12. 别人尊重我	1	2	3	4	5	6	7

解释:

题目1~5测量生活满意度,无反向计分,将每道题目得分相加即为生活满意度得分。分数越高则生活满意度越高。

题目6~12测量心盛量表,无反向计分,将每道题目得分相加即为心盛得分。注:心盛是指一个人心理上丰沛、繁盛、满足的一种状态,是主观幸福感的重要衡量标准。分数越高则心盛水平越高。

两部分的得分分别从两个方面评估我们的主观幸福感。

◎ 领悟行动

记录感恩事件会促使我们审视自己为什么而感恩,促使我们关注自己内心的需求,认识到生活中对我们最重要的是什么,从而获得满足感。坚持记录感恩事件,有助于我们逐渐养成积极的思维定式,使我们更容易发现生活中那些值得感恩的小事,提高对幸福的敏感性。以下是记录感恩事件的方式:

(一)准备

准备自己喜欢的笔记本,作为感恩日记本,专门用于记录感恩事件(如果觉得手机便签或电脑文档记录更方便,也可以使用)。

(二)记录

每个人经历的感恩事件是不同的,记录也不需要遵循某种固定的格式,不过这里有几点建议:

(1)每天坚持记录3~5件值得自己感恩的事件。不必追求记录的长短,语言的优美,只要能表达出事件以及此事引起的个人情绪即可。

(2)安排固定的记录时间,你可以设置闹钟或者写日程表。个人推荐记录时间为晚上睡前10分钟,这段时间比较安静,便于你回想一天中经历的事件,能静下心做记录。

(3)如果你已经养成了记录感恩事件的习惯,那就不必限制事件的个数和记录时间了,可以随时想到什么就随手记下关键词,有时间再进行认真记录。

(4)保持感恩日记本的纯粹和美好。尽量不要在感恩日记本里也同时记录消极的情绪事件。这样每当你翻看它时,积极的情绪就会油然而生。

(三)保存

将日记本保存在方便记录和翻看的地方。因为感恩日记承载着你生活中留心到的小美好,每当心情不好的时候,打开翻看,会发现它就是你的"能量加油站",能够帮助你满血复活!

(四)反思

定期查看感恩日记本。当养成了记录感恩事件的习惯后,可以每隔两周查看自己的感恩日记,看看生活中哪些方面是你最满意和最感恩的。如果发现一段时间内感恩的人和事总是重复又重复,可以适当提醒自己要调整一下关注点,尽可能去感知生活中的多方面的美好。

◎ 本章小结

幸福感是个体的一种满足、平衡的状态。幸福的心理机制有赖于需求的满足、动机的实现、大脑奖赏系统的激活、意义感的获取等。影响幸福感的因素包括个人人格特质、认知思维习惯,以及一些客观外在因素。幸福感的培养需要我们有恰当的比较策略、积极的自我改变、积极的情绪和压力管理等。

◎ 课后作业

1. 请阐述你对幸福的理解和体验,并在这个基础上思考蕴含在其中的文化因素。
2. 结合现实生活中的案例,探讨增强和提升自己幸福感的方法和策略。
3. 根据自己的生活经历,谈谈你对情绪幸福感、心理幸福感和社会幸福感的认识。

◎ 拓展阅读 11-1（请扫二维码获取内容）

意义感与幸福

第十二章 12

大学生的挫折应对与压力管理

◎ 案例导入

美国第 16 任总统亚伯拉罕·林肯（Abraham Lincoln），22 岁时做生意失败；23 岁时竞选州议员失败；24 岁时经商再次失败；29 时竞选州议院议长失败；47 岁时竞选副总统、49 竞选参议员连连失败。但他的信念没有失去，他始终相信有一天自己一定会成功。

◎ 头脑风暴

说一说：
请同学们回顾自身曾经遭遇过的印象最深的一次挫折经历。当时的情绪状态如何？后来采取了什么样的应对措施？通过这次经历，你认为应对挫折最重要的是什么？

◎ 心理探索

第一节 认识挫折

在人生道路上，挫折与压力如影随行。俗语说，人生不如意事十之八九。大学生处于身心发展成熟期，但由于他们社会生活经验尚浅，面对挫折和压力常常不知所措。鉴于此，帮助大学生学会应对挫折与压力，是一个非常现实而又迫切的课题。

一、挫折的内涵

（一）挫折的含义

1. 哲学的解释

哲学将挫折理解为主客体之间的对立，挫折是主体对象化和客体异化这两个过程矛盾运动的结果。辩证唯物主义认为，客观世界在于人。当客体世界能为主体所认识和掌握的时候，主体自身力量得到彰显，人是自由的；当主体无法认识和把握客体，客体就反过来支配主体，这时，人是不自由的，反映在心理上，就形成压力与挫折。晚近的建构主义哲学强调，人的主观世界是自己建构的结果，这种建构是建立在已有经验基础之上的。换言之，外部世界能否成为主体的异化力量，很大程度上取决于主体自身怎么理解和诠释。比如，老师对学生严格要求,你可以把教师的这种要求理解为是对学生自由的一种干涉,是学生意志行为中的一种挫折。但是如果你知道这位老师一贯对学生要求严格,并且在生活中很爱护学生,那么,你会将老师的这种行为理解为是一种爱,是对自己成长的一种监督和帮助。在我们的大学生活中,主客体矛盾主要表现为现实与理想的矛盾:一方面大学生希望能够按照自己的意志去成长;另一方面,他们感觉到生活并不是按照计划安排的那样去发展的。于是,他们感叹:愿望是美好的,现实是残酷的。

2. 心理学的解释

心理学着重于人们对体验的反应,认为挫折是意志行为过程中由于不可预知的因素对目标有所阻碍,从而在主体身上引起的一种情感体验和行为反应。

因此,挫折具体指人们为实现目标而采取的行为遭遇无法逾越的困难阻碍时,所产生的一种紧张的情绪反应,是一种消极的心理状态。

(二) 挫折产生的机制

(1) 有行动动机和明确的行动目标。动机是推动个体去行动以达到一定目标的内在动力,没有一定的动机和目标,挫折的产生也就无从谈起。

(2) 有满足动机和达到目标的手段或行动。个体所感受到的现实的挫折是在他为满足一定的需要采取一定的手段去实现预期目标的实际行动中产生的。没有这样的手段与行动,即使目标再高远,动机再强烈,也不会产生挫折感,或只能产生想象中的挫折感。

(3) 有挫折的情境发生。实现目标的道路上遇到阻碍,且不能逾越。必须达到某目标,但实际没达到是挫折情境,如果只是尝试但没有达到目标不构成情境。

(4) 主体必须对目标受阻有知觉。这是指个体在实现目标的行为受到阻碍而产生挫折时,必须有所知觉和认识。否则,就不会构成挫折情境,产生挫折反应。

(5) 必须有对知觉和体验产生的紧张状态和情绪反应。

从上述条件中不难看出挫折有两层含义:

(1) 挫折情境,即阻碍个体实现目标,满足需要的情境状态和条件。

(2) 挫折反应,即个体伴随着挫折认知,对于自己的需要不能得到满足而产生的情绪和行为反应,如愤怒、紧张、焦虑、攻击等。

一般来说,挫折情境越严重,挫折反应就越强烈;反之,挫折反应较轻。但是,只有当挫折情境被主体所感知时,个体才会在心理上产生挫折反应。如果出现了挫折情境,而个体没有意识到,或者虽然意识到了但并不认为很严重,那么,也不会产生挫折反应,或者只产生轻微的挫折反应。因此,挫折反应的性质、程度主要取决于个体对挫折情境的认知。

挫折反应和感受是形成挫折的重要方面,个体受挫与否,不取决于旁观者意见,而取决于当事者对自己的动机、目标与结果之间关系的认识、评价和感受。对某人构成挫折的情境和事件,对另一人不一定构成挫折,这就是个体感受的差异。正如巴尔扎克(H. de Balzac)所说:"世上的事情,永远不是绝对的,结果完全因人而异。苦难对于天才来说是一块垫脚石,对于能干的人是一笔财富,而对于弱者是一个万丈深渊。"

（三）影响挫折感的因素

影响挫折感的因素主要有以下几方面：

1. 需要有迫切感和动机的强烈度

需要越迫切，动机感越强烈，受到阻碍后，挫折感越强。

2. 自我期望值

对任何事物的自我期望值与现实都可能有一定的差距，如果不从实际出发，只考虑主观愿望，人为拉大两者之间距离，就会产生挫折感。

不从实际出发表现为以下两种情况：

（1）期望值绝对化——自己只能成功，不允许失败。

（2）过分概括化——以偏概全，即使是有喜有忧的事情，也容易只看到悲观的一面。或者是因某一件事情或者某一方面失败，就对自己全盘否定。

3. 归因不当

对某种行为的原因进行解释推测，而归结出与事实不符的原因，易产生挫折感。

4. 待遇不公平感

在学校，大学生之间没有太大的利益冲突，对大学生来说最大的不公平感有可能来自评优和入党。若横向比较不得当，易心理失衡，产生挫折感。

5. 个人抱负水平的高低

抱负水平是指根据目标规定的标准。抱负水平高的人比抱负水平低的人易产生挫折感。如甲、乙、丙三名同学考试都是80分，甲非常满意，乙觉得和自己预料的差不多，而丙同学感到失败。这个例子中丙同学抱负水平最高，乙次之，甲最低。

（四）挫折阈限

心理学上的阈限值代表人的感觉能力。人体接受刺激是有一定限度的，刚刚能够引起感觉的最小刺激强度，叫下限（又称感觉的绝对阈限或下阈）。那种继续增强也不会使感觉进一步变化的刺激强度，叫上限（又称最大刺激阈限、上阈）。例如，刚刚引起听觉的声音强度是0分贝，0分贝是下阈；120分贝以上的声音不再会引起人更强的听觉反应，而且会引起痛的感觉，因此120分贝是上阈。

挫折感也有一个范围。引起挫折感的最小刺激点叫作绝对挫折阈限，也称下阈。相应地，一个人能承受的挫折感的最高限度叫作挫折适应极限，即挫折感范围的上限，也称上阈。

绝对挫折阈限与挫折感成反比关系。绝对挫折阈限越低的人越容易受到挫折，绝对阈限越高的人对挫折越不敏感。一般来讲抑郁气质和A型性格的人容易超过挫折适应极限。

二、大学生产生挫折的原因

(一) 客观原因

1. 自然环境因素

自然环境因素是指非人力所能及的一切客观因素,例如自然灾害、台风、地震、酷热、洪水、疾病、事故等。对于大学生来说疾病、家庭遭自然灾害导致贫困等都可能导致挫折。

2. 社会环境因素

社会环境因素表现为当今社会变革的影响与多元价值观的冲击。随着社会主义市场经济的建立和发展,以及竞争机制的引入,人们生活节奏加快,人际关系日益复杂,现代西方各种思潮汹涌而来,人们面临传统观念的变革、价值体系坐标的重新选择、新的生活方式的适应等一系列问题。对于青年学生来说,他们正处于人生最活跃、最丰富多彩的时代,但他们社会阅历浅,心理应对和承受能力普遍较弱,而且往往"一叶障目,不见泰山"。各种各样的社会刺激如果在短时间内连续不断地以激烈的方式作用于青年学生,青年学生又缺乏引导,则极易产生心理与行为的严重失调。当前社会腐败问题、职工下岗问题、社会治安问题、贫富差距过大等问题都会对青年学生产生不良影响。

在社会转型期,西方文化价值观念的渗入使长期积淀下来的我国传统文化价值观念受到前所未有的冲击,形成文化移入压力。文化心理学家霍兰威尔提出,在某些情况下,文化移入压力对心理健康具有非常有害的影响。这是因为,当一种文化移入另一种文化时,由于文化刺激的泛滥,会造成价值体系的重新认知和整合。青年学生身处东西方价值观并存且互相冲突的复杂环境中,难以依据自己已有的认知经验合理而又准确地选择和认同一种社会价值观念系统,因而陷入无以参照、无以归附的境地,继而容易产生心理失调和挫折感。

3. 学校环境影响

学校环境的影响主要表现为校园文化的偏差与思想教育的滞后。学校文化作为亚文化对青年学生心理健康的影响直接而深远。近年来由于学业负担的沉重和就业压力的加大,校园文化出现气氛不浓、品位不高、质效不佳的现象,许多学生社团组织名存实亡,校园人际关系也变得庸俗化和难以协调,特别是有些教师对学生的认同层次较低,直接导致学生对自身要求的降低。理想与现实之间的反差,使不少学生心理难以平衡,产生心灵的孤独感、寂寞感与强烈的不适应感,导致挫折的出现。

高校教育改革正在不断深化,奖学金和贷学金制度的改革、上学交费制度的实施、淘汰机制的推行、"双向选择、自主择业"毕业分配政策的完善,无不牵动着每一个大学生,冲击着当代青年学生动荡不稳的心理。在社会主义市场经济条件下,高校学生思想政治工作面临严峻的挑战,及时解决学生面对市场经济蓬勃兴起与传统社会相撞击而产生的各种困惑是刻不容缓的重要任务。学校思想教育的严重滞后不能不说是造成当代青年学生心理受挫的重要原因。

4. 家庭环境影响

家庭环境影响表现为家庭生活的失范与角色转换的冲突。家庭是人才的启蒙学校,可以说,一个人心理的奠基阶段就在于幼儿时期。家庭的教育方式、家长的教育态度与内容、家庭成员间的关系亲疏,对青年学生的心理状况都有重要影响。有关研究表明,青年学生的不少心理问题是与不良家庭生活背景、早期不良家庭生活经历联系在一起的。大学生中独生子女人数在逐渐增多,他们在家里被视为掌上明珠,受到父母过分地纵容和溺爱,长期接受"包办制"服务,大多生活自理能力缺乏,自我服务意识淡薄,依赖他人的惯性过强。由于缺乏必要的生活实践磨炼,在由接受他人服务向自我服务、服务他人的角色转换过程中,他们大多无法完全依靠自己的力量来处理好一系列复杂的实际问题,会陷入极端的苦恼和矛盾冲突中。

此外,家庭经济状况对学生的心理也会造成一定的影响。上学交费制度的实施,使一些本来就家境贫寒的农村家庭陷入困境。即使是城市家庭的学生,近年来由于国有企业不景气,政府机构改革,下岗职工增多,他们同样可能受到很大的经济压力。

(二) 内部因素的影响

内部因素是指大学生自身能力与认识方面的因素。青年学生在由不成熟趋向成熟的心理发展过程中,由于心理发展的不平衡性、两面性和两极性的特点,会造成心理上的不平稳状态,因而他们常常强烈地体验到内心所发生的种种矛盾和冲突。我国心理学家张增杰把这些自我矛盾归结为闭锁性所导致的孤独感与强烈交往需要的矛盾,独立性与依赖性的矛盾,强烈求知欲与识别力低的矛盾,情绪与理智之间的矛盾,以及愿望、幻想与当前现实的矛盾。这些矛盾将决定青年学生的心理发展方向。青年学生在出现这些心理矛盾和冲突时,会感到极大的不平衡和痛苦。若内心矛盾长期存在或内心矛盾过于强烈,加上缺乏必要的疏导,青年学生就容易心理失衡。内部因素具体包括:

1. 个体条件差异——体力、智力、性格能力、爱好的偏差。

如有生理缺陷的人更易比身体健康的人有挫折感。

2. 个体思想认识因素

挫折不少是由认识能力和思维方法引起的,对目标和成才认知的盲目会人为造成挫折感。

3. 动机冲突因素

个体在活动中常常因一个或数个目标而产生两个或两个以上的动机。这些同时存在的动机不可能同时获得满足,当它们在性质上又出现彼此排斥的情况时,就会产生动机冲突。

(1) 双趋冲突:"鱼和熊掌不可兼得",两个期待事物之间的选择冲突。例如:学习和工作。

(2) 双避冲突:两个希望避开事物之间的选择,两者都厌恶,却又不能同时避开。例如:既不想好好学习,又怕考试不及格。

(3) 趋避冲突:既有利又有害的选择。例如:想参加活动锻炼才能,又担心花费时间。

(4) 双趋避冲突:两个目标各有长短,一方面都想达到,另一方面又都试图避开。例如:面临两个各有千秋的异性大学生追求时,往往会陷入这种心理。

三、大学生受挫后的反应

挫折形成后,会给个体带来生理和心理上的影响,同时个体也会进行有意识或无意识的行为应对。正如美国作家罗威尔(P. L. Lowell)所言:"人生不幸之事犹如一把刀,它既可以为我们所用,又可以把我们割伤。"挫折对人心理健康的影响以及人们的应对行为既有积极的一面,也有消极的一面。

(一)受挫后的生理反应

个体受挫后,生理上的反应一般包括血压升高、心跳加快、呼吸急促、胃液分泌减少、失眠等。此时,机体内部的自我调节机制将会最大限度地调动机体的潜在能力,以维持超常状态下的正常生命活动,有效地应付外界环境的变化。受挫初期的紧张、焦虑情绪可使交感神经系统的兴奋性增强,这需要消耗大量的能量。于是,神经末梢释放生物信息,刺激各种激素分泌增加,促进蛋白质、脂肪、糖原分解;刺激心肌收缩力增强,血液循环加快,血压升高;刺激呼吸加快,以保证氧气供应。体内潜能大量消耗的同时,机体内部那些与情绪反应无直接联系的器官或系统则得不到必要的能量而不能维持正常功能,如消化调动减慢,胃肠液分泌减少等。如果长期处于挫折情境中得不到解脱,上述生理变化将进一步增强,从而引起身心病变。医学研究表明:心律失常、支气管哮喘、消化道溃疡、类风湿性关节炎、偏头痛、失眠等疾病多与受挫后的生理反应有关。

(二)受挫后的心理反应

受挫后,一般人们产生的情绪反应有紧张焦虑、心神不宁、困惑不已、寝食难安,还有人会产生难以名状的愤怒情绪。如果上述情绪长期累积,得不到合理的宣泄,达到无法控制的程度,或者是个体遭受到的打击非常突然,其程度远远超出了其自身所能承受的范围,有些人就可能进入非理性的冲动状态,如心理严重失衡、意识紊乱、行为失控,甚至做出伤害攻击他人或者自伤的行为。心理学上将这一现象称为心理危机。曾经引起强烈社会反响的马加爵事件就是心理危机现象的一个典型案例,而大学生自杀事件,也是心理危机造成的严重后果。

心理学研究表明,伴随着挫折事件的发生、发展和消退,人的心理变化一般要经历这样几个阶段:

1. 冲击期

发生在危机事件发生后不久或当时,人会感到震惊、恐慌、不知所措。

2. 防御期

表现为想恢复心理上的平衡,控制焦虑和情绪紊乱,恢复受损害的认知功能,但不知如何做,因此人会出现否认、合理化等心理变化。

3. 解决期

积极采取各种方法接受现实,寻求各种资源设法解决问题,减轻焦虑,增加自信,恢复社会功能。

4. 成长期

经历了危机,人一般会变得更成熟,同时也获得了应对危机的技巧;但也有人消极应对因而出现种种心理不健康行为。

(三) 受挫后的行为反应

1. 积极的行为反应

(1) 表同:自觉学习他人优良品质和获得成功的经验和方法,使自身更适应社会要求,增强信心和勇气。

(2) 升华:用一个比较崇高的具有创造性和建设性的目标代替,借以弥补因受挫而丧失的自尊与自信,减轻痛苦。升华是最积极的行为反应,从古至今演绎出绵绵佳话:古之文王拘而演《周易》;仲尼厄而作《春秋》;屈原放逐赋《离骚》;左丘失明写《国语》;孙子膑脚修《兵法》;司马迁受辱著《史记》,今朝张海迪身残志坚等。

(3) 补偿:一个目标不能实现,转向另一个更适合自己的目标,取得成功。如常说的"失之东隅,收之桑榆"。

(4) 幽默:这种积极的行为反应,不是所有人都能做出的,必须有积极的生活态度,表现出睿智与从容。例如,有人失恋了,自嘲说:"只谈过一次恋爱的小子,要不要羡慕他?"

2. 消极的行为反应

(1) 攻击:这是一种破坏性行为,分为直接攻击和转向攻击。直接攻击是把愤怒发泄到使之受挫的人或物上。转向攻击是由于种种原因使之不能攻击使之受挫的对象,于是将愤怒的情绪指向自己或无关的对象,寻找替罪羊。

(2) 倒退:表现出与实际年龄不相符的行为,多指大人呈小孩状。

(3) 固执:不分析失败原因,盲目重复导致受挫的无效行为。

(4) 反向:行为与动机相悖,如:自卑的同学往往表现出高傲自大;有的人对异性充满向往,却装出不屑一顾的样子等。

(5) 逃避:逃避有三个表现,一是逃到另一种现实中,如学习不好就玩游戏,并沉溺其中;二是逃向幻想世界;三是逃向疾病。

(6) 文饰:文过饰非,起着自我欺骗和自我麻痹作用,如《伊索寓言》中的狐狸吃不到葡萄就说葡萄酸。

(7) 投射:把内心不被允许的愿望冲动转嫁到他人和别的事上。

> ◆ 讨论:最近你是否压力很大？以下这些压力你曾体验过吗？
> 学习成绩提不高,各种考证忙不过来。
> 和男(女)朋友经常吵架。
> 担心毕业后找不到好的工作。
> 人际关系不协调。
> 所学的专业不是自己所喜欢的,有时还听不懂。
> 生活费不够花,又不好意思向家里要。
> ……

第二节 认识压力

目前大学生所面临的压力不可忽视,如考试压力、学习压力、就业压力、人际压力等等。大学生承受的压力越来越重,已经导致他们出现一系列的心理健康问题。压力,已经成为危害大学生健康的第一杀手。近年来由各种压力导致的大学生自杀事件以及违法犯罪事件,让人触目惊心。因此,大学生必须学会管理和释放自己的心理压力,才能拥有快乐和健康的生活。

一、压力概述

(一) 压力的含义

压力是指人们在社会适应过程中,对各种刺激作出的生理和行为反应,是人们所产生的一种紧张的心理体验和感受。压力在西方文献中也称为应激(stress),压力是一般意义上使用的概念,应激则是临床上使用的概念。

1. 压力是一种心理感受和体验

我们这里所说的压力不同于力学范畴中的压力。力学中的压力是实实在在的直接作用,可以测量,并且也容易控制和消除。而心理压力则是一种心理感受,且存在个体差异。压力是心理失衡的结果,来源于内心冲突。心理作为现实的反应,必定会将我们日常生活中遇到的各种各样的矛盾(如理想与现实、自我与社会等冲突)引入我们的内心世界,从而引发焦虑、苦恼等情绪体验和感受。

2. 压力是压力源作用的结果

压力虽然是一种体验,但离不开客观刺激——压力源。诸如生活费超支、即将到来的期末考试、毕业后的就业问题等,这些都是大学生产生压力的原因。

3. 压力反应与主观评价

压力并不直接使我们产生感受和体验,而我们对压力的认识反应或主观评价,决定着我们的感受和体验。

(二)压力的反应

1. 压力的心理反应

在压力情境下,个体的感知功能被激活,注意力变集中,记忆力得到增强,思维也变得活跃。个体的认知反应既有积极的一面,也可能具有消极的作用。积极的一面是认知活动增强,有利于个体应对压力情境,迎接威胁与挑战。但也可能产生诸如"灾难化"消极认知反应,即将负性压力源的潜在后果估计得过分严重。消极认知反应还包括自我评价降低,使得个体的自主感知自信心丧失。例如,一个长期得到师生称赞的学生,突然遭遇一次考试失利,很可能就会一蹶不振,变得怀疑自己。个体的心理反应还集中在情绪方面。面对压力,个体最常见的情绪反应包括:焦虑、恐惧、愤怒、怨恨、抑郁等。

2. 压力的行为反应

压力条件下的行为反应,与心理和情绪反应密切相关,也可以将其视为心理和生理过程的外显反应。行为反应主要涉及面部表情、目光、身姿和动作,也包括声调、音高、语速和节奏等副言语线索。当压力超过当事人承受能力的时候,个体的行为反应可能表现为惊慌失措,以致身体的协调能力和灵活性下降,动作刻板;或运动性不安,搓手顿足;或运动能力下降、呆滞木僵。

3. 对压力的认知和评价

个体对压力的反应,不是直接而单纯的,而是要受到中介机制——认知评价的影响。它决定着个体如何看待刺激的行为与压力的大小。认知与评价机制主要取决于以下因素:(1)压力源本身的性质与特点,即压力源是单一性的还是复合性的,一般性的还是破坏性的。(2)社会支持系统。当个体具有较强的社会支持系统时,他可能认为压力没什么大不了的,自己可以得到帮助;相反,社会支持系统薄弱的人会很沮丧,有一种独自面对困难的悲伤。(3)当事人自身的身心特点。主要包括三个方面:性别、年龄、受教育程度、经济状况、婚姻状况、职业等人口统计学状况;体魄强壮与否的生理状况;认知与归因风格、性格倾向、情绪状态、应对能力与应对风格、人格动力特征、自我概念等心理因素。

二、压力的作用及人的反应

(一)压力的作用

压力对人的作用具有双重性。

1. 压力对健康的积极作用

一般单一性社会压力有益于健康,它使人生活得充实,人生变得有意义,这类压力称之为良性压力。事实上完全没有压力的生活是不可想象的,也是不真实的。心理学的研究表明,早年的心理压力是促进儿童成长和发展的必要条件。经受过生活压力的青少年在以后的生活和工作中更容易适应环境,更容易取得成功;反之,早年生活条件太好,没经历过挫折和压力的青少年,则犹如温室里成长的花朵,经不起生活的风吹雨打。对于大学生而言,适度的压力是维持正常身心功能活动,激发大学生的积极性和主动性,锻炼和培养良好意志力品质的必要条件。

2. 压力对健康的消极影响

继时性压力和破坏性压力会成为人们健康的杀手。继时性压力使人处于慢性心理应激状态,时间一久便容易引发一系列的身心症状。病人会产生呼吸困难、易疲劳、心悸和胸痛等生理症状。此外,还有紧张性头痛、焦虑、抑郁、强迫行为等心理症状,也是慢性应激障碍。破坏性压力,比如地震、战争等,则容易使人患上创伤后压力失调,或创伤后应激障碍,造成感知、情绪、行为等方面的系列问题,则是急性应激障碍。比如女性被强暴后会变得呆滞、产生心因性记忆丧失、回避社会活动、失去安全感等等。经历过严重自然灾害的人的心理反应,则比创伤后压力失调更为严重,人会产生灾难症候群。

(二) 压力反应的阶段

压力作用于个体之后,会引发一系列的变化,如心跳加快加强,血液循环加快,血压升高;内脏血管收缩,骨骼肌血管舒张,血流量重新分布;呼吸加深加快,肺通气量增多;汗腺分泌迅速;代谢活动加强等。这一系列活动均有利于机体动员各器官的贮备力,尽力应对环境的变化。

根据内分泌学和生化学家塞莱(H. Selye)的研究,在适应压力的过程中,个体的生理、心理及行为变化分为三个不同的阶段:

1. 警觉阶段

警觉阶段又叫唤醒期或准备期。该阶段人发现事件并引起警觉,同时准备应付。在这个阶段交感神经支配肾上腺分泌肾上腺素和副肾上腺素,这些激素促进人体的新陈代谢,使人体释放储存的能量,于是主要器官的活动处于兴奋状态。表现为:呼吸、心跳加快,汗腺分泌加速,血压、体温上升,骨骼肌紧张,等等。

2. 搏斗阶段

搏斗阶段又叫战斗期或反抗期。继警觉之后,人体全身心投入战斗,或消除压力,或适应压力,或退却。这一阶段人体会出现以下生理、心理和行为特征:(1)生理生化指标恢复正常,外在行为平复,实则处于意识控制之下的抑制状态。(2)个体内部的生理和心理资源以及能量被大量耗费。(3)此时个体变得极为敏感和脆弱,即便是微小的刺激,也能引发个体强烈的情绪反应。比如,爱人的唠叨、孩子的纠缠都会让一个刚下班的精疲力竭的丈夫或者妻子勃然大怒。

3. 衰竭阶段

衰竭阶段又叫枯竭期或倦怠期。由于抗击压力的能量已经消耗殆尽,此时个体在短时间内难以继续承受压力。如果一个压力反应周期之后,外在的压力消失了,经过一定时间的调理的休息,个体很快就能恢复正常的体征。如果压力源持续存在,且个体仍不能适应,那么一个能量已经消耗殆尽的人,就必然会发生危险,此时,疾病、死亡都是极有可能出现的。长期处于叠加性压力和破坏性压力状态下的人容易出现身心疾病,就是这个道理。

大学生所体验到的挫折与压力不可忽视,压力是压力源作用的结果,是一种主观的心理感受和体验,我们对压力的认识反应或者主观评价决定我们的感受和体验。压力对我们的健康有积极的作用和消极的作用,适度的压力能使我们保持正常的身心活动,激发我们的积极性和主动性,锻炼和培养良好的意志品质。面对压力,积极的、富有建设性的减压方式有助于保持身心健康。我们可以管理自己的情绪和行为;坚持必要的体育锻炼;将自己置身于文艺界;去郊游或者远足;进行户外体验或者拓展训练;阅读书籍;寻求专业人士的帮助。在面对压力时我们还要有效地管理时间。积极的减压应对是我们的教学重点,也对大学生身心健康发展具有现实的教育意义。每个学生应该高度重视压力应对,确保健康成长。

第三节 大学生挫折与压力应对策略

压力和挫折是生活的一部分,真实的人生一定是与压力同行,和挫折共舞的。适当的压力和挫折能够唤起和激发个体潜能,催人奋进;而过度的压力和挫折,会导致个体身心反应过于强烈和持久,从而消耗内在的能量,使机体免疫力降低,进而导致机体组织器官无法正常运行。尽管压力和挫折避无可避,但并不意味着我们面对压力和挫折全然无能为力。正视压力和挫折,掌握应对压力和挫折的有效方法,保障身心健康,是每一位大学生的人生必修课。

一、正确对待挫折及调适

中国人非常爱面子,由于中国传统伦理型社会结构和文化的影响,人们常常把心理问题与品德联系起来,在心理问题调节上采用具有个人性的隐秘性的"个人为中心的边缘型心理调节模式",即主要靠自己及其心理意义上的密友进行心理调节。

想学会自我调节要做到以下几点:

(一)学会宣泄内心的挫折感

挫折感憋在心里,只会越积越多,达到一定阈值,人就无法承受,要善于寻找途径宣泄。

(1) 写日记,促使自己反思。

(2) 听音乐,音乐疗法被称为"同步情绪法则",先听一曲与目前情绪相似的音乐,然后将音乐改变为与你想达到情绪状态相似的音乐。

(3) 找诙谐的书读一读。

(二) 不要对失败做消极联想

一个高中毕业生说:"在今年的高考中,我失利了,我这辈子完了,没有任何希望了!"心理专家回答:"这种想法是不可取的,要知道,没考上这件事预示着今年不能进大学,除此以外并不意味着其他东西,至于以后能否上大学,能不能找到理想职业,能不能找个好的伴侣,与这件事无关。"大学生中许多人爱犯这样的毛病:将失败夸大,做消极联想。大学生要学会正视失败,做好从头再来的准备。

(三) 善于调节抱负水平

抱负水平是人在从事某种实际活动之前,对自己所要达到的目标规定的标准。规定的标准高,抱负水平高;规定的标准低,抱负水平低。这只是自定的标准,仅仅是个人愿望,实际成就不一定是与之符合的。如果说,价值观决定其行为方向,那么抱负水平则决定行为到什么程度。

可以说抱负水平是衡量个人成功和失败的一个标准,所以确定适度的抱负水平是避免挫折和失败的主要方面。

确立适度的抱负水平有4项参考因素:

(1) 智力程度:观察力、想象、记忆、思维、操作。
(2) 知识厚度:所具备的知识面。
(3) 人才密度:其他竞争对手的实力和分布。
(4) 兴趣浓度。

人的潜能是无限的,但如果不能很好地利用则会被抹杀。正如心理学中的跳蚤理论:跳蚤放在深的容器里,能够跳出来,盖上盖子后它跳不出去,时间久了,它逐渐失去了跳的本能,即使拿下盖子也不跳了。

(四) 不要总以幻想来应付挫折

以自己想象的虚幻情境来应付挫折,借以脱离现实,被称为白日梦。白日梦偶尔有之,并不为过,不敢想,有时就不敢做,幻想有时可以缓解挫折感。但回到现实中,现实挫折会使人更痛苦,有可能形成病态行为反应。

(五) 合理认知

人们对挫折的情绪反应不在于挫折本身,而在于对挫折的不合理认识。要通过认识纠正不合理认识,以理性治疗非理性,用合理思维代替不合理的思维。

正确运用归因理论,善于从自身找原因,分析自身能力和目标之间的关系。如果是你的努力不够,下次再努力;如果你尽力了,你可以对自己说"凡事我必力争,成败不必在我"。

(六) 学会创设一定的挫折情境

前面谈到挫折阈,挫折阈越低,对挫折越敏感。挫折阈的高低与挫折经验有关。经历坎坷,有较多挫折经验的人,比一帆风顺的人挫折阈要高,承受能力也强。人应付挫折的能力是可以学习和锻炼的。

(1) 要有意识地容忍和接受日常生活中的一些挫折情境。

(2) 有意识地创设一定的挫折情境。

《一千零一夜》故事中的航海家辛巴达,每次航海归来,都可以过上安逸的生活,但他的冒险之旅仍未停止。与大自然抗争、与海盗搏斗的惊险旅行使他增加了抗挫折的能力,使他一次次大难不死。

(七) 改善挫折情境

1. 预防挫折的产生

"凡事预则立,不预则废。"做一件事要对成功和失败都做出正确的评估,排除可能产生挫折的因素。

2. 改变挫折情境

挫折就是一种目标和现实之间的冲突。改变目标或改变现实都可以改变挫折情境。

恩格斯(F. Engels)失恋后,去了阿尔卑斯山旅行,在外面的环境中达到了心理平衡。普希金(A. Pushkin)失恋后也采取了类似的方法,跑到了高加索参加了对土耳其的战斗。

3. 减轻挫折引起的不良影响

天灾人祸,生老病死,都是自然规律,非人力所能为也,活着的人要更好地活着。

(八) 建立和谐的人际关系

友情是一种来自心底的力量,别人的认同和友善也是一种肯定力量。俗话说:"一个篱笆三个桩,一个好汉三个帮。"要克服挫折,增强对挫折的适应能力,离不开和谐的人际关系。当一个人在遭遇挫折之际,若能得到朋友和周围人的同情、理解、关心、鼓励和支持,挫折反应的强度就会减轻,挫折的承受力和适应性也会得到增强。因此,大学生必须学会与人交往,努力拓展自己的交往空间,建立广泛而和谐的人际关系。这既是心理健康的基本要求,也是增强挫折承受力的重要途径。

二、压力管理的策略

压力无处不在,无可逃避,因此,压力适应的问题就产生了。所谓压力适应,是指个体在压力反应之后能很快恢复正常的身心特征,或者面对持续压力,其不陷入极端状态而能保持身心健康的能力。为了能很好地适应大学乃至今后的学习、生活和工作,大学生宜进行有效的压力管理,提高自己的压力适应能力。所谓压力管理,是指针对可预见的压力源进行必要的干预,维护身心健康,提高问题处理的效率,保证学习生活目标顺利实现的管理活动。压力应对具有事后性和被动性,而压力管理则带有一定程度的主动性和积极性特征,它包含压力应对。

建议大学生从以下几个方面着手进行压力管理:

(一) 构建自己的社会支持系统

当一个人独自面对压力的时候,其应激反应的消极作用远远大于社会支持的效果。因此,要想不在压力面前孤立无助,最好构建自己的社会支持系统。系统中包括自己的亲人、朋友、同学、老师等。社会支持系统可以在你需要的时候给你情感安慰、行动建议,帮助你渡过难关。

强大的社会支持可以让你不再感到孤立无援,使你迅速恢复信心和勇气,面对挑战,解决问题。当然,要构建社会支持系统,你需要:

1. 学会尊重他人

要学会尊重他人,其中当然包括你的同学和老师,只有尊重他人的人才能获得他人的友谊,也才可能获得帮助。

2. 扩大社会交往面,结实更多的朋友

首先,让你的同学成为你最亲密的朋友;其次,你需要一位人生的导师,他可以在你遇到困难的时候帮你客观地分析并提供有益的观点,而这样的导师一般就是你的老师或者其他长者。

3. 你需要向亲人、朋友和老师敞开你的心扉

你可能基于自尊或面子而拒绝向他人求助。但是当你自己确实无法解决的时候,将你面临的压力说给别人听,让他们帮助你分析并提供建议吧。请相信这样做不会招致嘲笑,只会让他们感到你对他们的信任,因此,你也能得到最大可能的帮助。

(二)觉知和调整自己的生理状态

生理状态是压力最直接的指标。要想有效管理压力,首先要有压力意识,要能觉察压力的信号。人在应激状态下,会本能地驱动机体的防御机制,这是自发的。要想进行,有效的压力管理,我们需要建立一个对付压力,尤其是那些慢性压力的预警机制。为此,你需要:

1. 有意识地觉知自身的紧张、焦虑等情绪

当你处于应激状态时,自己的生理和情绪上会有什么样的不适反应?记录自己的这些压力反应,然后锁定这些反应指标,以后每当你产生这些不适反应时,便对自己发出警告。你的压力预警,就像战争中的雷达一样,会让你保持必要的警惕。

2. 学会控制自己的不良生理指标

当你的压力知觉性提高时,你也需要提高生理指标控制力,比如对心跳、呼吸、血压等进行控制。这实际上就是生物反馈过程,当然,提供反馈的不是机器而是你自己的觉知能力。

(三)减轻和消除自己的心理负累

应激,即便是本能反应,也足以使我们身心疲惫。有必要卸掉我们身上由压力带来的紧张和焦虑,否则持续性的压力累积效应,迟早会让我们垮掉。消除心理负累的方法很多,如:

1. 理性辨析和积极归因

找来纸笔,将你面临的核心问题写下来,接下来你需要围绕着这个问题逐步回答:这个问题是如何产生的?这个问题真的与我有关吗?这个问题真的就是一种威胁吗?这个问题

真的就不能解决吗？通过如此反复逐层深入的自我辨析，厘清问题症结所在，从而减轻对压力情景认识的模糊或者因夸大威胁而产生的焦虑。

2. 学会经常进行放松训练

放松训练是通过一定的练习程序，学习有意识地控制和调节自己的身心活动，以达到降低机体唤醒水平，调整因紧张而紊乱的身心功能，从而使机体内环境保持平衡与稳定的目的。

（四）进行有效的时间管理

我们日常学习、生活和工作中的许多压力，都来源于事情和任务本身。因此，对压力源进行管理，也是压力管理的重要策略。压力源管理常常与时间管理相关联。所谓时间管理，简单说就是为了提高时间的利用率和有效性，而对时间进行合理的计划和控制，以有效安排和管理日常事务的管理活动。大学生的时间管理，是大学生采用科学的手段，围绕学习、生活事务及其进程，对时间进行有计划、有系统地控制、调节，最终达到有效利用时间来实现自我发展目的的管理活动。

◎ 思政课堂

日本松下电器公司曾发生一起耐人寻味的事件。有一次，松下电器公司计划招聘10名基层管理人员，报名应征者达数百人。经过一番严格的笔试和面试之后，10名优胜者被选出。当公司总裁松下幸之助审核所有的录取人员名单时，发现一名年轻人总分应名列第二，可是计算机在排名时把名次给排错了。他立即派人给这位年轻人补发了录用通知书。第二天，下属报告了一个令人震惊的消息：那个年轻人因未被录取而跳楼自杀了。松下幸之助听到这个消息后沉默了许久。这时，旁边的一位助手忍不住说："真是太可惜了，这么一位有才华的年轻人公司都没录用到。"松下幸之助沉重地摇摇说："不，幸亏公司没有录用他，意志如此脆弱的人是难成大业的"。

这一事件表明，坚忍不拔的毅力、百折不挠的意志、宠辱不惊的品格以及良好的心理素质对于成就事业是至关重要的。能够认清自己的价值、相信自己的能力、承受打击和勇敢地面对压力，是每个人人生中一笔巨大的财富。

◎ 心灵解码

每个人在生活中都会不同程度地受到挫折，人们在受挫后恢复的能力却各不相同。有些人弹性十足，有些人受挫后一蹶不振，而大多数人则介于两者之间。下列问题可以测验出你应付困境的能力。在回答这些问题时，请你用"同意"或"不同意"作答。回答愈坦白，愈能测验出你的受挫弹性。同意打"√"，不同意打"×"。

受挫弹性测量表

1. 胜利就是一切。　　　　　　　　　　　　　　　　　　　　　　　　（　　）

2. 我基本是个幸运儿。（　）
3. 白天工作不顺利,会影响我整晚的心境。（　）
4. 一个连续两年都名列最后的球队,应退出比赛。（　）
5. 我喜欢雨天,因为雨后常是阳光普照。（　）
6. 如果某人擅自动用我的东西,我会气上一段时间。（　）
7. 汽车经过时溅我一身泥水,我生气一会儿便算了。（　）
8. 只要我继续努力,我便会得到应有的报偿。（　）
9. 如果有感冒流行,我常是第一个被感染的人。（　）
10. 如果不是因几次霉运,我一定比现在更有成就。（　）
11. 失败并不可耻。（　）
12. 我是有自信心的人。（　）
13. 落在最后,常叫人提不起竞争心。（　）
14. 我喜欢冒险。（　）
15. 假期过后,我需要舒散一天才能恢复常态。（　）
16. 遭遇到的每一次否定都使我更进一步接近肯定。（　）
17. 我想我一定受不了被解雇的羞辱。（　）
18. 如果向我所爱的人求婚被拒绝,我一定会精神崩溃。（　）
19. 我总不忘过去的错误。（　）
20. 我的生活中,常有些令人沮丧气馁的日子。（　）
21. 负债累累的光景叫我寒心。（　）
22. 我觉得要建立新的人际关系相当容易。（　）
23. 如果周末不愉快,星期一便很难集中精力学习和工作。（　）
24. 在我生命中,我已有过失败的教训。（　）
25. 我对侮辱很在意。（　）
26. 如果聘任职务失败,我会愿意再尝试。（　）
27. 遗失了钥匙会叫我整个星期不安。（　）
28. 我已达到能够不介意大多数事情的地步。（　）
29. 想到可能无法完成某项重要事情,会使我不寒而栗。（　）
30. 我很少为昨天发生的事情烦心。（　）
31. 我不易心灰意冷。（　）
32. 必须要有百分之五十以上的把握,我才敢冒险把时间投资在某件事上。（　）
33. 命运对我不公平。（　）
34. 我对他人的恨维持很久。（　）
35. 聪明的人知道什么时候该放弃。（　）
36. 偶尔做个败北者,我也能坦然接受。（　）
37. 新闻报道中的大灾难,使我无法专心工作。（　）

38. 任何一件事遭到否决,我都会寻求报复的机会。（　　）

◆ 统计与解释

上列问题,列入"不同意"者为:1、3、4、6、9、10、15、17、18、19、20、21、23、24、25、27、28、29、32、33、34、35、36、37,其余题为"同意"。

依上列答案,相符者给1分,相反为零分,如果你只得到10分或者更少,那么你就是那种易被逆境、失望或挫折所左右的人,你把逆境看得太严重,一旦跌倒,要很久才能站起来。你不相信"胜利在望",只承认"见风转舵"。总得分在11～25之间者,遇到某些灾祸或逆境的时候,往往需要相当时间才能振作起来。不过这类人却能找到很多的技巧和策略来获取个人的利益。如果你的总得分高于25分,则表示你应付逆境的弹性极佳。不理想的境遇对你虽然会造成伤害,但不会持久。这类人在情感上通常相当成熟,对生活也充满热爱,他们不轻易承认有失败,纵使一时失败,仍坚信有"东山再起"的一天。

◎ 领悟行动

人活着就会感受到压力与挫折,没有人可以"免疫",不管喜欢与否,压力与挫折都会伴随着我们。大学生就像一个年轻的舵手,刚开始尝试着驾驶自己的生命之船,在今后的航程中,可能还有很多的艰难险阻需要面对、需要处理,能不能顶住压力,化险为夷,顺利到达理想的彼岸就取决于你有没有信心,有没有勇气,有没有技术,有没有经验和智慧。

团体活动:不要轻易说"不可能"

活动介绍:

本次活动采取全员参与方式,旨在让成员意识到人生难免有挫折,使成员能正确、客观、辩证地看待、认识挫折,成员之间相互支持、相互协助,并学会采用积极的方式方法应对挫折,要让成员认识到任何事情都有解决的办法,前提是你不能轻易地说"不可能"。

实施方法:

1. 6～8名同学为一个小组。
2. 每组选1名体重最轻的女生作为"飞人"。
3. 每组选5位最有力量的队员。
4. 5位最有力量的队员都只能用自己1只手的2根手指接触"飞人",将她托离地面,并至少停留10秒钟,停留时间最长的小组获胜。

讨论:

以小组为单位,针对本次活动分享自己的体验和感受。

◎ 本章小结

挫折具体指人们为实现目标而采取的行为遭遇无法逾越的困难阻碍时,所产生的一种紧张的情绪反应、情绪体验,是一种消极的心理状态。挫折产生的机制包括挫折情境和挫折反应,其中挫折反应的性质、程度主要取决于个体对挫折情境的认知。

大学生遭受挫折的原因包括客观原因和主观原因两个方面。其中客观原因主要包括自然环境因素、社会环境因素、学校环境影响、家庭环境影响;主观原因主要包括个体条件差异、个体思想认识因素和动机冲突因素。

压力是一种心理感受和体验,是压力源作用的结果。压力并不直接导致我们的感受和体验,但我们对压力的认识反应或主观评价,决定着我们的感受和体验。压力的反应包括心理反应、行为反应、对压力的认知和评价。压力对人的作用具有双重性:既有积极的作用,也有消极的作用。压力反应的阶段包括警觉阶段、搏斗阶段和衰竭阶段。

正确对待挫折,需要及时自我调适。要学会宣泄内心的挫折感,不要对失败做消极联想,要善于调节抱负水平,不要总以幻想来应付挫折,要合理认知挫折,学会创设一定的挫折情境并改善挫折情境,建立和谐的人际关系。做好压力管理可以先构建自己的社会支持系统,觉知和调整自己的生理状态,减轻和消除自己的心理负累。

◎ 课后作业

1. 什么是挫折?你如何看待生活中的挫折?
2. 你认为大学生活中的主要挫折有哪些?你是如何应对的?
3. 挫折与压力的关系是什么?
4. 如何提高自身的抗挫折能力?

◎ 拓展阅读 12-1、12-2(请扫二维码获取内容)

对压力再认识

小贴士

第十三章 13

大学生的学习心理

◎ 案例导入

2020年武汉某大学的一门通识教育课程的课堂上,老师准备了丰富的教学材料和精彩的课程,充满热情准备讲课。这个时候,他往台下一看,学生们几乎人手一部手机,有的还不止一部。大家或趴或靠,注意力全被手机吸引。其中大部分学生在玩游戏,紧张的游戏氛围使游戏的吸引力超过了课堂知识的吸引力;有的学生在进行网络聊天,似乎是在谈恋爱;还有一部分学生在看电子小说看得不亦乐乎。

为了玩手机不断电,一些学生甚至自带充电宝和充电器。老师竭尽所能把课讲得丰富多彩,将一部分同学的吸引力从手机转移到课堂上,但仍然有一部分学生的注意力还在手机上。

◎ 头脑风暴

你上课的时候玩手机吗?都在玩什么?玩游戏、聊天、看小说还是看一些信息平台?

上课玩手机对你有什么影响?为什么手机的吸引力超过了学习的吸引力?

对于学习,你是怎么看待的?你的学习体验是快乐的还是痛苦的?你有哪些困惑?是否想过改变?

◎ 心理探索

第一节 学习心理概述

一、学习的界定

首先,我们从心理学的角度来重新认识学习:学习表现为行为或行为潜能的变化。通过学习,我们的行为会发生某种变化,如从不会游泳到会游泳。当然,有些学习效果不会在我们的当前行为中立即表现出来,但会影响我们对待事物的态度和价值观,即改变我们的行为潜能,如思想态度。

其次,学习所引起的行为或行为潜能的变化是相对持久的,如学会游泳后游泳技能将终生不忘。药物、疾病、疲劳等因素也会引起行为或行为潜能的变化,但这种变化是暂时的,因此不能称为学习,如运动员使用兴奋剂提高运动成绩,学生因疾病学习成绩下降等。

最后,学习是由经验引起的。有时候个体的生理成熟或衰老也会使行为产生持久改变,如青春期少年的嗓音变化,这是由生理成熟引起的,与经验无关,所以不能称为学习。由经验而引起的学习主要有两种:一种是正规学习,如有计划的训练或练习、学校的学习等;另一种是随机学习,因偶然的生活经历而引起,如幼儿被开水烫一次就知道开水不能摸。

这就意味着,学习可以给我们带来变化,有些是明显、可感知的变化,有些则是潜在的、不易被觉察却实际存在的变化。那么,如果你对生活充满期待,期待着变化和新的内容,那么学习是一个很好的达成期待的方式。

二、多元学习观的建立

《红楼梦》中有一对联:"世事洞明皆学问,人情练达即文章。"

学习不能局限于课堂与书本,前人的经验,包括文化科学知识、技能、社会生活规范、行为准则等都属于学习的范畴。要将前人的经验变成自己的精神财富。

所以,在校大学生需要树立起多元学习观,不把学习狭义地界定为在学校学习、在课堂上学习,而是把学习当作自己与世界相互作用的工具。这个工具越强大,那么我们也就能在这个世界上活得更好。

我们需要学习的内容不仅仅限于在大学课堂里的专业课和通识课的内容,更包括我们为人处世的方式、维持心理平衡和快乐的心理知识、照顾好自己的生活常识、对某一类爱好的探索与体验等。

人生,处处都需要学习,学习成果将会使我们受益匪浅。学习是掌握人生主动权的必要手段,是为人生保驾护航的屏障,是为我们打开更广袤社会的金钥匙。

三、学习的心理学理论

(一)学习的联结理论

1. 经典条件作用

经典条件作用建立过程:经典条件作用就是某一中性环境(无关刺激),通过反复与条件刺激相结合的强化,最终形成条件刺激,引起了原本只有无条件刺激才能引起的行为反应的过程。

试验中,将肉末放在一条狗的口中或者附近,肉末可引起狗的唾液反应,在此,肉末被称为无条件刺激,如果给狗呈现其他的刺激,如铃声,铃声则被称为中性刺激,如果将中性刺激与无条件刺激反复匹配呈现,中性刺激就能成为条件刺激,能够引起只有无条件刺激才会引起的反应,这种反应叫条件反应。

2. 经典条件作用的内容

习得:由条件刺激诱发出来,伴随着实验的重复发生频率不断增加。

消退:如果非条件刺激长期与条件刺激相结合,已经建立起来的条件刺激就会消失,这种现象被称为消退。消退是取消强化的结果。

自发恢复：是指经过一段时间后，无需再与无条件刺激相匹配，条件刺激可突然重现的现象。

泛化：不仅条件刺激能够引起条件反射，而且某些与之相似的刺激，也可能引起条件反射的现象，如"一朝被蛇咬，十年怕井绳"。

分化：生物体学会在某种刺激维度上对不同条件刺激做出不同反应的过程。

3. 操作性条件反射

操作性条件反射的建立：如果一个行为发生后，紧接着给一个强化刺激，那么其强化强度就会增加，在有机体的各种行为中，哪些行为得以保持，哪些行为最终消失都取决于这些行为的后果，取决于有机体做出这些行为后是受到了奖励还是惩罚。

4. 桑代克的联结理论

桑代克(E. L. Thorndike)认为学习遵循精简原则，而不是推理原则，学习是刺激与反应之间直接的联结，而不是以思考或推理等为媒介的。

试误说：联结是通过不断的尝试错误而建立的，学习的基本过程是尝试错误的过程，在此过程中错误反应逐渐减少，正确反应逐渐增加，最终在刺激和反应之间形成牢固的联结。

学习遵循一定的规律：

(1) 效果律：跟随满意结果的反应，以后出现的概率会越来越大，而跟随不满意的结果的反应，以后出现的概率会越来越小。

(2) 练习律：刺激与反应之间的联结随着练习的次数的增多而增强，即用进废退。

(3) 准备律：指学习者在开始学习时的预备定势。学习者有准备而给予活动，个体会感到满意，有准备而不活动或无准备而强制活动会给学习者增加烦恼。

(二) 学习认知理论

1. 顿悟学习

顿悟学习是指学习者通过重新组织知觉环境中并突然领悟其中的关系而发生的学习。顿悟学习必须是学习者经过良好的观察和对情境全局的知觉，发生顿时领悟和由不能到能的突然转变，以实现完形组织的过程，即完形学习。

主要观点：学习就是知觉重组，依赖于情境。顿悟学习可以避免多余的事物，同时有助于迁移，真正的学习是不会遗忘的，顿悟学习本身就具有奖励的性质。学习要做到触类旁通，举一反三，以促进智力的水平的提高。

2. 托尔曼的位置学习

位置学习就是根据对情境的认知，在当前情境与达到目的的手段、途径间建立起一个完整的符号系统。

托尔曼(E. C. Tolman)指出：强化不是学习所必备的，没有强化也仍然会进行学习，只不过没有将学习的效果表达出来；学习需要目标，如果没有目标，学习的效果就无法表现出来。

托尔曼在迷津实验中提出认知地图,即在过去经验的基础上,产生于头脑中的某些类似于一张现场地图的模型。托尔曼把白鼠学习迷津的行为看作是认知学习,认为白鼠学到食物的所在方位,并非只是机械的左转或右转。

3. 建构主义的学习理论

知识不是对现实的准确表征,它只是一种解释或假设,而不是问题的最终答案;它会随着人类的进步而不断得到改造和重新建构。

学习过程不是老师向学生传递知识的过程,而是学生主动建构知识的过程。建构主义者强调,学习者不是空着脑袋走进教室的,他们在日常的生活中已经积累了丰富的经验。

4. 班杜拉的社会学习理论

班杜拉(A. Bandura)强调观察学习,这是指人们仅仅通过观察别人的行为,就能学会某种行为。观察学习包括替代学习、模仿学习。观察学习是一种间接的学习,观察学习效率高,错误率低。观察学习的过程主要有:

(1) 注意过程:也称知觉过程。集中注意力观察所要模仿的行为示范,这是后面行为的基础。

(2) 保持过程:把从示范者身上观察到的信息进行编码,并存储在记忆中。

(3) 再现过程:动作再现过程即通过自己的动作组合再现要模仿的行为。

(4) 动机过程:个体可能习得了一定的行为,但有可能因缺乏动机而不表现出行为。

三、大学生学习的特点

(一) 学习的专业性

大学属于专业教育阶段,学习的内容围绕专业方向和需要展开。不像中小学教育阶段将学习局限在听课、练习、复习、考试上,大学生需要深入了解自己的专业,积极获取专业知识、习得专业技能、建立专业思维。

(二) 学习的自主性

大学的学习具有高度的自主性。如果说高中的学习像"吃盒饭",那么大学的学习更像是"吃自助餐"。高中时,学生只是被动接受老师"上饭",互相比谁"吃得快""吃得干净",很少自己主动思考。而到了大学,大学生就像进入自助餐厅,老师成了退守到食物背后的"服务员",由大学生自己来选择吃什么,怎么吃,吃多少。在大学里,课程、学习时间、学习方式全由大学生自主选择。

(三) 学习的探索性

大学学习具有研究和探索的性质,参与研究成了大学生的必修课。大学生不仅要掌握前人积累的专业理论知识,更需要主动探索和思考,加深对知识的了解,进一步创新和发展知识。

(四) 学习的实践性

大学学习更需要学以致用。大学生通过多种方式获得更多的体验,才能将知识转化为自己的收获。尤其是对于偏向实践应用的职业类大学,实践的重要性就更加凸显。

(五)评价的多样性

在大学中,学业成绩已经不是评价学生的唯一标准。因此,如果大学生只能从分数中获得自信,那么就会面临心理上的落差和适应上的困难。学习成绩的高低并不完全决定一个人是否成功。学习成绩主要考察大学生两个方面的能力:逻辑思维能力和语言能力。而人际沟通能力、领导管理能力、艺术创作能力、动手能力等却很难在考试中体现出来,这些能力却对一个人的成功非常重要。能够掌握好的学习方法,学会做生活的有心人,体验生活中的美好和精彩的人,才能成为一个更优秀的大学生。

第二节 常见的学习问题与调节方法

高职学生普遍在学习意识、学习能力等方面较为欠缺,受过的"负面"教育和"负面"待遇偏多。这往往给他们带来意志消沉、自信心不足、情绪不稳定、学习缺乏持久性等诸多学习心理问题,因此高职院校要重视并加强高职学生学习心理辅导,有针对性地对他们加强心理健康教育。同时,还要为学生提供适应个性发展的学习策略和方法。在教育教学过程中,老师要多实施鼓励、赏识和成功教育,适时培养学生的挫折应对能力,帮助学生恢复和树立自信心,优化学生的认知结构,引导学生进行正确归因,以促进他们形成正确的心态,提高适应能力。

高等职业技术教育有别于其他教育的最重要的特征之一就是突出职业能力的培养。因此,高职大学生的学习具有它的特殊性,课程的广泛性、专业的特殊性、陌生的内容、教学进度的跳跃、教学风格的多变使得一部分学生无所适从,不少的高职学生都存在着负性的或消极的情绪体验。高职学生学习心理困扰的主要表现为厌学情绪、学习注意力不集中和考试焦虑症。高职院校的老师要正确地认识高职大学生的学习心理困扰,指导学生对学习过程中的心理矛盾和冲突进行自我调适,进而提高学习效率。

一、常见的学习问题

我们将高职学生常见的典型学习问题总结如下:

(一)过于功利

注重学习内容的实用性无可厚非,但如果对于所有学习活动都要先追问一句"有什么用?"就会丧失掉诸多的学习机会,会降低学习动机,忽略对素养的提升、对积淀的重视。

当前,为了适应社会发展以及面对就业压力,多数高职学生有学习意愿,认为学习可促进自身发展。但不少学生在价值取向上过于务实,喜欢从主观上区分学习内容的"有用"与"无用"。他们片面理解技能的培养,重视实践操作,忽视理论知识学习,一味追求实用性,多热衷于考证"学习",对应用性不强、对考证没有帮助的知识内容无学习兴趣。课堂上教师讲授的知识如果"无用"或"无趣味",他们就无心听课。部分高职学生存在心态浮躁和急功近利的思想,学习动机多具有近景性。

（二）偏爱直观性学习

由于高职学生学习基础相对薄弱,分析能力、思维能力、信息提取能力也相对不足,相当数量的学生表现出形象思维能力强,抽象思维水平不理想的特点,对理论性知识学习缺乏学习积极性和兴趣,只求大概有所了解。但他们记忆力好、模仿能力强,喜欢参加各种社团活动,乐于动手进行操作,不喜欢也不擅长用耳朵听,更愿意用眼看、用手去做,学习方式倾向于直观性和可操作性,对实践实训和情境性内容知识学习有偏好。

（三）学习情绪波动较大

由于知识准备的相对不足,良好学习习惯养成的缺失,许多高职学生在学习上遇到困难就退却,不愿意钻研和深入学习,很少能享受到学习带来的乐趣。相反,他们经常体会到的是学习效率低下,学习效果不佳。面对学习上的"挫折"和就业的压力,不少学生悲观失望,丧失信心,在思想情绪上多呈消极、焦虑、紧张、忧郁、自我否定等状态,而这会影响他们的学习行为和学习进程。

（四）依从性较高

一定比例的高职学生学习缺乏主动性,自控能力也较差,而且缺少有效学习方法（如认知策略、知识迁移的方法等）；许多学生学习目标指向不明确,不能按专业要求有选择性地、主动地安排学习内容,拓展自己的知识。尽管许多学生有主观上的学习需求,但对于"学什么、怎么学"却过多地依赖教师,把学习仅局限于课堂,而课堂上又因受手机网络的诱惑,无法充分利用课堂资源,因而导致学习成效很差。此外,很少有学生对自己的专业有关知识进行深入思考,他们在学习过程中也表现出组织性、纪律性不强,在自觉性和坚持性方面也常常需要教师督促。

二、常见学习问题的调节

（一）树立健康的学习动机

对于大学生而言,学习动机在学习中发挥着重要作用。

1. 学习动机决定着学习方向

学习动机是以学习目的为出发点的,是推动大学生为达到一定学习目的而努力学习的动力。没有明确的学习目标的大学生自然没有学习动力。因此,大学生首先要懂得为什么学,应朝着什么方向努力。

2. 学习动机决定着学习过程

大学生是否能持之以恒的关键取决于学习动机水平。美国心理学家阿特金森(J. W. Atkinson)于1980年深入进行了动机研究并得出结论:完成某项学习任务所需要的时间与对这项任务的动机水平呈负相关。

3. 学习动机对学习结果的影响

恰当、健康、适度的学习动机能够带来更好的学习结果。

针对不同的学习动机问题,需做出具有针对性的调节。

(1) 学习动机匮乏:调整对学习的认知,了解和深化理解学习对于大学生的意义,建立起属于自己的学习动机。

只有学生很清晰"这是我的大学""我需要一个这样的大学生活方式"时,才会保持正确的学习方向和保有不竭的学习动力。学习目标的设置也应恰当,过低过高都不行,过高会难以达不到,易失去信心;过低的学习目标又起不到激励作用。我们在学习中可以有长远目标或总体目标,在学习过程中可以将长远目标或总体目标分成多个具体或近期的子目标,每完成一个子目标就会获得一种成就感或成功感。随着成功体验的增多,我们的自信心也相应提高,学习的积极性就会被激发并保持。

(2) 不恰当动机的矫正:对于过于功利、不健康的动机,需充分了解其背后的全面信息,然后将其矫正成恰当的、健康的动机。比如,偏执地为钱而学习,当发现学习成果无法变现时会有很大的落差,并会引发放弃学习的行为。因此,大学生需要培养长远、多用途、潜在的健康学习动机。

激发内部学习动机是一个很好的矫正不恰当动机的选择和方向。内部学习动机是指学习者因好奇心、求知欲等内在心理因素而进行学习的动机。外部学习动机则是因学习带来的附加影响而进行学习的动机,例如为了金钱、赞扬、得到他人认可。与外部动机相比,内部学习动机更为持久、有力,促进效果也更好,动机是促进学习的真正动力。

学生内部学习动机往往是由学习兴趣引起的。"兴趣是最好的老师",当学生对学习的内容有了兴趣,学习的积极性便调动起来了。培养和激发内部学习动机的方法通常有:

(1) 引发求知欲望

首先是要使学生认识到知识对自己和社会的意义,对于不同时代、不同年龄、不同学科、不同个体,激发的方式不同。其次,让学生在学习过程中产生愉快的体验,从情感因素着手,激发他们的兴趣。再次,通过知识的积累来引发求知欲望。在教学过程中,存在着"辅强不辅弱"的反差规律,对某一门知识知道得越多,学习的欲望越强,兴趣越浓。最后,优化教学方法。在教学过程中,应通过变化教学方法,来激发学生的"求新"动机和求知欲望,使他们不断产生新的兴奋点,从而维持和发展已经调动起来的学习积极性。

(2) 创设问题情境

学习兴趣的一个重要来源是好奇心。在正式讲授某一内容之前,提出一些有关的问题可引起学生的好奇心,激发他们的学习兴趣,使他们力图通过思维解决问题,从而产生求知的强大动力,把学生引导到"心求通而未得,口欲言而未能"的境界。这个过程叫做创设问题情境。

(3) 促进动机迁移

一种学习对另一种学习的影响叫迁移。迁移通常有两种形式:一是原有的知识、技能对获得新知识、技能的影响,这种迁移可提高学生学习新知识的信心和兴趣。另一种表现为原有的学习动机对以后学习的影响。

(4) 注重实践活动

学生内部学习动机、对新内容的兴趣,以及创设问题情境,促进动机迁移等方法,可以激发学习兴趣,但是这样做是不够的,不一定能使学生保持更加浓厚的兴趣! 自我实现是人类最高层次的需要,这种需要潜藏在每个有思维能力的人心底。只要方法得当,便可以强化学习的原有动机。教学中,以实际训练为主的方法,如练习法、实验法、实习作业法,客观上都起到了强化学习动机的作用。

另外,外部学习动机也并非全无好处,合适的外部动机也是促进一个人学习的动力。这就需要我们有效激发外部学习动机。强调激励学生内部学习动机的重要性,不否定激励外部学习动机的必要性。那么怎么激发外部学习动机呢?

(1) 及时反馈学习结果

让学生及时了解自己的学习结果,会产生极大的激励作用。老师应及时批改和讲评作业,且尽可能当面批改、个别批改。这样可以让学生产生成功的快感或体会到不足,从而产生修正错误的愿望和行为。

(2) 恰当地作出学习评价

学习评价是学习评价者(一般为老师)对学习结果和态度的肯定或否定的一种强化方式。它可以激发学生的上进心、自尊心、集体主义情感。成功的评价,对学生的影响是深远的,甚至是终身的。

(3) 给以适度奖惩

合适、有吸引力的奖励能够调动学生的学习热情,适度、恰当的惩罚能够对学生起一定的警醒作用。在合理的基础上,奖惩也是强化学习动机的一种方式。

(二) 克服因学习产生的负面情绪

失败或不悦的学习经历,会造成学生对学习的负面情感。

要正确对待学习挫折,寻求适当学习压力。高职学生大多学习基础比较薄弱,再加上高考不够理想,这种理想与现实之间的落差会使学生在学习中产生挫败感。如果这种挫败感频繁出现,持续时间长,又不能得到及时有效的排解,那么学生就很容易对学习产生抵触情绪。这种抵触情绪就会使学生丧失学习的主动性,导致学习动机不足。因此,高职院校应注重帮助学生正确认识学习中出现的挫折,并及时进行心理疏导,让他们形成积极健康的学习心理。大学生活要有适当持续的压力来激发学习的动力。适当的压力能够使得大学生严格要求并约束自己,以提高自己的能力。而持续的适当的压力能够维持大学生积极的学习状态,使他们不会因为压力过大而焦躁,也不会因为时有时无的压力而患得患失。

(三) 有意图地学习

真正有效的学习是有意图的学习,即学习者主动地、有意识地进行认知并具体指导思考与学习的认知活动。只有有意图的学习,才能让学习者自发自动地进行学习,并持续对学习进行监控与调整。

有意图的学习对个体发挥着重要的作用。首先,有意图的学习者会主动注意和思考新信息;其次,有意图的学习者渴望获得新知,所以会尽最大努力了解知识的意义;最后,有意图的学习者能主动选择各种学习和自我调节的策略——精细化、自我驱动、自我监控等,并尽最大可能地修正自我认识。因而,在学习知识与技能的同时,个体也往往完成了自我认识的提升。

三、克服考试焦虑

考试焦虑是人由于面临考试而产生的一种特殊的心理反应,它是在应试情境刺激下,受个人的认知、评价、个性、特点等影响而产生的,是以对考试成败的担忧和情绪紧张为主要特征的心理反应状态。学习焦虑与学习效果的关系符合耶基斯-多德森定律(Yerkes-Dodson law),即:在一定限度内,随着学习焦虑水平的提高,人的学习效率也随之提高;超过这个限度,学习效率随之降低。

(一)考试焦虑产生的原因

1. 主观原因

自我期望过高:成就动机过强,或者过高地预估了自己的实力,以至于产生紧张、焦虑情绪。

准备不充分:考前以及日常学习中准备不充分,没有做好平时的分散学习,"临时抱佛脚"不仅帮不上大忙,反而会使学生更焦虑,没信心。

自卑人格:学生本身自卑人格严重,凡事都没自信,自然在考试这种重大场合更焦虑。

2. 客观原因

父母期望过高:父母过高的期望给孩子带来巨大的压力,父母可能将自己没有实现的愿望投射到孩子身上,使孩子感到巨大的负担或者产生逆反心理。

学校压力:学校在学业管理上都会对学生的学业成绩做一定的要求,达不到这个要求会给学生带来不良影响。

同伴压力:成绩较差不利于学生在同伴中的个人形象,不利于个体的社交自信。对于过于在意他人评价的大学生,这方面压力会尤其明显。另外,同班级、同一专业学生之间存在着竞争,这更有可能影响教育资源甚至是就业和升学资源的分配,因此大学生会因承受着来自同伴竞争的压力而焦虑。

(二)大学生考试焦虑的应对

1. 调整期望值,培养良好个性

期望值是自我确立的结果能达到的预期值和目标,它是影响学生考试焦虑的重要因素。期望值是否适度,会直接影响考生的动机程度、情绪状态和品质,也会直接影响考生临场水平的发挥。研究表明:过高的期望值会给学生造成较强的心理压力。若学生把目标定得太高,超过了自身的实际能力,就会因没有实现的把握而失去信心,同时考生在考前过分担忧也会分散注意,因此,适当调整期望值,切合实际地提出目标和期望是非常重要的。

2. 端正考试动机,正确评价考试意义

在升学、就业都需要通过考试成绩来选拔的当今社会中,考试成绩在学生心目中无疑占有很重要的地位,它不但会影响到考生的升学就业,而且会影响到家庭、学校、社会对考生的评价。把考试视为决定自己终身命运的"生死战",认为考不好就没有前途的考生,肯定会背上过重的思想包袱,成天提心吊胆,害怕失败,因而不能专注于学习本身。一旦考生改变了思维的刻板性,认识到成才道路的多渠道性,他的考试焦虑就会随之降低。

3. 做好充分准备,达到良好考试状态

在知识的准备上,平时学习中要养成分散复习的习惯,利用适合自己的学习策略,避免"临时抱佛脚",这样学习效果更扎实,记忆更牢固;在情绪准备方面,考前应避免产生负性情绪,保持良好心态;在生理准备方面,要保证充足的睡眠和营养,平时注意锻炼身体,尽量保证考前不生病;在物品准备方面,提前准备好考试用具并仔细检查,免得丢三落四影响答题。

四、培养积极的学习模式

积极的学习模式,是完整学习过程、理想学习成果、健康学习心理的重要保障。积极的学习模式包括:

(一)健康的学习动机

有些学习动机是有利于我们的发展的,比如为了更了解自己、更了解世界,为了获取生存本领而学习;有些动机则是不利于我们的健康和发展的,比如为了金钱、短期的功利、某些利益交换而学习。因而,我们应该寻求并建构真正对我们有益的学习动机。

此外,动机的强度和水平也会对我们产生重要的影响。著名的耶克斯多德森定律表明:在一定限度内,随着动机水平的提高,学习效率也将提高,超过这个限度,学习效率会降低,上述的一定限度即学习动机的最佳水平点。学习动机的最佳水平点因任务难度不同而异:若学习任务比较困难,学习动机的最佳水平点会低一点;若学习任务比较简单,学习动机的最佳水平点会高一些。

(二)浓厚的学习兴趣

兴趣是人对客观事物的一种积极的带有感情色彩的认识倾向,是人们积极探究某种事物或进行某种活动以获取新知识,形成新能力,并在此基础上发展智力的认识倾向。

兴趣是最好的老师,也是最有利的学习手段。兴趣让我们自发自愿、有意图地去学习。那我们如何才能寻找到兴趣所在呢?其实兴趣就蕴藏在我们的生活中,我们在做让自己感兴趣的事情时会由衷地体验到愉悦,所以让我们先从愉快的生活体验中寻找兴趣吧!探寻愉悦的生活体验与学习的关系,将学习作为获得愉悦体验的手段,你会享受到学习和生活的双重快乐。

(三)积极乐观的性格

积极乐观的性格能鼓舞学生主动而愉快地学习,使他们不至于把学习视为负担。

（四）科学的学习方法

科学、恰当的学习方法可以使学习达到事半功倍的效果，从而增强大学生的自信心，强化学生的学习动机。反之，如果没有有效的方法则会事倍功半，还会增加学生对学习的挫败感，降低学习动机，甚至影响其自我意识和心理健康。

常用的一些学习方法有：

1. 检索学习

检索学习是一种有效的学习策略，也就是说要努力从你的记忆中检索相关的知识和技能，进行自我测验，而不只是进行机械阅读和记忆。

2. 间隔学习

间隔学习比集中学习的效果更好，这是因为长期记忆存储信息需要一个巩固的过程，这个过程可能需要数小时，甚至数天。快速频繁的练习，只能产生短时记忆；间隔的学习，虽然会有一些遗忘，但是经过反复复习、检索所学的过程，会促进知识巩固，强化记忆。

3. 联系学习

在学习过程中尽可能提问，加深对所学内容意义的理解，主动与以前所学的知识相互联系都是不错的学习策略。东尼·巴赞（T. Buzan）创立的思维导图体现了长时记忆存储信息相互联系的特点：从一个思考中心出发，向外散发各种主题节点，充分利用不同的颜色、图像、记号等手段调动左右脑来加深记忆。

（五）了解自己的学习特点

不同的个体之间存在着诸多差异，从群体上说有性别差异、代际差异，从个体上来说有智力结构上的差异，因而清楚自己优劣势和智力结构非常重要。

传统的智力理论认为人类的认知是一元的，个体的智能是单一的、可量化的，而美国教育家、心理学家霍华德·加德纳（Howard Gardner）提出，"智力是在某种社会或文化环境价值标准下，个体用以解决自己遇到的真正的难题或生产及创造出有效产品所需要的能力"。人的智力包括语言智力、逻辑数学智力、音乐智力、空间智力、身体运动智力、人际关系智力、内省智力和自然智力等。这一理论被称为多元智力理论。

这种理论认为，智力不是单纯的唯一能力尺度，而是多方面智力的组合。每个人的智力结构不同，通常，个体会在某一方面认知能力差，但在另一个方面却认知力较强。所以，大家各有优劣势。不存在单纯的某种智力和达到目标的唯一方法，每个人都会用自己的方式来发掘各自的大脑资源，这种为达到目的所发挥的各种个人才智才是真正的智力，它造就了人与人之间的不同。

除了了解自己的智力结构外，我们还需要具备一些与学习有关的其他个性或习惯特点。比如，了解自己在哪个时间段学习状态最好，知道自己擅长哪方面的学习，这可以帮助我们更好地分配学习资源、优化学习安排。

（六）克服不必要的自我设限

由于刻板印象和客观存在的男女认知表现上的差异，所以一部分人因为性别身份对自己的智力存在不良认知。而心理健康知识学习的目的就是让学生正确理解认知差异,消除影响智力发展的不良心理,积极创造促进智力发展的良好的心理条件。

在智力发展过程中,影响智力发展的不良心理,在男女两性身上都是存在的。在女性身上主要表现为自卑感,特别是到了中学阶段,由于自我意识的逐渐增强,女性的自卑感往往表露得更加明显。由于受社会、家庭传统观念的影响,女性常常习惯于从消极方面来评价自己,认为男性比女性聪明。这种自卑感的存在,会使女性丧失应有的自信心和进取心,这对她们智力的发展是十分有害的。

从群体上来说男生与女生确实存在一些差别,但他们各有优劣,不存在一个性别比另一个性别更优越的情况。

(七)了解自身所处的学习环境

高职院校学生厌烦枯燥的理论知识学习,喜欢参与活动和实践操作,高职的教学也正是以提高学生实践技能为目的,以培养学生的职业知识和职业技能为重点。可现行的高职课程多内容陈旧,教材也多以学科为体系,涉及的实践方面的知识含金量不高,加上部分教师只会照本宣科,因而导致学生的学习兴趣低下,学习动力也大为削弱。

高职院校应当开发更适合高职学生群体的教学体系,但学生也不能被动地寄希望于环境的改变,应当充分发挥自己的主观能动性,这也是有利于自己发展的最明智的决策。

比如,要了解自己的认知特点,若发现自己不善于处理抽象的理论知识,那就需要补足自己基本的理论和认知素养,同时发挥自己的特长和优势,扬长避短,以争取多方面的提升,让自己立于竞争的优势地位。

一个优秀的学生绝对不会被动地被环境塑造,而是能在自己有限的环境中充分挖掘资源,趋利避害,从而在这个环境中成为更好的自己。

(八)进行积极归因

当我们把一件事情的成功归因为自己非常努力,把失败归因为自己努力不够,而不是把成功归因为自己很聪明或者运气很好,也不是把失败归因为自己不够聪明以及运气差时,称为积极归因。这样归因可以让大学生认识到学习的成败是掌握在自己手中的,学习的好坏取决于自己努力的程度。

积极的归因方式,能够让我们在客观看待因果的基础上,保证我们心态的积极和对自己掌控力的自信。不当的归因方式可能会诱发自大和效能感缺失。

(九)增强自我效能感

自我效能感是指个体对自己是否有能力完成某一行为所进行的推测与判断。学习者的自我效能感是学习者对自己能否成功完成某一任务的主观判断,这种主观判断是随着学习者在学习中获得成功概率的增长而增长的。

第三节　有效的学习方法

《论语》中有言:"工欲善其事,必先利其器。"意思是说,我们要想做好一件事,就必须有合适的工具和方法。而学习这件事,不只是在受教育的时间内对一些课程内容的背诵、计算,而是存在于我们一生的方方面面,从身体健康到为人处世,从恋爱结婚到日常财务,从柴米油盐到诗与远方,无一不需要学习来帮助我们完成认知、感受和调整。因此,不会学习、不擅长学习是一件很可惜的事,会让我们丧失自己人生的主动权。

那么既然学习是这么至关重要的一件事,我们就必须掌握好的学习方法。因为好的方法,不止会让你事半功倍,还能带给你自信,改善你对人生的看法。而学习方法不当不止会影响我们学业、事业的发展,也会增加挫败体验和试错成本,影响心理健康和主观幸福感。

有效的学习策略包括有意义学习、精细化、组织化、记笔记、辨别并提炼重要信息、理解监控和使用记忆术去记忆难以记忆的材料。最重要的是,学生可以使用内部心理过程(即内隐策略)完成调控。任何可观察到的策略(即外显策略)只有建立在内隐策略的基础之上才可能是有效的。

一、掌握学习策略

不少学生在学习课堂知识时不能有效地使用学习策略的原因很多,例如:学生没有接受过使用有效策略的指导,或者对于什么是"知识"仅具有过于简单的观念。他们也可能缺乏足够的相关背景知识,因而不能进行有意义学习和精细化;或者课堂任务本身不能让学生使用有效策略。学生也可能对掌握课堂知识不感兴趣,或认为不管做什么对掌握知识都无济于事。

不擅长使用学习策略的原因:学生没有获得或错误地获得了有关有效策略的教育;学生的某些知识观导致他们低估或歪曲学习任务。例如:学生认为学习任务是容易的,或者学习成就与其投入了多少努力无关,因此就不会使用有效学习策略;学生误认为自己已经使用了有效策略;学生缺乏相关的能够加以利用的背景知识;学生认为高级的学习策略需要付出太多,因此不值得这样去做;学生在学业情境中具有低自我效能感。

(一) 基本的学习策略

学习过程是一个信息加工过程,在此过程中涉及编码策略、提取策略和问题解决策略等内部心理活动。学习策略的作用在于对接收到的信息加以注意,先将它们转入短时记忆,再把短时记忆中的信息转入长时记忆,在新知识内部建立好新旧知识之间的联系。重要的编码策略包括:复述策略、精心制作策略和组织策略等。

(二) 支持的学习策略

支持的学习策略是指为促进学习活动的效果而进行的一些外在、可觉察的行为,比如做笔记、写评注、加标题、做摘要、在书上做标记等。支持的学习策略包括五个部分：删掉多余，略去枝节，代以上位（用一个上位概念来代替系列下位概念），择其要义，自述要义。

（三）元认知策略

元认知策略是对基本学习策略和支持学习策略的计划、监督、控制与调整过程，又叫做学习的自我监控过程。学生只有学会如何理解、如何记忆、如何学习，才能掌握学习的主动性。

二、培养自我监控能力

学习中的自我监控是指学习者根据预期的学习目标与反馈信息，对自己学习活动进行监察与调控的过程。阅读过程的自我监控包括确定阅读理解的目的，明确其要求，选择合适的方法与策略，对阅读理解活动实施监控，检验是否已经达到阅读理解的目标，找出理解不足与错误，进而采取必要的补救措施。

（一）明确学习目标，必要时进行调整

大学生需要有明确的学习目标。不要总是觉得目标很虚，很空。有目标的人和没有目标的人，对待生活的态度是截然不同的。上大学后要给自己的每天、每周、每月、每学期、每年都定一些目标，有了目标，你的生活就会过得更充实。你还可以把目标进行分解，越细越好，然后从小目标开始，一步一步脚踏实地向前走。

（二）使用目标导航机制

控制论认为人的大脑、神经系统和肌肉组织遵循一套高度复杂的自动追逐目标的机制（运用反馈和信息贮存为手段），这个机制能指引你通向既定目标，并在必要时自动纠正方向，这种运行机制被称为目标导航机制。目标导航机制受自我心像控制，而自我心像的好坏取决于潜意识。为了实现目标，潜意识首先调动大脑神经系统为实现目标而搜寻有价值的信息，这就是大脑的"雷达"系统，即网络过滤系统。人一旦有了目标，网络过滤系统就会选择与目标有关的信息，此时感官特别灵敏，能发现一些信息对目标的重要性、必要性，并将这些信息积累起来，这就成了你的优势。

目标的确定要符合 SMART 原则，即：
(1) 具体的(specific)；
(2) 可衡量的(measurable)；
(3) 可达成的(attainable)；
(4) 相关的(realistic)；
(5) 有时间限制的(time-based)。

为了更有效地对学习进行监控，我们需要做到以下几点：
(1) 明确学习欲到达的结果，知道如何评估自己的学习；
(2) 建立具体的目标，清楚每个目标带来的结果和影响；
(3) 对自己的行动和执行情况进行记录，比如写日记、备忘录、每日清单等；
(4) 实事求是地评价自己，在不理想的结果中发现积极的一面。

◎ 思政课堂

了解社会期待、了解自己

一、提升对自己大学生涯的学业自信

十三届全国人大常委会会议新修订了《中华人民共和国职业教育法》，明确了国家鼓励发展多种层次和形式的职业教育，要建立健全职业教育制度体系，坚持产教融合、校企合作，完善职业教育保障制度和措施等内容。

二、了解自己的人才类型

当代教育学者提出了"四类人才"的说法。"一"字形人才：知识面虽然比较宽，但缺乏深入地研究和创新。"I"字形人才：对某一项专业知识了解比较深，但知识面太窄，很难将各种知识融会贯通进行创造性研究。"T"字形人才：不仅知识面比较宽，而且在某一点上还有较深入地研究，但他们的弱点是不能冒尖，没有创新。"十"字形人才：既有较宽的知识面，又在某一点上有比较深入的研究，更重要的是敢于出头、冒尖，有创新。思考：你现在属于哪类人才？今后期望成为哪类人才？为此你需要做些什么？

◎ 心灵解码

大学生学习动机量表

按照自己的真实感受，在符合自己的选项上打"√"。该选项上对应的得分即为该题目的得分。

项目	非常不符合	比较不符合	不确定	比较符合	非常符合
1. 我喜欢尝试高难度的学习	1	2	3	4	5
2. 我喜欢钻研新问卷	1	2	3	4	5
3. 我倾向于独立思考解决难题	1	2	3	4	5
4. 我希望通过考试与研究提高我的专业知识和技能	1	2	3	4	5
5. 我常因为有趣的研究忘记其他一切	1	2	3	4	5
6. 我对自己设定的学习目标很满意	1	2	3	4	5
7. 我认为学习自己感兴趣的知识才是最重要的	1	2	3	4	5
8. 对我而言,有机会提升自己最重要	1	2	3	4	5

(续表)

项目	非常不符合	比较不符合	不确定	比较符合	非常符合
9. 激发我努力学习的主要动力是取得成绩	1	2	3	4	5
10. 我努力学习是为了赢得他人对我成绩的肯定与赞赏	1	2	3	4	5
11. 我特别在乎他人对我学习成绩的看法	1	2	3	4	5
12. 我认为学习成绩很好但无人知晓的话就没有什么意义	1	2	3	4	5
13. 我非常清楚自己的学习目标是追求好成绩	1	2	3	4	5
14. 在学习中,我不在乎我做了什么,只在乎学习结果对就业的帮助	1	2	3	4	5
15. 我喜欢相对简单而目标明确的任务或作业	1	2	3	4	5
16. 对我而言,学习提升是增强就业竞争力的筹码	1	2	3	4	5

解释:

项目1~8测量内在学习动机,其中1、2、3、5、7测量兴趣动机,4、6、8测量自我提升动机。

项目9~16测量外在学习动机,其中9、10、11、12、13测量学习结果动机,14、15、16测量就业动机。

将各分维度上的项目得分相加后取平均值即学习动机上的得分,在某一分动机上得分越高说明你在那个方面的学习动机更强烈。

得分小于2分为低动机状态,大于3.5分为该水平上的高动机状态。

◎ 领悟行动

主题:我的学习生命线

(一) 讲解规则:

人数:不限

场地:室内

对象:所有学生

游戏方法:

(1) 准备一张白纸和两支笔(一支较鲜艳,一支较暗淡,以便用不同颜色来代表情绪)。

(2) 把白纸横向摆好,在纸的中上部,写"……的学习生命线"从左到右画一道长长的横线,然后给这条线加上一个箭头,让它成为一条有方向的线。

(3) 学生按照自己预期的生命长度确定自己目前年龄所在的标志点。标志点左边代表着过去的岁月,把对你有重大影响的时间点用笔标出来。快乐的事用鲜艳的笔写在生命线的上方。如果感觉非常快乐,就把这件事的位置写得更高些。在生命线下,用暗淡的笔记载不快乐的事。在记录的同时需在线上标注时间。

（4）标志点的右边代表着未来学习展望的那部分，把你这一生想干的事情（如职业生涯、个人追求）都标出来，并将这些能给你带来快乐的事按期待程度高低置于坐标上方。

（5）最后，你便收获了一张清晰明了的"学习生命线"。

（二）体验反馈

完成活动后向，仔细梳理自己的体验，与同伴进行分享与讨论。

◎ 本章小结

大多数学业成功者都是能进行自我调节的学习者：他们能建立行为目标，计划如何最好地利用学习时间，如何将注意力保持在需要完成的学习任务上，能选择和使用有效的学习策略，必要时能寻求帮助并持续地监控上述所有过程。某些自我调节学习技能是自我发展起来的，但多数自我调节技能是在他人的示范或与经验更丰富的学习者共同调节某些学习任务时而发展起来的。

广义的学习指基于经验而导致行为或行为潜能发生相对一致的变化的过程。大学学习的特点包括：专业性、自主性、探索性实践性以及评价的方式的多样性。学习动机是一种激发、引导、维持并使行为指向学习的力量。人类的动机强度与活动效率之间呈倒"U"形曲线关系，遵循耶基斯-多德森定律。关注学习带来的外部结果是外在动机，关注活动本身的意义和价值是内部动机，外在动机过强会削弱内在动机。成就动机高的人会挑选一些难度适中、比较实际的工作，从而提高成功的概率。

发现兴趣需要实践、专注和重新发现，如果你的关注点总在别人的评价上，往往会阻碍你进行更多探索。

德韦克（C. S. Dweck）的研究发现人的心智模型分为固定型和成长型。

多元智力理论启发我们：没有人能够学会一切东西，更有效的成功之道是选择适合自己的学习方式，在自己擅长和喜欢的智能领域学习研究。

思维导图指从一个思考中心出发，向外散发各种主题节点，充分利用不同的颜色、图像、记号等手段调动左右脑来加深记忆的方法。

检索学习、间隔复习、联系学习是促进学习的有效学习策略。

◎ 课后作业

1. 思考自己的学习动机，你是为了什么而学习？
2. 思考你在学习上存在哪些问题，学完本章的知识后，是否有了新的改变方向？

◎ 拓展阅读 13-1（请扫二维码获取内容）

成就动机

第十四章 14

心理危机与自杀干预

◎ 案例导入

在我国,每一年有 25 万人死于自杀,平均每天约有 750 人选择自杀,而自杀未遂者每一年还有 200 万。自杀已成为我国人口的第五大死因。在 15~34 岁的人群中,自杀是首位死因。统计说明,目前我国大学生自杀率已经达到万分之四。世界卫生组织和国际预防自杀协会从 2003 年起,将每一年的 9 月 10 日设立为"世界预防自杀日",目的是引发公众对自杀的关注。世界卫生组织在 2020 年 9 月 10 日"世界预防自杀日"发表公报说,全世界每一年大约有 100 万人死于自杀,每天平均有 3000 人自杀,平均每 40 秒就有一人自杀死亡。世界卫生组织表示,自杀是致使全世界 15~44 岁年龄段人群死亡的三大要紧缘故之一,是致使 10~24 岁年龄段人群死亡的第二大要紧缘故。

◎ 头脑风暴

大学生是社会和国家未来的建设者,是一个家庭的希望和以后的支柱,寄托着家庭的深切期待。你怎么看待大学生在正值青春年华的岁月里撒手而去?有哪些原因促使大学生做出了自杀的选择呢?

◎ 心理探索

第一节 心理危机的概述

一、心理危机的定义

心理危机是指个体在遇到了突发事件或面临重大的挫折和困难,既不能回避又无法用自己的资源和应激方式来解决时,个体出现的暂时性的心理失衡状态。

心理危机的产生包含两个要素:一是诱发危机的某个生活事件;二是个体对自己应对该事件的能力的评估。一个人会不会产生心理危机,不仅取决于他正在经历或即将经历的事件,更取决于他对自己应对困难情境能力的评估。如果个体认为有足够的能力去应对,心理危机就不会出现;反之,如果个体意识到自己所遇到的困难情境已经远远超过了自己的应对能力,即认为自己的应对能力不足以应对所遇到的困难情境,平衡就会被打破,正常的生活会受到干扰。内心的紧张、恐惧、害怕和悲伤等情绪不断积蓄,甚至出现思维和行为紊乱,心理危机就可能出现。

二、心理危机的类型

(一) 发展性危机

发展性危机是个人在正常成长和发展过程中,对急剧的变化或转变所产生的异常反应,如升学危机、人际关系障碍、失恋、就业压力、性心理危机等。这些危机是大学生生命中必要和重大的转折点,它所产生的生命困顿体现在生命个体无法认清处在人生不同阶段的生命任务,无法确定完成角色使命的方法。

(二) 境遇性危机

境遇生危机是指突如其来、无法预料和难以控制的心理危机,如交通事故、人质事件、突发疾病、被人强暴、自然灾害等。它所激起的生命困顿在于无法面对这类突发事件,体现为生命成长中的生命个体的心智不成熟和对生活环境与生命关系的混淆。

(三) 存在性危机

存在性危机是指一些人生中的重要事件出现问题,而导致的个人内心的冲突和焦虑,是伴随重要的人生目标、人生责任和未来发展等内部压力的冲突和焦虑的危机。

这三种类型的危机,本质上所反映的是人生价值取向问题,意味着生命个体无法找到自己所期望得到的关于生命意义的终极答案,以至于在生死观上存在着模糊不清的认识,导致陷入心理困顿之中。

◆ **案例**

霍金:无论生活如何艰难,也要记得仰望星空

生命的美,在于活出人生的无限可能。

1963年,在剑桥大学攻读研究生的21岁的霍金(S. W. Hawking)无论如何都想不到,上一秒他还在舞会上高谈阔论,下一秒却被医生无情地宣判"死缓"。霍金过完21岁生日之后不久进医院检查,被诊断患了肌肉萎缩侧索硬化症(Amyotrophic lateral sclerosis, ALS)。霍金患此病的年龄大大低于大多数病人。医生曾宣布他只能活两年半。ALS是一种运动神经元疾病,患者的躯干、四肢、头面部肌肉会逐渐被侵犯,但头脑的思维不受影响。患者会逐渐瘫痪,所以又称渐冻人症。这意味着患者可以听到别人说的话,感受到亲人的爱抚,却无法像常人那样做出回应。这是一种不治之症,病情会稳定下来,但永远不可能治愈,只能等待或早或迟(可能是几个月后,也可能是几十年后)到来的死亡。霍金承认,他曾尝试自杀,"我短暂地闭气试图自杀,但是缺氧的反射动作太强烈迫使我继续呼吸"。

命运在给他关上一扇门的同时,向他打开了一扇窗,这扇窗就是他后来的妻子简·怀尔德(Jane Wilde)。1965年,霍金和怀尔德举行了婚礼。此后,病魔在渐渐地折磨着这位伟大的宇宙学家,从最开始的手逐渐不听使唤,到渐渐失去吃饭、穿衣的能力,最后全身瘫痪,不能发声,必须依赖语音合成器来与其他人通话。

面对命运带来的挫折,霍金不是自怨自艾,而是选择接纳:"在我21岁时,我的期待值变成了零。自那以后,一切都变成了额外津贴。"

(资料来源:https://baijiahao.baidu.com/s?id=15949185694591341068wfr=spider&for=pc,2018年3月14日)

三、心理危机的表现

心理危机发生后,个体会在躯体、认知、心理、行为等方面发生种种变化,提前了解常见的危机后的表现,可以让我们更具有敏感性,从而能及时觉察自己或他人的危机状态,寻求专业的干预和支持。

(一)躯体方面

最常见的躯体反应是失眠或少眠,表现为入睡困难,入睡的时候反复纠结在这种创伤事件当中,眠浅易醒,有些人还会出现头痛头晕、梦魇、消化不良、食欲下降等症状或没有器质性原因的各种生理不适,如胃痛,胸口疼等。

(二)认知层面

感到自己的问题解决能力与应对机制暂时受到限制,部分内在的观念发生改变,如对他人失去信心,没有安全感等。出现注意力不集中、注意力下降、记忆力下降等症状,导致工作和学习效率下降,应对困难。

(三)心理层面

短暂的震惊之后,随之而来的感觉是害怕、焦虑、恐惧、怀疑、沮丧、忧郁、悲伤、绝望、无助、麻木、否认、孤独、紧张、不安、愤怒、烦躁、自责、过分敏感或警觉、无法放松、持续担忧、担心家人安全、害怕死去等。在较长时间内容易情绪低落。

(四)行为层面

社会功能受到影响,与人隔绝,回避人或采取不寻常努力以使自己不孤单。当事人感到与人脱离,可能产生对自己、对周围的破坏行为并以此作为解决问题的最后的努力;拒绝他人帮助,认为接受支持是软弱的表现。

需要特别指出的是,危机反应是个体面临生活中重大的改变、灾难或丧失时的暂时性的正常反应,绝大部分人都有自我修复能力。即使当事人当时反应强烈,但把时间轴拉长一点看,他们度过了危机,也收获了成长和心理弹性,最终他们的生活回归了平静。

四、心理危机中个体经历的四个阶段

心理危机的发生并不是突然的,而是一个动态发展的过程。卡普兰(G. Caplan)在他的危机理论中描述了危机反应的演变过程,他认为,处在危机中的个体要经历四个阶段。

(一)第一阶段

当一个人感受到自己的生活突然或即将出现变化时,其内心的基本平衡被打破了,表现

为警觉性提高,开始体验到紧张。为了达到新的平衡,他试图用自己以前在压力下一贯采取的策略作出反应。处于这一阶段的个体多半不会向他人求助,有时还会讨厌别人对自己处理问题的策略指手画脚。

(二) 第二阶段

经过前一阶段的努力和尝试,个体发现自己习惯性解决问题的方法未能奏效,焦虑程度开始增加。为了找到新的解决办法,个体开始试图采取尝试错误的办法来解决问题。在这个阶段中,当事人开始有了求助的动机,不过这时的求助行为只是他的尝试错误的一种方式。需要指出的是,高度情绪紧张多少会妨碍当事人冷静地思考,也会影响其采取有效的行动。

(三) 第三阶段

如果经过试错未能有效地解决问题,个体内心的紧张程度会持续增加并想方设法地寻求和尝试新的解决办法。在这一阶段中,个体的求助动机最强,常常不顾一切,不分时间、地点和对象发出求助信号。此时个体也最容易受到别人的暗示和影响。在这个阶段,当事人会采取一些异乎寻常的无效行动宣泄紧张的情绪,比如酗酒。这些行为不仅不能解决问题,反而会增加挫败感,降低当事人的自我评价,从而导致抑郁、焦虑反应加剧的情况。

(四) 第四阶段

如果当事人经过前三个阶段仍未有效地解决问题,可能会出现心理崩溃或被击垮的感觉,或出现人格分裂、自杀倾向及其他心理障碍。

第二节 大学生常见的心理危机的识别与帮助

一、常见大学生心理危机的识别

在应对危机的过程中,识别一个人是否处于心理危机的状态是至关重要的,我们要对心理危机的表现与状态有高度的敏感性,能够及时发觉自己或他人处于危机状态之中。心理危机的表现如下:

(1) 直接表露自己处于痛苦、抑郁、无望或无价值感中。

(2) 易激惹,过分依赖,持续悲伤或焦虑,常常流泪。有强烈的自责自罪感,觉得自己不配活在世界上。

(3) 注意力不集中,成绩下降,经常缺勤。

(4) 孤僻,人际交往明显减少,人际关系恶化,无缘无故生气或与人敌对,甚至要伤害自己。

(5) 遭遇重大负性突发事件,比如失恋、车祸、性侵犯等。

（6）酗酒。

（7）行为紊乱或古怪。

（8）睡眠、饮食或体重发生明显增减，过度疲劳，体质或个人卫生状况下降。

（9）在社交平台发言的主题为无望、脱离社会、愤怒、绝望、自杀或者死亡，透露出自杀的倾向，如"我会离开很长一段时间"。

（10）出现自伤或自杀行为。

二、大学生心理危机帮助

（一）学会自助

心理危机的应对可以从两个方面来讲：一是个人的调节，二是专业的帮助。危机事件发生以后，很重要的认知是：我们只能去做那些我们可以改变的事情；对那些不能改变的，我们要去面对和接受它。在应对的过程中，也能发现积极应对会带来一些创伤后的成长。

1. 认知调节

寻求滋养性的环境，搜集充分的信息。改变境况的第一步就是要充分了解问题。个体在危机中会陷于莫名其妙的恐惧和不知所措的境地，不知道发生了什么事，也不知道将可能发生什么事。这时，你可以尝试转移注意力，不把注意力总是沉浸在对信息和事件的关注上，关注很重要，但是不能够过度，如果你关注过度的话，反而会让自己陷在里面；你也可以向过去有类似经历的人寻求支持与帮助。另外，要改变自己的一些非理性的想法，多和自己做正面的对话，积极思考和寻找生命的意义。

2. 情绪调节

危机的出现显然会使人们过度紧张和沮丧。情绪调节的中心环节，就是要培养承受痛苦的感受能力。要学会接纳自己的负面情绪，知道这是在特殊状态下的一种正常的反应，不给自己贴标签，认为自己得了抑郁症或焦虑症。通过调整情绪，使诸如焦虑导致恐慌、沮丧导致失望等情绪的恶循环得到控制。当危机超出我们的控制能力以及我们无力改变外部事物时，把握自己的情绪尤为重要。此时，将注意力集中在努力调整自己的情绪上，学会表达和倾诉自己的感受，可以找一些朋友家人去说一说自己的一些感受，倾诉是一个非常好的情绪调节和处理的方法；也可以尝试用深呼吸、肌肉放松、冥想、瑜伽等方式让自己放松下来。

3. 行为调节

充分休息，做一些自己平时想做、但是总没有时间做的事情，或做一些有意义的事情；正常饮食，定时定量；和朋友亲人多交流，通过彼此的分享交流，可以减轻一些恐慌，也可以互相打气；通过写作把自己的感受、心情和想法记录下来，比如，写下自己每天生活当中的三件好事。虽然可能每天有很多的负面的情绪和消息，但是我们仍然可以去找到生活中积极的、让你愉悦、满足、欣慰、平静的一些事情。

在危机期间和危机过后，个体都需要与周围的人保持良好的人际关系，不是一定要他们提供强烈的情感支持，而是要与他们保持日常的联系，共同分享经验，共同面对事物。这有助于遭受危机的个体重新适应社会,还可以分散他们的注意力,使他们不再为消极紧张情绪所困扰。在危机中的个体还要暂时避免作重大的决定,因为此时个体搜集信息和处理信息的能力受到了一定的限制。这时,个体对面临的问题不会进行深入的分析,掌握的信息量又太少,无法进行准确决策。

(二) 学会寻求帮助

1. 寻求个人"社会支持系统"的帮助

一个完备的支持系统包括亲人、朋友、同学、同事、邻里、老师、上下级、合作伙伴等,当然,还应当包括由陌生人组成的各种社会服务机构。系统内的不同成绩都承担着不同功能:亲人提供物质和精神上的帮助,朋友较多承担着情感支持,而同事及合作伙伴则帮助我们进行业务交流。对于陷入困境的人而言,社会支持犹如雪中送炭,会带给我们持久的暖、安全感,以及重振生活的信心、勇气和力量。那些与我们分享生活甘苦的人,给我们的生活增添了阳光。他们的存在,提升了我们的幸福感和成就感,使我们的人生变得完满。

2. 寻求专业的心理帮助

如果问题仍然无法解决,就应该立即到学校心理健康中心寻求专业心理咨询老师的帮助,也可以先接受远程的心理援助热线服务或网络心理咨询。如果这也帮不到自己,可以去附近的精神专科医院或综合医院的心理科就诊,接受面对面的精神心理评估治疗。

中国心理危机与自杀干预中心救助热线:

座机拨打:800-810-1117　手机拨打:010-62715275

希望24热线——生命教育与危机干预中心电话:4001619995(学生专线:4001619995按1　抑郁专线:4001619995按2　生命热线:4001619995按3)。

武汉市精神卫生中心咨询热线(武汉市心理医院心理咨询热线)

电话:027-85844666

(三) 学会积极助人

1. 确定问题

要从求助者角度来确定和理解其所认识的危机问题。如果危机干预人员所认识的危机境遇并非患者所认同的,即使危机干预人员的认识是正确的,那么其干预也是很难得到预期效果的。因此特别需要干预者学会倾听,注意求助者的言语信息。

2. 保证求助者安全

生命第一是心理危机干预要遵守的首要原则。在危机干预过程中,要始终高度关注求助者的安全,把求助者的生理、心理危险性降到最低。应帮助求助者尽快脱离灾难现场或创伤情景,尽快脱离危险,评估危机的严重程度,确定需要紧急处理的问题,将求助者对自身和对他人的生理和心理危险性降到最低。

3. 给予支持和帮助

不管求助者当前的感受是可以理解的还是不合常理的,一律不予评价,都应提供沟通机会。通过沟通与交流，使求助者感到干预者是完全可以信任并且能够给予其关心和帮助的人，让求助者表达和宣泄自己的情感。

4. 提出并验证变通的应对方式

处在心理危机中的个体思维狭窄，看不到每一个问题其实都有许多种应对的方式。应让求助者知道还有许多变通的应对方式可供选择，其中有些选择比目前自己已知的更合适。建议求助者从不同的途径思考变通方式，帮助求助者探索他自己可以利用的替代解决方法，促使求助者积极搜索可以获得的环境支持。

5. 制订计划

帮助求助者做出现实的短期计划，确定求助者理解的、自有的、可操作性的行动步骤，将变通的应对方式以具有可行性的时间表和行动步骤的形式列出来。行动计划的制订过程应该让患者充分地参与，使他们感到自己的权利、自尊没有被剥夺。

6. 得到保证

帮助求助者向自己承诺采取确定的、积极的行动步骤，且这些计划和行动步骤必须是求助者自己的，从现实的角度是可以完成的或可以接受的，以便求助者会坚持按照预定计划和方案行事。

第三节　珍爱生命

一、大学生自杀的现状

杨振斌、李焰依据已汇总的全国各省（区、市）教育部门对高校大学生自杀现象的统计结果，计算出 2008—2010 年全国大学生自杀率为 1.24/10 万。2015 年，杨振斌、李焰依据对部分高校的调查数据，再次报告大学生自杀率为 2.37/10 万。21 世纪后，即使考虑了自杀的漏报，大学生自杀率大致介于 1/10 万～3/10 万，且相对稳定。中国大学生（含研究生）与国内同龄人相比，其自杀率仍然处于较低水平。美国学者施瓦茨（A. J. Schwartz）以来自 645 个学校的自杀个案为样本，研究 2004—2009 年美国大学生的自杀率，经过调整漏报率后得出美国大学生的自杀率为 7/10 万。2007—2009 年，韩国大学生自杀率介于 7/10 万～10/10 万。比较来看，当前中国大学生自杀率远远低于美国、韩国[1]。

二、大学生自杀的原因

有研究发现，有关大学生的自杀原因主要包括情感挫折（31.0%）、学业不良（27.8%）、

---

[1] 吴才智，江光荣，段文婷. 我国大学生自杀现状与对策研究[J]. 黑龙江高教研究，2008，36(5)：95-99.

精神疾病(22.7%)、适应不良(4.3%)、就业压力(4.3%)、家庭因素(2.6%)等。综合来看，导致大学生自杀的危险因素复杂多样，个体差异较大。归纳起来，大体可分为三大方面：精神障碍、性格偏差和应激事件[①]。

(一) 精神障碍

有多种精神障碍会导致自杀的危险，其中最主要的是情感障碍(抑郁症)和精神分裂症。在全世界范围内所做的各种研究一再证实，精神障碍是自杀的主要原因。西方国家的心理解剖研究表明：90%～95%的自杀死亡者患有一种或几种精神障碍；剩下的5%～10%虽然没有清晰的诊断，但存在与其他自杀死亡者相似的精神症状，可能只是没有被现在使用的心理解剖研究方法检测出来。中国全人口自杀死亡的心理解剖研究结果显示，63%的自杀者有精神障碍。研究显示，大多数自杀致死的人都有抑郁症状，其中高达60%的个案可以诊断为抑郁症。最近的研究估计，心境障碍病人终身自杀风险(Lifetime risk of suicide)是4%，双相情感障碍是8%，精神分裂症是5%；更为重要的是，自杀死亡及自杀未遂可能存在精神障碍的共病现象；自杀风险会因为共病而增加，患有一种以上精神障碍者自杀风险更高。

(二) 性格偏差

大学生心理发展正处在由不成熟向成熟的过渡阶段，心理机能容易失衡。大学生心理、生理发展的特殊性及其现实处境使这一群体常常处于心理障碍和精神疾病的高风险状态。我国大学生12种人格障碍亚型的阳性检出率在1.2%～27.6%之间。大学生人格障碍的阳性率高于普通人群样本。国内许多研究表明，心理问题和精神障碍是大学生病休、退学、成瘾、犯罪的重要原因，也是大学生自杀的重要原因。大多数自杀大学生存在不同程度的人格问题。其中有三组性格偏差比较突出：(1) 抑郁性人格偏差。其特点是自卑、内向、自限、敏感这类性格特点的人自我评价低，认为自己一无是处；从不跟人吐露心事；兴趣少而狭窄，整天生活在个人的时间空间里，不关心身外事。这是在自杀大学生中最为常见的性格偏差类型。(2) 自恋性人格偏差。其特点是过分追求完美，事事要强，自恋，不能跟人建立密切的情感联系，没有知心朋友。这类学生往往表现好，各方面显得很优秀：懂事、上进、学习好、同学关系表面上也不错，但他们长年生活在自己的高标准和压力下。(3) 冲动性人格偏差。其特点是依赖、任性、冲动。这类人格问题在专业上叫作"边缘型人格障碍"。边缘型人格障碍的突出表现是人际关系、情绪、自我意象的不稳定和行为的冲动性，持久的空虚、孤独感及一些短暂的精神症状，这种所有的"不稳定表现"的"稳定不变"的模式就是边缘型人格障碍的基本特点。

(三) 应激事件

应激事件也称为负性生活事件，在国际自杀学研究中往往被视为自杀的危险因素之一。

[①] 吴才智,江光荣,段文婷. 我国大学生自杀现状与对策研究[J],黑龙江高教研究,2018,36(5):95-99.

中国的多项研究显示,应激生活事件与大学生自杀意念呈显著正相关。应激事件能够激活个体的痛苦记忆或创伤经历,使个体长期处于应激状态,而应激状态又会抑制个体对过去应对技能的记忆和提取,损伤其认知和行为功能,从而增加自杀的风险。应激事件既是促发自杀意念的关键因素,又是自杀过程的催化剂,多件应激事件的叠加对自杀的影响具有累积效应,会加大自杀的风险。大学生自杀前一年内所遭遇的应激事件类型,排在前五位的应激事件分别是学业受挫、爱情受挫、严重家庭冲突、身体疾病、人际冲突或关系恶化。

三、如何识别自杀的危险信号

(一)识别情绪及心理上的危险信号

1. 了解有自杀倾向者的思维模式

试图自杀的人有几种常见的思维模式,如果有人告诉你他们有以下一个或多个问题,你绝不可以掉以轻心。

老是想着某一件事,无法停止思考或释怀。

经常觉得人生无望,除了死去,再也没有其他方法可以结束痛苦。

经常觉得人生无意义,或是无法掌控自己的人生。

经常说自己的脑袋迷迷糊糊的,或无法集中精神。

2. 识别有自杀倾向者的情绪

试图自杀的人也会经常陷入负面的情绪状态,导致他们做出剧烈的反应。例如:

经常出现极端的情绪波动。

经常感到极度生气、愤怒或想要报复。

经常过度焦虑和急躁。

经常感到强烈的内疚感或羞愧,或是认为自己是他人的负担。

即使身处人群中,也经常感到寂寞或孤独,可能还会感到羞愧或自卑。

(二)识别言语上的危险信号

感到痛苦并打算结束生命的人,常会在言语上暗示自己的意图。例如,一个人突然一反常态,不断谈论死亡,这也许是个危险信号。你还需要留意其他多个言语暗示,包括:

"这根本不值得。"

"这样的生活不值得过。"

"一切已经不重要了。"

"他们再也无法伤害我。"

"我走了之后,他们会想念我的。"

"我走后你会后悔的。"

"我不能再忍受痛苦了。"

"我无法应付这一切,活着太难了。"

"太孤独了,我宁愿死掉。"

"没有了我,你(家人、朋友、男友或女友)会更好。"
"下次我一定会吞下足够自杀的药。"
"别担心,我不需要再应付这一切了。"
"我不会再碍着你了。"
"没有人理解我,没有人能和我感同身受。"
"我看不到出口。"
"我改变不了这一切。"
"我死了会更好。"
"我希望自己从来没有来过这个世界。"

突然情况好转更要注意。大部分的自杀个案不是发生在人生跌入谷底时,而是发生在情况开始好转的时候。情绪突然变好很可能是因为他终于决定要自杀,不需要再挣扎,甚至可能已经做好了计划。如果一个人之前有抑郁或自杀征兆,但突然间看起来比从前开心,你也得采取预防措施。

(三) 识别行为上的危险信号

1. 留意他们是否着手"处理各种琐事"

打算自杀的人可能会先处理好各种琐事,才采取自杀行动。这是重要的危险信号,他们可能已经做好了自杀计划。有自杀倾向的人可能在准备自杀前,做出以下一项或多项事情:

把自己最宝贵的东西分送给别人。

规划财务,例如,突然立遗嘱。

和所爱的人道别。考虑自杀的人可能莫名其妙地作出真诚的告别。

2. 留意鲁莽、危险的行为

有自杀倾向的人觉得自己没有活下去的理由了,可能会做出危及生命的冒险行为,像是在酒精或药物影响下开车。你需要留意以下潜在迹象:

滥用药物(合法或非法)和酗酒。

鲁莽驾驶,比如超速、在酒精或药物的影响下开车。

进行不安全性行为,通常拥有多个性伴侣。

3. 留意自杀方式

如留意他是否囤积药物、是否回避社交。有自杀倾向的人经常会避开和朋友、家人或同事相处,安静地回避正常的社会交往。

4. 留意他的日常生活是否出现剧烈变化

如果平常爱打篮球,突然不再每周打篮球,或不再参与喜爱的游戏,这可能是个危险信号;不再外出或参加平时喜欢的活动,可能意味着他不开心、沮丧或可能自杀。

5. 注意他是否总是无精打采

有自杀及抑郁倾向的人总是缺乏精力,基本的脑力和体力活做起来困难重重。尤其要

注意他们是否:

难以做出简单的决定。

对任何事情都失去兴趣。

精神不振,一整天都赖在床上。

四、如何帮助有自杀倾向的人

(一) 如何开导有自杀倾向的人

1. 真诚表达你的关注

如果你认识的人流露出自杀倾向,你能做的最重要的一件事,就是用不评判的态度和对方谈一谈你观察到的状况。当个好听众,保持眼神交流,全神贯注,用温和的语气回应对方。

2. 直接发问

"我发现你最近情绪非常低落,很担心你。你是不是想自杀?"是个不错的开头。如果对方回答是,接着询问:"你是不是有了一个自杀计划?"如果他们给予肯定回答,立刻拨打紧急求助电话。已计划自杀的人急需帮助,需要寸步不离的陪伴,直到救援到来。

3. 别让情况变得更糟

有些话看起来很有用,但其实可能会加重有自杀倾向者的内疚感或羞耻感。不要说类似以下的话:

"明天又是新的一天,到时候一切会变得更好。"

"现在的情况还不算太坏,你应该为自己拥有的一切感到庆幸。"

"你的人生还有许多值得期待的事(你的人生很顺利)。"

"别担心,一切都会好起来的(你不会有事的)。"

4. 别说听起来像是轻视对方的话

有些话会让对方觉得你并没有认真对待他的感受。不要说类似下面的话:

"事情并没有那么糟糕。"

"你才不会伤害自己。"

"我也曾经感到不知所措,但我熬过来了。"

5. 不要保密

如果对方向你吐露他们的自杀念头,不要答应帮他们保密。对方需要尽快得到帮助。保密只会使他更迟获得所需的帮助。

(二) 采取行动防止他人自杀

1. 拨打紧急求救电话

如果你认为对方目前有自杀风险,请立刻拨打紧急求救电话。

2. 拨打防自杀热线

并非只有有自杀倾向者才能拨打这些热线。如果你想阻止另一个人自杀,也可以拨打这类热线求助。

3. 将有自杀倾向的人转介到相关专科接受治疗

尽快让对方去咨询心理健康专家。陪伴对方，引导其接受专业人士的协助，就可能防止自杀，挽救一条生命。不要浪费时间，有时候，你只有短短几天甚至是几小时来预防对方自杀，让对方越早接受所需的帮助越好。

4. 通知对方的家人

通知有自杀倾向者的父母、其他监护人或其他亲人，或许有所帮助。他们可以帮助你阻止对方自杀，减轻你的压力。有了他们的参与，也能让有自杀倾向者知道其实还有很多人关心他们。

5. 转移自杀工具

必要时，你可以移走对方屋内任何足以致命的物品，包括药物、自杀工具等。仔细检查，许多自杀工具是你想也想不到的。老鼠药、清洁用品甚至是普通的餐具都可能用来自杀。约25%的自杀案例为窒息而亡，一般指的是上吊，所以记得移走领带、腰带、绳子和床单等物品。让对方知道你将暂时保管这些物品，直到其情况好转。

6. 继续给予支持

即使当下的自杀危险解除了，你还得与对方保持紧密联系。抑郁或觉得孤独的人不会主动开口求助，所以你需要主动出现在他左右。多打电话或上门探望对方，定期跟进对方的情况，看看他过得怎么样。你还可以通过以下方式继续支持对方：

确定对方在按时接受治疗。确保他服用了医生开的药。

禁止对方喝酒或服用娱乐性药物（也就是所谓的毒品）。有自杀倾向的人不应该喝酒或吸毒。

如果对方还有自杀念头，你可以帮助对方制订一个安全计划。列出能帮助他防止自杀的行动。

不要自己单独处理这一切。如果你认识的人有自杀倾向，千万别一个人单独支持他熬过这段艰难时期，对方需要专业人士的帮助。

如果你已经尽力了，但对方仍然按计划自杀，千万不要为此自责。

（三）有自杀倾向的人自助

1. 拨打紧急求救电话

如果你有不可抑制的想自杀的感觉，认为自己当下面临自杀风险（例如你已经有了计划和自杀工具），请立刻拨打紧急求救电话，你需要紧急救助。

2. 咨询心理咨询师

如果你有自杀念头和感觉，但还未做计划，可以约见治疗师或辅导员。在等待会面的过程中，如果情况变严重，你已经制订了自杀计划，请马上拨打紧急求救电话。

◎ 心灵解码

青少年生活事件量表(ASLEC)

该量表由 27 个条目组成,每个条目都简单地陈述了一个生活事件,请仔细阅读每个条目,并思考在过去 12 个月内,您或您的家庭是否发生过下列事件?如果该事件未发生,请选 A。如果该事件发生过,请继续考虑该事件给您造成的苦恼程度,若您觉得该事件没有造成影响,请选 B;若造成了轻度影响,请选 C;若造成了中度影响,请选 D;若造成了重度影响,请选 E;若造成了极重的影响,请选 F。

注意:
1. 这些条目用于测试您的个人情况,没有对错之分,请您根据第一反应如实作答。
2. 请结合最近 12 个月的情况与相应描述作出选择。
3. 对每一个条目都要有而且只能有一个选择,不要遗漏,也不要多选。
4. 请将您的答案记录在答题纸上,不要在题本上做任何记号。

条目	未发生	无影响	轻度影响	中度影响	重度影响	极重度影响
1. 被人误会或错怪	A	B	C	D	E	F
2. 受人歧视冷遇	A	B	C	D	E	F
3. 考试失败或成绩不理想	A	B	C	D	E	F
4. 与同学或好友发生纠纷	A	B	C	D	E	F
5. 生活规律(饮食、休息)等明显变化	A	B	C	D	E	F
6. 不喜欢上学	A	B	C	D	E	F
7. 恋爱不顺利或失恋	A	B	C	D	E	F
8. 长期远离家人不能团聚	A	B	C	D	E	F
9. 学习负担重	A	B	C	D	E	F
10. 与老师关系紧张	A	B	C	D	E	F
11. 本人患急重病	A	B	C	D	E	F
12. 亲友患急重病	A	B	C	D	E	F
13. 亲友死亡	A	B	C	D	E	F
14. 被盗或丢失东西	A	B	C	D	E	F
15. 当众丢面子	A	B	C	D	E	F
16. 家庭经济困难	A	B	C	D	E	F
17. 家庭内部有矛盾	A	B	C	D	E	F

(续表)

条目	未发生	无影响	轻度影响	中度影响	重度影响	极重度影响
18. 预期的评选(三好学生)落空	A	B	C	D	E	F
19. 受批评或处分	A	B	C	D	E	F
20. 转学或休学	A	B	C	D	E	F
21. 被罚款	A	B	C	D	E	F
22. 升学压力	A	B	C	D	E	F
23. 与人打架	A	B	C	D	E	F
24. 遭父母打骂	A	B	C	D	E	F
25. 家庭给你施加学习压力	A	B	C	D	E	F
26. 遭遇意外惊吓、事故	A	B	C	D	E	F
27. 其他的挫折事件	A	B	C	D	E	F

该量表包含6个因子：

1. 人际关系因子：包括条目1、2、4、15、25。
2. 学习压力因子：包括条目3、9、16、18、22。
3. 受惩罚因子：包括条目17、18、19、20、21、23、24。
4. 丧失因子：包括条目12、13、14。
5. 健康适应因子：包括条目5、8、11、27。
6. 其他：包括条目6、7、23、24。

使用和统计方法：

ASLEC为自评量表，有27项可能给青少年带来心理反应的负性生活事件构成。评定期限依据研究目的而定，可为最近3个月、6个月、9个月或12个月。对每个事件的回答方式应先确定该事件在限定时间内发生与否，若未发生过仅在未发生栏目内划"√"，若发生过则根据事件发生时的心理感受分为五级评定，即无影响(1)、轻度(2)、中度(3)、重度(4)或极重度(5)。

◎ 领悟行动

活动主题：情感病毒

情感是人与人交往中的重要因素之一，强烈的情感尤其是负面的情绪会在人与人之间犹如病毒一样传播开来。下面就来做这个小游戏让大家明白什么是情感病毒。

第一轮

(1) 游戏开始前，所有人围成一圈，并且闭上眼睛，辅导员在由学生组成的圈外走几圈，然后拍一下某个学生的后背,确定"情绪源",注意尽量不要让第三者知道这个"情绪源"是谁。

(2) 让学生们睁开眼睛,散开,并告诉他们现在是一个鸡尾酒会,他们可以在屋里任意交谈,和尽可能多的人交流。

(3) 情绪源的任务就是通过眨眼睛的动作将不安的情绪传递给屋内的其他3个人,而任何一个获得眨眼睛信息的人都要将自己当作已经受到不安情绪感染的人,一旦被感染,他的任务就是向另外三个人眨眼睛,将不安的情绪再次传染给他们。

(4) 5分钟以后,让学员们都坐下来,让情绪源站起来,接着是那3个被他传染的人,再然后是被那3个人传染的人,直到所有被传染的人都站了起来,你会惊奇于情绪传染的可怕性。

第二轮

(1) 告诉学员们,你已经找到了治理不安情绪传染的有效措施,那就是制造快乐源,即用真挚柔和的微笑来冲淡大家因为不安而带来的阴影。

(2) 让大家重新坐下围成一圈,并闭上眼睛,告诉大家你将会从他们当中选择一个同学作为快乐之源,并通过微笑将快乐传递给大家,任何一个得到微笑的人都要将微笑传递给其他3个人。

(3) 在学员的身后转圈,假装指定了快乐之源,实际上你没有指任何人的后背,然后让他们睁开眼睛,并声称游戏开始。

(4) 自由活动3分钟,3分钟以后,让他们重新坐下来,并让收到快乐讯息的同学举起手来,然后让大家指出他们认为的"快乐之源",你会发现大家的手指会指向很多不同的人。

(5) 微笑地告诉大家实际上根本就没有指定的快乐之源,是他们的快乐感染了他们自己。

◎ 本章小结

危机是我们生活的一部分,任何人都无法完全避免。危机与你是否坚强、优秀等没有直接关系,而是人性的一部分。每个人都会在人生的某一阶段处境艰难,感到脆弱与无助。这是个体对特定事件的危机反应,是一种暂时的混乱和失衡状态。当个体运用自己通常的技能不能应付所遭遇的内外困扰时,就会表现出阶段性的情绪、认知及行为功能紊乱状态。这些反应不代表我们有精神疾病,而是人类在面对艰难处境时的正常反应。

我们可以将危机分为发展性危机、情境性危机与存在性危机。发展性危机主要指个体生理、心理的发展与变化引发的失衡。大学生最常见的发展危机是自我认同的建立。情境性危机主要包括随机的、偶发的、无法预知的情境带来的丧失。这一情境会超出个体通常的应对机制。存在性危机是指因一些人生中的重要事件出现问题而导致的个人内心的冲突和焦虑,是伴随重要的人生目的、人生责任和未来发展等内部压力的冲突和焦虑的危机。

当一个人处于危机时,会从躯体方面、认知、心理、行为等层面上反映出来。在应对危机的过程中,识别一个人处于心理危机的状态是至关重要的,我们要对危机的表现与状态有高度的敏感性,能够及时发觉自己或他人处于危机状态之中。大学生在心理危机中时,要学会自助、学会寻求帮助、积极助人。

大学生自杀的原因归结起来有三点,分别为:精神障碍、性格偏差、长期存在的应激事件。我们每个人都潜藏着巨大的生命力量来应对危机,从而进入人生新的旅程。

◎ 课后作业

1. 你有哪些提高心理弹性的方法?
2. 做一个小的调研,了解身边的人对生死等议题的看法。

◎ 拓展阅读 14-1、14-2(请扫二维码获取内容)

如何认识
心理危机

关于自杀的
13 条误解和事实

第十五章 15

生命健康教育与感恩

◎ 案例导入

《荒岛余生》是一部可让人产生无限联想和启发的电影。主角查克是一名联邦快递业务督导,他的工作就是整天在各地飞来飞去处理事务。在一次空难中他幸运地成了唯一的生还者,但不幸的是他漂流到了一个与世隔绝的荒岛上,和他一起的只有一块镶有未婚妻相片的怀表、几个联邦快递和一个皮划艇。他曾经想过划皮划艇离开荒岛但因为海上浪太大而失败了,而皮划艇也坏了。这时他知道自己将在荒岛上度过余生。他也想过死,他曾经爬上山试图用绳子将自己吊死,但上天又给予了他一次生命,他没能按计划吊死。

于是,他想要在这个世界上活下去,即使是在这个荒岛上。4年以后他已经成了一位出色的捕鱼者;怀表上未婚妻的相片成了他求生的希望;其中一个包裹里的一个排球成了他唯一的朋友,他还给排球起了名字——威尔逊;而最后那个未拆开的联邦快递成了他生存的责任,4年了他没有因为好奇而拆开那个快递(电影导演在接受记者采访的时候,幽默地说那个快递里面是一个防水的太阳能卫星电话)。

但就在4年以后,一块漂来的铁板使他又燃起了离开荒岛的欲望,他用树皮和树木做成了木筏,将铁板做成了船帆。这次他成功了,他成功地逃过了海浪,经过几天的海上航行,他的船帆没了,而好友威尔逊也漂走了,他又绝望了,而这时一艘货轮发现了他,将他救了上来,4周后他出现在去孟菲斯的飞机上。

当他得知未婚妻已经嫁人后十分失望,于是他能做的最后一件事就是将那个联邦快递送到4年前就该拿到它的女孩——梅的手上,但是梅却没有在家。他只好留了个便条。在一个十字路口他找不到回孟菲斯的方向,正在这时一个美丽的女孩给他指了路,当他刚准备走时才意识到刚才的女孩可能就是梅。这时这部电影最能给人联想和启示的一幕出现了,他站在十字路口迷茫地看着4条通往远方的公路,他不知道他的未来在何方。

生命可能远没有我们想象的伟大,每个人生而平凡,却总能爆发出惊人的力量和勇气,当面对一个人的荒岛时,查克也陷入过绝望,但他最终没有放弃自己的生命,选择坚强勇敢地面对荒岛。最终,他获救了。未来的路依然迷茫,但我们相信,充满勇气的查克的人生将来定会绽放绚丽的色彩。

(资料来源:https://www.ruiwen.com/lizhi/dianying/145198.html,2017年10月8日)

◎ 头脑风暴

1. 查克的故事给了你什么启发?
2. 假如我们有一天如查克一样流落到一个孤岛上,你会做些什么呢?你会选择怎样的人生呢?

◎ 心理探索

第一节 认识生命

生命给予我们机会去了解和探索这个世界，生命给予我们力量，生命也给了我们无限的可能性。究竟什么是生命？生命的意义何在？如何让自己拥有一个丰盈的人生？让我们一起来探索这些问题的答案。

19世纪下半叶，恩格斯给生命下了一个定义："生命是蛋白体的存在方式，这个存在方式的基本因素在于和它周围的外部自然界的不断的新陈代谢，而且这种新陈代谢一旦停止，生命就随之停止，结果便是蛋白质的分解。"恩格斯的生命定义在一定程度上揭示了生命的物质基础，即具有新陈代谢功能的蛋白体。一百多年来，这个定义一直是指导人们认识生命的思想武器。

生命科学认为生物是有生命的物体。化学进化产生原始生命后，接着就开始了生物进化，人类的生命正是这一进化的结果。生命泛指由有机物和水构成的一个或多个细胞组成的一类具有稳定物质和能量代谢现象、能回应刺激、能进行自我复制的半开放物质系统。生命个体通常都要经历出生、成长和死亡。生长和发育是生命的基本过程，而新陈代谢则是生命的最基本的过程，是其他一切生命现象的基础。生命的一般形态具有某种"合目的性"的行为，作为生命高级形态的人类则具有自觉的目的性行为。

生命特别是人的生命，应当由三个因素构成，即形体、心理（精神）和社会性。历史唯物主义认为，人的生命具有多重属性，其中最主要的是自然属性和社会属性，社会属性是人最主要、最根本的属性，它是决定人之所以是人的最根本的东西。生命的自然活动主要包括：新陈代谢、生长、发育、遗传、变异、感应、运动等。生命的社会活动主要包括：感知社会、角色扮演、人际交往、求学择业、社会竞争等。

一、生命的存在形态

人的生命可以分为这样几种形态：

首先是生物性生命。人首先是作为自然生理性的肉体生命而存在的，这一点是和自然界的广大生物一样必须具有的基本属性。

其次是人的精神性生命。人之所以为人就在于人有高于动物的意识活动，有超越生物性生命的精神世界。人不但要思考如何活下来，还要思考如何更好地生活。只要人在世界上存在一天，大脑就不会停止思考，人类就要创造，就要超越，就要更好地认识世界、改造世界。

最后是人的价值性生命。每个人在一生中都要思考诸如"为什么要活着"的问题,这就是人对于生命意义发自内心的追问,是人对价值性生命的一种诉求。

二、生命的特点

生命有如下几个特点:

(一)唯一性

生命唯一性是指生命的独特性。我们不可能在世界上发现两片同样的叶子,同样也不可能找到两个完全一模一样的人。唯一性不仅仅指外表和遗传的独一无二,也包括个人心理的独特性和人生经历的独特性。心理独特性指每个人的智力、才能、情感、态度、性格等都是不同的;人生经历独特性指每个人的人生道路和人生体验都不相同,这是由于个人的社会化或教育的不同造成的。在生活中,有人觉得自己就像茫茫大海里的一粒沙子,普通得不能再普通了,但是其实每个生命都是唯一的、独特的,在整个宇宙世界里都是独特的。

(二)不可逆性

生命的不可逆性是指生命不可重复,就如同流水,只能往前走,不可向后退。正如古希腊哲学家赫拉克利特(Heraclitus)所说:"人不能两次踏入同一条河流。"因为生命的不可逆性,所以生命很宝贵,如何度过每一天都变得很有价值和意义。很多人会有拖延的习惯,有时候生命就在虚度中流逝。过去的只能成为过去,不要因为年轻浪费自己的生命,也不要因为年老而抱怨生命的短暂,重要的是珍惜当下。

(三)有限性

人的生命是有限的,最终是不可避免的死亡,因为死亡也是生命的一部分。按照存在主义的观点,人类在潜意识中会有死亡的焦虑。正因为如此,人们才会进行生涯规划,让自己有限的生命变得更充实、更有价值。人不可能改变生命的长度,但可以改变生命的宽度,但要改变生命的宽度,首先要知道自己最需要的是什么。许多时候,人们在经历大的灾难后才能意识到什么对自己最重要。对曾经亲历过汶川大地震的人来说,他们的生命中多了很多的温暖、真诚和关心,他们更加懂得珍惜生活的美好。

(四)创造性

人的大脑是任何生物都不能比的,其他生命都是受制于本能,人的生命却具有选择性。人类最大的奇迹就在于可以对限制其潜能发展的外在因素采取反应。人类可以主动改变这个世界,让这个世界发生变化,展示新的一面,进而促进人类文明的进步和社会的发展。这也是人类生命最有价值之所在。李开复曾说:"想象一个没有你的世界,让有你的世界和无你的世界做出对比,让世界由于你的态度与选择发生有益的变化。"这种因为"你"而发生的变化,最主要的因素就是人的创造性。

三、生命的意义

"生命的意义是什么?"很多人都曾在人生的某些阶段思考过这个难以回答的问题,其中绝大部分人是在思考"生命有何目的"这个问题。大学阶段正是人对生命充满迷茫、好奇和探索的阶段,找到生命的意义,可以使自己的生活更为充实和丰盈。

(一) 我是谁?

在我们日常生活中,关于"我是谁?"的可能回答有:

我叫×××。我是一名大学生。

我是×××的哥哥,我是×××的学生,我是×××的朋友。

我是一名中国人。

我是我自己。

我是人类的一分子。

在不同的语境中,关于"我是谁"的答案也不尽相同,这些答案都表述出了"我"的一个方面,如我的身份,我的社会关系等。关于"我",人们总能说出或具体或抽象的答案。当一个人向自己发问时,他的自我意识已经初步形成了。

(二) 我为什么活着?

拥有了自我意识,人们就会有向更深层面探索自我、探索生命的欲望。这种探索贯穿于生命的每个阶段,与人们的一生时刻相伴。在探索"我为什么活着?"的过程中,人们必然会产生各种各样的答案。例如:

——为了寻找生命的意义而活着。

——为了明天生活得更好!

——生命的意义就是好好活,好好活就得让自己做些有意义的事情,让生命放出光芒!

…………

(三) 我应该怎样活着?

生活是一种艺术,但至今还没有谁敢自称是生活的艺术大师。鲁迅先生有言:"做人处世的法子,却恐怕要自己斟酌,许多别人开来的良方,往往不过是废纸。"的确,生活的真谛是靠自己在生活中亲自实践慢慢体会出来的。下面提及的4个词汇,都传达了一种积极的直面人生的态度,能帮助大学生对抗人生的虚无感,更好地追求美好生活。

1. 惜时

人生百年,若白驹之过隙,忽然而已。这样短暂的人生究竟应该怎样度过呢? 要珍惜时间,不要等到"垂垂老矣"再来后悔自己虚度了光阴,那就好比一个懒汉在快饿死的时候才后悔为什么没有好好种庄稼。珍惜时间,就等于变相延长了生命,增加了人生更多的可能性。

2. 创造

德国诗人里尔克(R. M. Rilke)在《给青年诗人的十封信》中这样说道:"如果你的日常生活是贫乏的,你怪不得它。你应该怪自己还不够像一个合格的诗人那样,唤醒它的财富。因为对于创造者来说,世界已没有贫乏,没有贫乏而无关紧要的地方。"他谈的虽然是诗歌创作的问题,但同样适用于解读人类的生活,能启发人们反思自己的生活方式。

在创造者眼中,没有平庸的生活,没有无聊的人生。创造者面对世界犹如初生,他们时刻沉浸在发现的狂喜中,时刻沉浸在尝试的新鲜感中,时刻沉浸在改造生活的喜悦中。有创造才会有活力,有创造才会有进步。创造是拥有美好生活的必备素质。

3. 充实

生活在这样的时代,人们需要积极主动地去学习,通过学习充实人生。学习的形式有很多种,我们不仅要学习各种知识、各种技能,还要学习各种生活的艺术。人们不仅要从书本、课堂中学习,还从生活实践中学习。阅读、旅行都是学习的方式之一。

4. 快乐

追求快乐是人的本能。叔本华(A. Schopenhauer)虽然是地地道道的悲观主义者,但这并不妨碍他向人们传授人生的智慧——如何尽量愉快幸福地度过一生。

每个人都渴望快乐的人生,但快乐并不是随意能买来的商品。它也要靠付出努力才能拥有,尤其是深层次的快乐。快乐是在积极创造生活、充实自我之后生活给予自己的一种馈赠。快乐也是一种心态。你对世界微笑,世界也会对你微笑。一个穷人与一个富人相比,很难说谁更快乐。快乐与财富无关,只与一个人对生活和快乐的理解有关。

四、大学生生命教育的意义

(一) 生命教育促进大学生认识生命的完整性

生命的完整性可以从以下三个维度来理解:

(1) 根据生命存在的不同层次,生命分为自然生命、精神生命和价值生命。目前,大学教育中一直存在着重视精神生命和价值生命,忽视自然生命的现象。以往的教育一般关注的是人的社会文化属性,强调个体的社会价值。当个体和社会价值之间产生冲突时,个体被要求牺牲自我,来实现社会的利益。而牺牲的对象包括个人利益之外的东西,甚至生命,这种做法的直接后果就是部分学生轻视自然生命,不珍爱自然生命。生命教育提倡在珍爱生命的前提下,对生命采取负责任的态度。在个人利益与精神自由、社会价值之间存在冲突时,提倡在保持生命完整性的前提下,谋求自然生命、精神生命和价值生命的和谐发展。

(2) 生命一般的完整性包括从生到死的整个过程。大学教育一般比较重视大学生在校的生命发展和完善,强调的是掌握知识,学习技术,训练技能,以便成为某一领域内的专才,而忽视了对学生生命整体性的教育,特别是对生命中的死亡的认识、理解和接受。由于传统思想的影响,学校一般很少对学生进行死亡方面的教育,学生在不了解死亡的真相和威胁的前提下,失去了生命存在的动力和紧迫感,失去了对生命的珍惜。生命教育关注人从生到死的整个过程,重视对学生进行有关死亡方面的教育,传授学生有关死亡的知识,培养学生正确对待死亡的态度,从而正确地认识死亡,珍惜生命。这有助于促进学生认识生命的完整性,追求完整的生命。

(3) 生命的完整性还包括认知、情感的统一。认知是人智能的认识活动,情感是对客观事物是否满足自己需要的心理体验。认知与情感虽是不同的心理活动,但二者是紧密相连的。认知是情感产生的基础,没有人的认知活动就不会产生喜怒哀乐的情感,而如果没有情感的推动,人的认知也就不可能发展和深入。认知与情感是相互影响、相互制约、协调发展的。生命教育使人们认识到情感在人的发展中的特殊价值,注重认知与情感的协调发展,在知识教学中,引导学生不断地感悟、体验,有助于其对知识的理解、掌握和运用。情感教育只有融入知识、智慧之中才会激发理性的生命,真正提升生命的质量。

(二) 生命教育唤醒大学生生命意识

对物质生活的过分追求使部分大学生迷失了人生的坐标,忘却了人生目标,虽然学到了"何以为生"的本领,却忘记了思考"为何而生"。他们把物质财富、技术力量、科学知识作为生命追求的目标,对为什么活着、怎样活着等生命本身带有的实质性问题缺乏深刻的思考。不少大学生对生命感到彷徨、消沉,陷入了前所未有的困境,对生命的存在产生怀疑甚至轻易放弃生命。因此,生命教育要帮助大学生认识生命的意义。因为只有正确地认识了自己生命的意义,人才能更好地珍爱生命,当面对激烈的竞争、巨大的压力以及人生中的种种失落与痛苦时,才能正确而客观地面对困难,迎接挑战;否则,人容易产生挫败感,一旦遇到困难,就可能选择向困难低头,甚至放弃自己的生命。

第二节 正视死亡

我们已经了解生命是如何诞生的,但并不是每个人都能正确地认识生命的结束——死亡。有的人避讳谈生死,其实不必如此。生活时就尽情地生活,以释然的心情看待生命的历程。人无法抗拒生命由盛到衰的规律,但只要曾经经历生命、体验生命,把这份美好持续到生命终结那一刻,那么还有什么遗憾呢?

一、死亡的定义

从传统意义上来讲,死亡的标准主要是指所有生命体征永久消失(不包括胚胎死亡),尤其是心肺功能的停止。1968 年,美国哈佛大学医学院死亡定义审查特别委员会对这一传统标准提出疑问,研究人员认为,一切器官,不论脑或其他,只要不再有功能,或丧失功能的可能性,实际上就意味着死亡。为了首先确定脑功能是否永远消失,该委员会提出了脑死亡(brain death)的诊断标准:

(1) 不可逆性昏迷,即对外部刺激或内部需要完全没有知觉和反应。
(2) 无自主肌肉运动或自主呼吸停止。
(3) 脑干反应消失,出现中枢神经系统活动消失的不可逆性。
(4) 脑电波平直线等电位。

凡符合以上诸项标准,并在 24 小时或 72 小时内反复检查结果一致者,即可宣告死亡。

上述标准仅适用于不可逆的大脑损伤,但是有两种情况除外:一是病人体温过低,低于32.2℃;二是病人的中枢神经系统受到抑制。1978年,美国统一州法全国委员会通过《统一脑死亡法》。迄今为止,世界上已有80多个国家和地区在医学实践中承认脑死亡状态,并以此为宣布死亡的依据。除美国之外,由国家直接以立法形式确立脑死亡标准的国家还有芬兰、德国、罗马尼亚、印度等12个国家。

总之,一个人是仍然活着还是已经死了,在今天已不再是一个一目了然的事实,而是一个需要科学探索予以确定的问题。脑死亡概念的提出无疑标志着医学科学的一大进步。它不仅突破了对死亡的纯生物学界定,赋予死亡以人文内涵,而且也把意识尤其是自我意识作为人的生命的本质所在。人脑的健全既可以凸显个体同社会以及自然的联系,表达每一个不同主体的"自我",又能够体现自然人与社会人统一的完整个体生命的存在。同时,脑死亡概念的提出,也有利于引入社会的价值判断系统,把死亡同生命质量和生命价值联系起来,从而不仅使人们对死亡的理解更接近死亡的本质,而且也从根本上保障和体现了人类死亡的优化。

总的来说,死亡的定义主要包括生物学和社会学两个方面:
(1) 生物学定义:身体机能、脏器以及所有的生命系统功能的永久的、不可逆的停止。
(2) 社会学定义:人类有意义生命的消失,没有思想,没有感觉。

二、死亡的特点

(1) 不可抗拒性:死亡来临时,所有人都无法自己选择。
(2) 必然性:凡是生命都存在着死亡的必然性。

三、死亡的过程

在国际上影响最大的关于死亡的书籍当数美国死亡学研究的开拓者之一——罗斯(E. K. Ross)在1969年出版的第一本著作《论死亡与临终》。她在广泛而深入的社会调查的基础上经过反复分析与归纳而提出的"死亡五阶段理论"更是风靡全球。作为世界公认的死亡学研究的经典著作,该书已被译成多种文字出版,并在全球掀起了"死亡学"的革命浪潮。"死亡""临终关怀""临终病人的心理"等问题逐渐得到了身处不同语言文化中的人们的关注。同时,该书对医疗、社会及文化也产生了巨大的冲击。作为一位临床经验丰富的精神医学专家,罗斯认为,大多数临终病人面对死亡时的心理反应一般都要经历以下五个阶段:

(1) 否认与孤离——"绝对不是我,不可能是真的"。在刚得知自己罹患绝症之际,由于缺乏足够的心理准备,几乎所有患者的第一反应或下意识反应都是在震惊之余极力否认。这种否认只是一种暂时的心理防卫,以便摆脱绝症现实的压迫感。但是大部分人很快就能够停止否认,部分地接受现实,并产生一种孤立或被隔离的感觉。

(2) 愤怒——"为什么偏偏选中我"。在此期间,患者往往会产生愤怒、嫉恨、抱怨等各种负面情绪,并时不时地把这种不良情绪发泄、转嫁到周围人的身上。因此,这个阶段尤其需要家属和医护人员给予患者真诚的包容与无私的爱心,以帮助和引导患者舒缓不平情绪。尽量使他们恢复和保持平和的心态,并能重新审视生存的价值。

(3) 讨价还价——"祈求上帝能够延长我的生命期限"。这个阶段持续时间较短,而且也并非每一位患者都会经历。在此期间,患者通常会正视并接受自己身患绝症的事实,心情也会比较平静,但同时又非常盼望奇迹的发生。因此希望通过祈求上帝来延长自己的生命期限。同时,作为"交易"的条件,患者通常会在内心发誓或保证康复之后一定"终身为教会服务"或"重新做一个对社会有用的人"等。这种"讨价还价"充分反映了患者孤苦无助,急需借助外力,如上帝的恩典等,维持自我生存的特殊状态。由于对身体康复还抱有一点希望,因此这个阶段的患者大多能比较积极地配合治疗。

(4) 消沉抑郁——"生命已毫无指望"。随着病情的急剧恶化,患者通常会出现消沉抑郁的自我丧失感,甚至产生自杀的念头。在这个阶段,家属和医护人员的关怀与疏导尤为重要。一方面要帮助他们恢复对生活的信心,尽可能地消除对死亡的疑惧;另一方面也要允许患者尽可能地释放与表达心中的悲伤与痛苦,通过与患者保持心灵相通,分担他们的忧伤,传递对他们的关爱。

(5) 接受——"我已别无选择"。到了患者的临终之际,这种"接受"已经失去了浓烈的感情色彩,甚至只是相当于"长途旅行之前的最后歇息"。大多数患者能够无奈但却平静地接受死亡,只是希望不被外界烦扰。所以,在这个阶段,家属可能比患者本人更需要慰藉和支持。

从上述的五个阶段可以看出,绝症患者的心理反应基本上以负面的精神状态为主,但是康复的"希望"也一直在持续,尽管这种"希望"只具有临终精神医学的意义,然而它在帮助患者减少痛苦、振作精神方面所起的支撑扶助作用却不容小觑。

人的生命本身就是一个不断成长、发展、生生不息的过程。生命的意义就在于创造,在于给原本没有价值的生命创造出一个价值来。人通过创造去把握生活的变化,通过创造去发现生命的意义,通过创造去实现对自己人生的认识、把握和超越。每个人的生命过程都是不同的、独特的。生命的意义是关于生命的积极思考,是个人正在努力实现的自己给予高度评价的生命目标。具体说,包括个人存在的意义、寻求和确定获得有价值的目标,并去接近这些责任和目标。总之,人生的过程要好好去创造!

死亡对于生命的启示,就在于它使生命成为有限的存在,并随时可能消亡。正如德国哲学家海德格尔(M. Heideger)所言:死亡是人存在的最固有的可能性,因为它是不可取代的;死亡是非关系性的,因为它消除了对世界的全部关系,并把此再抛回到它的孤独中;死亡是不可超越的,因为它意味着活着的实存的最后可能性;此外,死亡是肯定无疑的,但它事实上的降临又是不确定的。

第三节 树立感恩意识

一、感恩和感恩意识

感恩是一种美德,怀有感恩意识是内心善良与美的一种表现,它是人类都大力提倡的良好品德。它时时刻刻环绕在我们身边,一个鼓舞的眼神,一双温暖的手,一种关爱的行为,都能让人感觉到感恩的存在。那么究竟什么是感恩呢?

在中国传统文化中,感恩是一种美德,在不同的文化和时代背景下,感恩都被视为是健全人格和维持社会生活的重要心理因素。20世纪末,积极心理学作为一个研究领域得以形成。感恩是积极心理学领域内的重要概念,国内外许多心理学家开始逐渐加入对感恩的研究,但是心理学家们还没有对感恩作出统一的概念界定。感恩被视为是一种情感、一种态度、一种美德、一种习惯、一种人格特质或是一种应对反应。索西亚(Soscia)认为,感恩是一种以他人为导向的积极情绪,它的产生是因为人们将获得的积极结果部分归因于他人而非自己。Emmons(埃蒙斯)和McCullough(麦卡洛)关于感恩的研究得到了心理学界的广泛认可,他们认为个体在得到外界帮助的时候会产生一种感激和愉悦的情绪体验,这种即时的情绪体验就是感恩。

总的来说,感恩是人类社会的产物,是一种普遍的社会现象,是随着人类社会的发展而不断发展的一种文化,一种良好的道德现象,是对给自己带来恩惠与方便的他人、社会和自然的一种知恩、报恩、施恩的心理意识、原则规范和行为表现的总和。

通常人们认为,思想是行为的先导,人的行为都是由思想所支配的。一个人只有具有了实行某种行为的想法之后,才能把这种行为表现出来。所以是否具有感恩意识是能否表现出感恩行为的一个关键,只有你对对你施恩的人或物有感激之情,你才会积极地去把这种情意反馈给你所施恩的人。那么,何为感恩意识?

感恩意识就是对给予自己恩惠的人或者物,积极给予物质或是精神上报答的一种心理要求,是一种责任意识,是一种情意,是爱的一种体现,是人类社会普遍存在的行为规范和道德规律。具有良好的感恩意识是一个人个性品质表现之一,对感恩的动机、感恩的方式与感恩的行为具有重要的指导作用。感恩意识的本质是爱,体现的是人内心的一种情感。儒家也从爱的角度解释恩情,认为"恩者,仁也"。"仁"的精神就是"爱人"。西方哲学家和我国哲学家对感恩的本质看法基本相同,认为"恩"就是仁慈之心、爱人之心,"爱"构成了"恩"的本质。这种爱包括对自我的珍爱和对他人的关爱,对祖国的热爱等。就是有了这种爱,才会有感恩意识和感恩行为。

二、当代大学生感恩意识缺失

在错综复杂的环境作用下,一部分大学生的感恩意识淡薄,他们漠视国家、社会的恩情;忽视父母、家人的亲情及同学、朋友的友情,具体表现在如下几个方面:

(一)对自然界缺乏爱心

自然是万物生存的源泉,是人类社会得以发展的原始基础。因为有了阳光、空气和雨露,人类才能存活;因为有了自然生态环境的平衡,人类可持续发展的愿望才能得以实现。然而,当今的大学生似乎已经忘记人类这一最根本的生存条件,他们忽视对自然环境的保护,在旅游景点乱扔垃圾、胡刻乱画,甚至有肆意毒害生物、虐待小动物等恶劣的行为。

(二)对待朋友缺乏真挚的友情

朋友对一个人的重要性,众所周知,但一些大学生却忽视了朋友的作用。当代大学生在社会各种因素的影响下自我意识不断增强,做事喜欢以自我为中心,注重自己的感受,很少主动理解他人,对他人缺乏宽容与理解、尊重和爱。他们在人际交往中存在明显的功利心,他们越来越关注个人的"索取"和"利益"。大学生和朋友之间相处也受到了此种观念的影响。

(三)对待自己缺乏关爱

当今大学生不仅对国家、社会、父母和朋友等感恩意识淡漠,他们对自己也缺乏关爱之心。近十年来,关于大学生自残、自虐和自杀的报道不时见诸报端。同时,大学生自杀的事件也已经不再是稀奇之事,甚至有人用排队自杀来形容大学生自杀率之高。对于一般人来说,死亡是一个可怕的、避之唯恐不及的事情,然而这些大学生却轻而易举地选择了这条道路,失恋,学习成绩不理想,减肥失败,与同学、父母之间的矛盾等都可能成为大学生自杀的缘由。近年来,大学生自杀事件有逐年增多的趋势。

三、大学生感恩意识缺失的成因分析

大学生感恩意识的缺失已经成为学校、社会上一个比较严重的问题,而大学生感恩意识缺失是多种因素共同作用的结果,如家庭教育的影响、高校教育理念的片面化、社会负面因素等。

(一)家庭教育的影响

家庭是孩子来到这个世界后最初的生活环境,父母是孩子的第一任老师,家庭成员的行为潜移默化地影响着孩子的态度和行为,因此父母对培养孩子的感恩意识是极其重要的。然而,家庭教育方式不当、教育观念的偏差以及父母自身的一些问题,致使大学生的感恩意识存在薄弱现象。

首先,家庭教育方式不当。现在的大学生多数是家庭中的独生子女,两辈人为他们创造出了舒适的生活条件。在他们看来,父母为自己做的事情是理所当然的,他们没有思考过感恩的问题。本应该是父母与子女双向互动的家庭关系,而现在竟成为父母为儿女无私奉献的单边行动。是谁抹杀了大学生最初的感恩意识?是父母的教育方式。一些父母担心刚入大学的孩子忍受不了严酷的军训,不远千里把孩子接回家;还有些父母总担心孩子在学校里钱不够用,每月给孩子好几千元的生活费用;更有甚者,担心孩子在学校受欺负,不惜租房陪读。这些都是原生态的亲情,但这种情愫的直白表达,却直接剥夺了孩子的感恩情怀的培养机会。不经历风雨哪里懂得感恩,对于大学生感恩意识的缺失,父母要负首要责任。

其次,家庭教育观念的偏差。随着社会竞争力的加大,越来越多的父母过分关心孩子的学习成绩,而忽视了他们的道德品质。"只要你好好学习就会拥有一切""孩子,成绩最重要"等话在父母的口中不知道重复了多少遍,父母给孩子灌输的观念就是学习成绩是别人对你评价的唯一标准。

最后,父母感恩意识欠佳,也是导致大学生感恩意识缺乏的原因之一。感恩意识欠佳的父母,本身灌输给孩子的感恩观念就是消极的,他们告诉自己的孩子"人不为己,天诛地灭""自己才是最重要的"等以自我为中心的功利主义思想。父母错误的感恩观与学校的感恩观之间的冲突使很多大学生产生困惑或者是感恩意识弱化。

(二)高校教育的影响

首先,高校教育理念重智轻德。一些高校仍把"重智育,轻德育"作为教育理念。学校以学生的学习成绩、科研成果和论文的发表量作为衡量尺度,来确定学生是否能获得奖学金,是否能获得少数推优的名额。因此,学生也把注意力转到如何获得高分、发表论文上面,一味追求个人技能的提高,忽视了对自身道德品质以及感恩意识的培养。

其次,感恩教育方式单一。一些高校感恩教育方式单一,致使感恩教育内容枯燥乏味。很多高校采用"说教""灌输"的教育方式,因而引起思想活跃的大学生的反感。

最后,感恩教育流于形式主义。感恩不仅仅是一堂课,或是嘴上的一句话,它是一种深入持续的感情,是言行一致的表现。许多高校传递感恩意识仅限于思政课堂,没有针对部分或个别的学生做一些感恩教育的工作,甚至认为一场以感恩为主题的活动就能达到增强大学生感恩意识的目的。

(三)复杂社会环境的影响

近些年来,随着市场经济深入发展,社会变革不仅体现在经济方面发生的巨大变化,而且体现在人们的价值观念方面,人们的价值观呈多元化的趋势,大学生的心灵不断被冲击着,同时他们的行为也会被影响,致使他们的感恩意识淡薄,传统的中华美德伴随经济发展还需进一步融合发扬。

随着社会价值观念的多元化,东西方文化的交流越来越频繁,感恩在大学生的眼中似乎变成了一个古老而陈旧的观念,他们没有把感恩作为价值观的一部分。他们常以集体主义要求别人,以个人主义对待自己,反对别人自私自利,却会在很多时候以自己的利益为重。此外,传统感恩文化的遗失,如"孝文化"的遗失,是对其他对象感恩意识淡漠的开始,甚至还有一些大学生追求单纯的所谓"个性与自由",追求绝对的"个体化",不想承担任何的责任与义务。他们片面看待感恩意识,认为感恩是一种愚忠或愚孝,对古代的文化持有历史虚无主义的态度,视其为文化中的糟粕。

四、培养大学生的感恩意识

大学生感恩意识的提升,不是一朝一夕或者是某个人单独就可以完成的任务,它需要家庭、学校、社会以及大学生本人做出共同的努力。大学生感恩意识的增强要以高校的感恩教育为主导,家庭感恩意识的培养为基础,加以社会的感恩氛围熏陶等各方面共同推进。

(一)充分发挥高校感恩教育的主导作用

高校是大学生学习与生活的主阵地,学校教育也是对大学生进行教育的主渠道,它也承担着完善大学生人生观和价值观的责任。因此,高校要对大学生进行有目的、有计划的感恩教育,通过丰富感恩教育的内容,拓宽感恩教育的手段与方法以及对校园感恩环境进行改善,从而对大学生的感恩意识进行指导与熏陶,来发挥高校感恩教育的主导作用。丰富感恩教育的内容。高校要树立"德智并重"的教育理念,创新感恩教育的方式,鼓励学生多参加社会实践,创造良好的校园感恩氛围,开展以感恩为主题的校园文化活动。让大学生感受到尊重和爱戴关爱自己的人的重要性,以此来培养学生关心他人、关爱社会的良好习惯,使他们珍惜今天的美好生活。

(二)营造良好的感恩环境

要充分发挥社会正确舆论的导向作用,利用大众传媒的传播优势,营造良好的社会感恩环境,以此来促进大学生感恩意识的形成。

(三)重视家庭教育对大学生感恩意识培养的作用

父母科学的教育观念、教育方式以及榜样示范作用,都在无形之中促进学生健康感恩意识的形成。家庭教育要遵循全面发展的观念,要充分挖掘学生的潜质和能力,力求使他们在德、智、体、美、劳等方面都能得到充分的发展。家长要发挥表率作用,注重言传身教。孩子从小到大接触最多的就是父母,父母的一举一动、一言一行都会对孩子产生潜移默化的影响。所以,家长在日常生活中,就得注意自己的言行举止,注重从思想上和生活细节上培养孩子的感恩意识。

(四)增强大学生自身的责任意识

大学生拥有责任意识是怀有感恩意识的一个显著体现,责任意味着承担,意味着懂得感恩。大学生要增强责任感,首先要懂得珍爱自己的生命,这不仅是对自己、他人负责任的表现,也是感恩的表现。珍视生命,爱惜自我是大学生拥有感恩意识的基础。放弃自我的生命,是懦弱、逃避现实的一种表现,是不负责任、不知感恩的体现。

◎ 思政课堂

从《钢铁是怎样炼成的》中领悟生命的意义

"人最宝贵的是生命,它给予我们只有一次。人的一生应当这样度过:当他回首往事时,不因虚度年华而悔恨,也不因碌碌无为而羞愧;这样在他临死的时候就能够说:'我已把我的整个生命和全部精力,都献给了这个世界上最壮丽的事业——为了人类的解放而斗争。'"这段话来自奥斯特洛夫斯基的《钢铁是怎样炼成的》中的青年革命战士保尔·柯察金。他勇敢、坚强,拥有顽强的毅力,相信自己的力量,并拥有"在任何情况下也不怕困难"的品质。小说通过记叙保尔·柯察金的成长道路告诉人们,一个人只有在革命的艰难困苦中战胜敌人也战胜自己,只有在把自己的追求和祖国、人民的利益联系在一起的时候,才会创造出奇迹,才会成长为钢铁战士。

保尔·柯察金的这段话激励了无数的中国革命青年,也向我们展示了生命的无穷力量与魅力,让我们体会到了生命的意义。

我国著名哲学家张岱年说过,人之所以为人,应该具备两个条件:一是拥有独立的人格,即对自然、社会、自我的关系有充分的认识能力;二是有社会责任感,个人的成长过程就是个人从不完整的人成长为完整的人,不断提高自我认识和社会责任感的过程。

生命的意义在于它能够满足人类的需要,还在于它对社会的贡献和社会对这个生命的尊重和满足。如果个人对社会没有任何贡献,这样的生命没有任何意义。

英国哲学家培根(F. Bacon)说过,人不能延长生命的长度,但却可以拓宽生命的宽度。大学生可以把自己有限的生命通过实践融入社会存在和发展的进程之中,在社会存在与发展中实现生命存在的价值,从而实现人类不朽的梦想。

◎ 心灵解码

测试 1:感恩水平的测试

以下测试被学术界认为是测量感恩最为靠谱的方式。问题回答计分依据:1=强烈不同意;2=不同意;3=有点不同意;4=中立;5=有点同意;6=同意;7=强烈同意。

条目	计分
1. 我生命中有特别多让我觉得感激的东西或者人	
2. 如果我要列出所有我所感激的东西,那这个单子将会很长	
3. 当我看这个世界时,我看不到很多值得我感激的东西或者人	
4. 我对很多不同的人有着感激之情	
5. 随着岁月的增长,我发现自己越来越能够欣赏那些在我个人历史中出现的人、事件或者情境	
6. 在我感觉到对什么事情或者人感激之前,可能已经过了很长时间	
7. 我的人生被深深地祝福了	
8. 老实说,要让像我这样的人感恩,那需要是一件非常重大的事情	
9. 我对生命本身有种非常美好的感恩的感觉	
10. 我经常回想我的生命是如何因为别人的努力而变得更轻松自在的	

【评分规则】

（1）把你在1、2、4、5、7、9和10项的分数加起来。

（2）把你在3、6、8三项的得分反过来相加。也就是说，如果你得分是7分，那么把它变成1，如果你得分是6分，那么把它变成2，以此类推。

（3）把你刚刚在3、6、8三项的反向得分相加之后，再加上第一步你的总分数，就是你最后的感恩水平的分数。这个分数应该在10~70分。

【结果解释】

65~70分：极高的感恩水平

你的分数在这个范围内表示你有能力把生命看成一份礼物。对你来说，感恩是一种生活方式。

59~64分：很高的感恩水平

你在生活里经常表达自己的感恩，你很容易认识到别人的帮助。未来的感恩练习可以帮助你认识到并且提高你在各个领域的感恩水平。

53~58分：较高的感恩水平

你的感恩水平在平均值以上，而且你发现花时间去想值得你感恩的事情是比较容易的。

46~52分：平均感恩水平

你可能发现当事情进展顺利时，你很容易去感恩；但是也许在困难时期你就比较难保持这种感恩的心态。你也许会发现所有的感恩练习对你都非常有帮助。

40~45分：平均值以下感恩水平

在生命中去寻找感恩的理由对你来说还是一件有些困难的事情。生命与其说是礼物，不如说是一种负担。也许你在经历一个低谷期。

◆ **体验感悟**

感恩让我们的人生更有意义。感恩使人知足，使人成长。我们不仅要感恩自己经历了一次次的迷茫、彷徨、挫折、困难，经历了一次次的坚强、勇敢、迎难而上，还要感恩身边的亲人、老师、同学、伙伴，感恩社会，感恩阳光，感恩一切给了我们真实美好的体验。让我们以感恩的心态面对生活中的一切幸福和苦难，享受这真实的生活吧！

◎ 领悟行动

假如没有明天

1. 活动目的

（1）有些人一直都在懵懵懂懂地过日子，未曾思考过生活的目的何在、生命的意义何在，甚至在面临死亡时，仍旧一片茫然。本活动旨在引导学生回顾生命的痕迹，重新审视生命的意义。

（2）当今社会，经济繁荣，人们生活条件优越，许多学生衣食无忧，但这也助长了挥霍无度、奢侈浪费的坏风气。本活动旨在引导学生反思生命中珍贵的人、事、物，进而培养珍爱之心。在多样化的社会形态中,多元的价值观常使人感到困惑,也很少有人认真、深入地思考人生。本活动旨在帮助学生树立积极的人生观和价值观。

(3) 许多人有远大的理想,也知道如何实现,但却不能珍惜时光,直至生命浪费殆尽,才感叹人生虚度。本活动的目的在于鼓励学生身体力行,做该做的事。

2. 活动过程

(1) 播放轻柔的音乐,让心灵宁静下来。

(2) 播放主题影片。内容简介:机上乘客得知飞机失控且终将坠落时,便纷纷争取时间,匆匆写下遗嘱。

请同学们设想:假如没有明天,此刻最想说的话、最想做的事。

◎ 本章小结

从生命的历程来看,人生要分为婴儿期(0~1.5岁)、儿童期(1.5~3岁)、学龄初期(3~5岁)、学龄期(5~12岁)、青春期(12~18岁)、成年早期(18~25岁)、成年期(25~65岁)、成熟期(65岁以上)。探寻生命的意义,需要弄清楚三个问题,即"我是谁""我为什么活着""我应该怎样活着"。要让生命有意义,就要懂得惜时,学会创造,寻找快乐,让生活充实。

死亡主要有生物学和社会学两个方面的定义。生物学定义:身体机能、脏器以及所有的生命系统的永久的、不可逆的停止功能。社会学定义:人类有意义生命的消失,没有思想、没有感觉。死亡的特点是不可抗拒性和必然性。死亡的过程包含了否认与孤离、愤怒、讨价还价、消沉抑郁、接受五个阶段。人的生命本身就是一个不断成长、发展、生生不息的过程,死亡对于生命的启示,就在于它使生命成为有限的存在,并使它随时可能消亡。

感恩是人类社会的产物,是对给自己带来恩惠与方便的他人、社会和自然的一种知恩、报恩、施恩的心理意识、原则规范和行为表现的总和。感恩意识就是对给予自己恩惠的人或者物,积极给予物质或是精神上报答的一种心理要求,是人类社会普遍存在的行为规范和道德规律。

大学生感恩意识缺失的是多种因素共同作用的结果,如家庭教育的影响、高校教育理念的片面化、社会负面因素的影响。

大学生感恩意识的增强要以高校的感恩教育为主导,家庭感恩意识的培养为基础,加以社会的感恩氛围熏陶等各方面共同推进。

◎ 课后作业

1. 你认为生命的意义是什么?你怎样规划自己的人生?

2. 结合自己的亲身经历,想一想你最该感谢的10个人是谁?分别列出来,并一一写出想对他们说的话。

◎ 拓展阅读 15-1(请扫二维码获取内容)

为什么会有死亡

参考文献

[1] 陶爱荣. 微笑成长：高职院校心理健康教育[M]. 南京：南京大学出版社，2010.

[2] 朱桂琴. 大学生心理健康教育[M]. 成都：四川教育出版社，2011.

[3] 美国得克萨斯州立大学. 大学生健康心理自助手册（插图本）[M]. 黄永军，译. 北京：高等教育出版社，2007.

[4] 周家华，王金凤. 大学生心理健康教育[M]. 3版. 北京：清华大学出版社，2010.

[5] 杨丽娜，熊娟梅，佘建华. 大学生心理健康教育[M]. 长春：吉林大学出版社，2008.

[6] 高美华，孔玉芝. 高职生心理健康教育[M]. 北京：北京航空航天大学出版社，2007.

[7] 吕慧英，扶长青. 我心飞翔：大学生心理健康教育读本[M]. 武汉：华中科技大学出版社，2012.

[8] 阿德勒. 自卑与超越[M]. 顾天天，译. 重庆：重庆出版社，2011.

[9] 许燕. 人格心理学[M]. 北京：北京师范大学出版社，2009.

[10] 吴才智，蒋湘祁. 大学生心理健康[M]. 2版. 上海：华东师范大学出版社，2013.

[11] 刘嵋，刘岳. 大学生心理健康教育[M]. 成都：电子科技大学出版社，2020.

[12] 黄远春，边仕英，陈小虎. 大学生心理健康教育[M]. 上海：同济大学出版社，2020.

[13] 彭纯清，孙霞. 大学生心理素质训练：开启心灵之旅[M]. 武汉：华中师范大学出版社，2014.

[14] 钱铭怡. 心理咨询与心理治疗：重排本[M]. 北京：北京大学出版社，2016.

[15] 钱铭怡. 《中国心理学会临床与咨询心理学工作伦理守则》解读[M]. 北京：北京大学出版社，2021.

[16] 赵丽，江光荣，王英. 大学生心理咨询信任度及与专业求助意向的关系[J]. 中国心理卫生杂志，2011，25(4)：249-253.

[17] 吴才智，黄东涛，于丽霞，等. 男大学生性别角色冲突与心理求助态度：心理求助污名的中介作用[J]. 教育研究与实验，2016(3)：93-96.

[18] 严玲. 大学生心理健康教育[M]. 武汉：武汉大学出版社，2016.

[19] 冯静，吴佳，赵瑞雪. 大学生心理健康实践辅导教程[M]. 成都：电子科技大学出版社，2020.

[20] 叶昇尧. 阳光青春 美丽心灵：大学生心理健康教育学[M]. 上海：上海交通大学出

版社,2020.

[21] 黄莉,邓如涛. 心理健康教育[M]. 2版. 北京:北京出版社,2019.

[22] 王慧,萧会军. 性心理与性健康[M]. 上海:第二军医大学出版社,2003.

[23] 金赛. 金赛性学报告[M]. 潘绥铭,译. 北京:中国青年出版社,2013.

[24] 方刚. 性别心理学[M]. 合肥:安徽教育出版社,2010.

[25] 李银河. 性文化研究报告[M]. 南京:江苏人民出版社,2003.

[26] 李银河. 酷儿理论面面观[J]. 国外社会科学,2002(2):23-29.

[27] 刘电芝,黄会欣,贾凤芹,等. 新编大学生性别角色量表揭示性别角色变迁[J]. 心理学报,2011,43(6):639-649.

[28] 美国精神医学学会. 精神障碍诊断与统计手册[M]. 5版. 张道龙,译. 北京:北京大学出版社,2015.

[29] 中华人民共和国国家卫生和计划生育委员会. 2015年中国艾滋病防治进展报告[R]. 北京:中华人民共和国国家卫生和计划生育委员会,2015.

[30] 阿伦森. 社会性动物[M]. 9版. 刑占军,译. 上海:华东师范大学出版社,2007.

[31] 博尔顿. 人际关系学:如何保持自我、倾听他人并解决冲突[M]. 徐红,译. 天津:天津社会科学院出版社,2012.

[32] 涂平晖. 人际冲突及其解决方法[J]. 长江论坛,2004(3):55-56.

[33] 威尔莫特,霍克. 人际冲突:构成和解决[M]. 7版. 曾敏昊,刘宇耘,译. 上海:上海社会科学院出版社,2011.

[34] 孟. 亲密关系:通往灵魂的桥梁[M]. 张德芬,余蕙玲,译. 长沙:湖南文艺出版社,2015.

[35] 斯腾伯格 R J,斯腾伯格 K. 爱情心理学[M]. 李朝旭,等译. 北京:世界图书出版公司,2010.

[36] 约翰逊. 依恋与亲密关系:伴侣沟通的七种EFT对话[M]. 黄志坚,李茜,译. 北京:人民邮电出版社,2018.

[37] 鲍尔比. 安全基地:依恋关系的起源[M]. 余萍,刘若楠,译. 北京:世界图书出版公司,2017.

[38] 韦恩瑞伯,布罗契. 危机干预与创伤反应理论与实务[M]. 黄惠美,李巧双,译. 广州:世界图书出版公司,2003.

[39] 施琪嘉. 创伤心理学[M]. 北京:人民卫生出版社,2013.

[40] 徐凯文. 徐凯文的心理创伤课:冲破内心的至暗时刻[M]. 北京:中国人民大学出版社,2021.

[41] Jobes D A. 自杀风险的评估与管理:一种合作式的方法[M]. 李凌,刘新春,等译. 北京:中国轻工业出版社,2020.

[42] 杨振斌,李焰. 中国大学生自杀现象探讨[J]. 清华大学教育研究,2013,34(5):59-63.

[43] 吴才智,江光荣,段文婷. 我国大学生自杀现状与对策研究[J]. 黑龙江高教研究,2018,289(5):95-99.

[44] 黄晓佳,郜鑫,陈昕苑,等. 大学生生命意义感的影响因素及干预的研究进展[J]. 中国健康心理学杂志,2020,28(12):1900-1905.

[45] 刘卫锋. 大学生心理健康教育理论与实践[M]. 南京:南京大学出版社,2018.

[46] 单慧娟,廖财国,李爽. 大学生心理健康教育[M]. 镇江:江苏大学出版社,2017.

[47] 熊建圩,潘华. 大学生心理健康教育[M]. 北京:北京理工大学出版社,2015.

[48] 陈建文,刘艳,谭千保. 累积生态风险与高职生学习倦怠:消极自我图式和网络成瘾的中介作用[J]. 心理发展与教育,2022,38(4):576-583.

[49] 刘勤学,张玲玲,林悦,等. 消极家庭表征与青少年网络人际关系成瘾:归属感需求和社交敏感的中介作用[J]. 心理发展与教育,2022,38(4):546-555.

[50] Gordon M. Solitude and privacy:How technology is destroying our aloneness and why it matters[J]. Technology in Society,2022,68:101858.

[51] Greenfield D N. Clinical considerations in Internet and video game addiction treatment[J]. Child and Adolescent Psychiatric Clinics of North America,2022,31(1):99-119.

[52] 安献丽,蒋彩敏,陈四光,等. 感觉寻求与青少年手机成瘾的关系:孤独感的中介作用[J]. 中国健康心理学杂志,2022,30(5):736-743.

[53] 陈梅,黄时华,吴绮琳. 学业自我效能感与大学生网络游戏成瘾的关系:主观幸福感的中介作用[J]. 中国健康心理学杂志,2022,30(5):718-723.

[54] Haberlin K A,Atkin D J. Mobile gaming and Internet addiction:When is playing no longer just fun and games? [J]. Computers in Human Behavior,2022,126:106989.

[55] Marciano L,Camerini A L,Schulz P J. Neuroticism and Internet addiction:What is next? A systematic conceptual review[J]. Personality and Individual Differences,2022,185:111260.

[56] 邢艳. 北京高职生学习心理问题及改进策略研究[J]. 北京青年研究,2022,31(1):77-81.

[57] 王冬梅. 互联网+教育对学生学习方式、学习心理与习惯的影响:一项基于高职学生英语学习的研究[J]. 科教导刊,2021(22):174-176.

[58] 占亘熙. 当代高职学生的心理问题现状、成因及纾困方法分析[J]. 武汉船舶职业技术学院学报,2021,20(2):135-137.

[59] 赵鹏娟,王传吉. 高职新生学习倦怠的对策分析[J]. 食品研究与开发,2020,41(14):241-242.

[60] 孟祥玮. 高职院校大学生学习心理问题探析[J]. 传播力研究, 2019, 3(9): 186-187.

[61] 张晔, 戴文静, 李洪军, 等. 高职生的学习心理状况调查研究[J]. 教育现代化, 2019, 6(6): 154-156.

[62] 王岩. 高职生学习心理特点与教育教学策略研究[J]. 天津职业院校联合学报, 2018, 20(11): 67-72.

[63] 李迪. 高职院校学生积极学习心理培养策略[J]. 才智, 2018(27): 169.

[64] 陈启新. 高职院校学生学习心理问题调查及对策[J]. 湖北工业职业技术学院学报, 2021, 34(6): 17-20.

[65] 唐家林, 李祚山, 张小艳. 大学生积极心理资本与主观幸福感的关系[J]. 中国健康心理学杂志, 2012, 20(7): 1105-1108.

[66] 张灵, 郑雪, 严标宾, 等. 大学生人际关系困扰与主观幸福感的关系研究[J]. 心理发展与教育, 2007, 23(2): 116-121.

[67] 余鹏, 宿淑华, 李丽. 大学生归因方式、自我效能感与主观幸福感的关系研究[J]. 中国临床心理学杂志, 2005, 13(1): 43-44.

[68] 王永, 王振宏. 大学生的心理韧性及其与积极情绪、幸福感的关系[J]. 心理发展与教育, 2013, 29(1): 94-100.

[69] 张雯, 郑日昌. 大学生主观幸福感及其影响因素[J]. 中国心理卫生杂志, 2004, 18(1): 61-62.

[70] 严标宾, 郑雪, 邱林. 大学生主观幸福感的跨文化研究: 来自48个国家和地区的调查报告[J]. 心理科学, 2003, 26(5): 851-855.

[71] 严标宾, 郑雪, 邱林. 大学生主观幸福感的影响因素研究[J]. 华南师范大学学报(自然科学版), 2003, 35(2): 137-142.

[72] 郑雪, 王玲, 邱林, 等. 大学生主观幸福感及其与人格特征的关系[J]. 中国临床心理学杂志, 2003, 11(2): 105-107.

[73] Morahan-Martin J, Schumacher P. Loneliness and social uses of the Internet[J]. Computers in Human Behavior, 2003, 19(6): 659-671.

[74] Lyubomirsky S, Sheldon K M, Schkade D. Pursuing happiness: The architecture of sustainable change[J]. Review of General Psychology, 2005, 9(2): 111-131.

[75] 苏明明. 哈佛情商课[M]. 北京: 经济管理出版社, 2012.

[76] 顾晓虎, 高远. 大学生心理素质训练教程[M]. 南京: 南京大学出版社, 2019.

[77] 周吉, 喻平, 周红玲. 高职心理健康教育实用教程[M]. 上海: 上海交通大学出版社, 2018.